U0901505

中国特色社会主义政治经济学名家论丛（第二辑）

王立胜 主编

理解当代中国马克思主义政治经济学

LIJIE DANGDAI ZHONGGUO
MAKESIZHUYI ZHENGZHI JINGJIXUE

荣兆梓 著

山东城市出版传媒集团·济南出版社

图书在版编目(CIP)数据

理解当代中国马克思主义政治经济学/荣兆梓著.
—济南：济南出版社，2019.1
（中国特色社会主义政治经济学名家论丛/王立胜
主编．第二辑）
ISBN 978 -7 -5488 -3547 -9

Ⅰ．①理… Ⅱ．①荣… Ⅲ．①马克思主义政治经济学
—研究—中国 Ⅳ．①F0 -0

中国版本图书馆 CIP 数据核字（2019）第 025211 号

出版人 崔 刚
责任编辑 宋 涛
封面设计 侯文英

出版发行 济南出版社
地　　址 山东省济南市二环南路 1 号（250002）
编辑热线 0531 -86131712
发行热线 0531 - 86131728 86922073 86131701
印　　刷 济南龙玺印刷有限公司
版　　次 2019 年 1 月第 1 版
印　　次 2019 年 1 月第 1 次印刷
成品尺寸 170mm ×240mm 16 开
印　　张 22
字　　数 290 千
定　　价 89.00 元

荣兆梓

荣兆梓简介

荣兆梓，男，1949年4月生，汉族，江苏无锡人，中共党员，安徽大学教授、博士生导师，安徽大学经济与社会发展高等研究院执行院长，中国《资本论》研究会常务理事，全国马克思列宁主义经济学说史学会理事，安徽省政府决策咨询专家委员会委员，安徽省经济学会副会长，安徽大学学术委员会委员。1968年高中毕业后到皖南农村插队务农，1970年回城后又当过七年工人；1977年高考入学，1981年毕业于安徽大学经济系，在安徽省社会科学院长期从事经济学研究和学术刊物编辑工作，曾任《江淮论坛》副主编；1997年10月调入安徽大学经济学院，曾任安徽大学经济学院院长。

在《经济研究》等学术刊物发表论文百余篇，学术专著成果获安徽省社科优秀成果一等奖两次、二等奖多次。著有《劳动平等论：完善社会主义基本经济制度研究》（社科文献出版社，2012年）、《企业制度：公平与效率》（社科文献出版社，2014年）等，以及论文《企业性质研究的两个层面——科斯的企业理论与马克思的企业理论》（《经济研究》1995年第5期）、《论公有产权的内在矛盾》（《经济研究》1996年第9期）、《国有资产管理体制进一步改革的总体思路》（《中国工业经济》2012年第1期）、《生产力、公有资本、中国特色社会主义》（《经济研究》2017年第4期）等。

总 序

中国社会科学院 王立胜

习近平总书记在2016年哲学社会科学工作座谈会“5·17”讲话中指出：“这是一个需要理论而且一定能够产生理论的时代，这是一个需要思想而且一定能够产生思想的时代。我们不能辜负了这个时代。”① 中国特色社会主义政治经济学就是习近平总书记结合时代要求倡导的重要学说，其主要使命就是以政治经济学总结中国经验、创建中国理论。他指出：“坚持和发展中国特色社会主义政治经济学，要以马克思主义政治经济学为指导，总结和提炼我国改革开放和社会主义现代化建设的伟大实践经验。”② 在2017年省部级主要领导干部“学习习近平总书记重要讲话精神，迎接党的十九大”专题研讨班“7·26”讲话中，习近平总书记提出当前的时代变迁是发展阶段的变化，指出“我国发展站到了新的历史起点上，中国特色社会主义进入了新的发展阶段”③，强调“时代是思想之母，实践是理论之源”④，要求总结实践经验，推进理论创新。在经济学领域，实现从实践到理论的提升，就是要贯彻习近平总书记在中央政治局第二十八次集体学习时提出的重要指示，“提炼和总

① 习近平：《在哲学社会科学工作座谈会上的讲话》，《人民日报》2016年5月19日。

② 新华社：《坚定信心增强定力 坚定不移推进供给侧结构性改革》，《人民日报》2016年7月9日。

③ ④新华社：《高举中国特色社会主义伟大旗帜 为决胜全面小康社会实现中国梦而奋斗》，《人民日报》2017年7月28日。

结我国经济发展实践的规律性成果，把实践经验上升为系统化的经济学说”① ——这就是“坚持和发展中国特色社会主义政治经济学”的历史使命和时代要求。

当前中国特色社会主义政治经济学的提出和发展也是六十余年理论积淀的结果。1955 年苏联政治经济学教科书中文版②在国内出版，当时于光远③、林子力和马家驹等④学者就开始着手探讨政治经济学的体系构建问题。从 1958 年到 1961 年，毛泽东四次提倡领导干部学习政治经济学⑤，建议中央各部门党组和各省（市、自治区）党委的第一书记组织读书小组读政治经济学。他与刘少奇、周恩来分别组织了读书小组。在组织读书小组在杭州读书期间，他在信中说“读的是经济学。我下决心要搞通这门学问”⑥。在毛泽东的倡导下，20 世纪 50 年代中后期我国出现了第一次社会主义经济理论研究高潮——正是在这次研究高潮中，总结中国经验、构建中国版的社会主义经济理论体系被确定为中国政治经济学研究的方向和目标，并被一直坚持下来。这次研究高潮因“文革”而中断。“文革”结束后的 80 年代，在邓小平的倡导和亲自参与下，我国出现了第二次社会主义经济理论的研究高潮。很多学者在“文革”前积累的理论成果也在这一时期集中发表。在这次研究高潮中，我国确立了社会主义公有制与市场经济相结合的发展方向，形成了社会主义市场经济理论，为改革开放以来近 40 年的经济繁荣提供了理论支撑。当前在习近平总书记的倡导下，从 2016 年年初开始，我国出现了研究

① 新华社：《立足我国国情和我国发展实践　发展当代中国马克思主义政治经济学》，《人民日报》2015 年 11 月 25 日。

② 苏联科学院经济研究所：《政治经济学教科书》（中译本），北京：人民出版社 1955 年版。

③ 仲津（于光远）：《政治经济学社会主义部分研究什么?》，《学习》1956 年第 8 期；《最大限度地满足社会需要是政治经济学社会主义部分的一个中心问题》，《学习》1956 年第 11 期。

④ 林子力、马家驹、戴钟珩、朱声绂：《对社会主义经济的分析从哪里着手?》，《经济研究》1957 年第 4 期。

⑤ 戚义明：《“大跃进”后毛泽东四次提倡领导干部学政治经济学》，《党的文献》2008 年第 3 期。

⑥《建国以来毛泽东文稿》第 8 册，北京：中央文献出版社 1993 年版，第 637 页。此次学习期间毛泽东读苏联政治经济学教科书的批注和谈话成为我国政治经济学研究的重要文献资料。

中国特色社会主义政治经济学的新高潮，形成了中国社会主义政治经济学的第三次研究高潮。经历了六十余年的理论积淀，在中国特色社会主义新的发展阶段，中国特色社会主义政治经济学的发展正逐步汇成一股理论潮流，伴随中国特色社会主义建设事业的蓬勃发展滚滚而来！

纵观六十余年积淀与三次研究高潮，中国特色社会主义政治经济学的发展既继往开来又任重道远。

一方面，所谓“继往开来”，是指中国社会主义经济建设事业的蓬勃发展为中国版社会主义政治经济学的形成开创了越来越成熟的现实条件。20 世纪 50 年代，毛泽东感叹“社会主义社会的历史，至今还不过四十多年，社会主义社会的发展还不成熟，离共产主义的高级阶段还很远。现在就要写出一本成熟的社会主义、共产主义政治经济学教科书，还受到社会实践的一定限制”①。80 年代，邓小平高度评价中共十二届三中全会《中共中央关于经济体制改革的决定》提出的“在公有制基础上有计划的商品经济”，认为是“写出了一个政治经济学的初稿，是马克思主义基本原理和中国社会主义实践相结合的政治经济学”②。当前，习近平总书记指出，“中国特色社会主义是全面发展的社会主义”③，“中国特色社会主义进入了新的发展阶段”④，要“提炼和总结我国经济发展实践的规律性成果，把实践经验上升为系统化的经济学说”⑤。从毛泽东认为写出成熟的教科书“受到社会实践的一定限制”，到邓小平认为“写出了一个政治经济学的初稿”，再到习近平提出“把实践经验上升为系统化的经济学说”，历代领导人关于理论发展现实条件的不同判断表

---

① 中华人民共和国国史学会：《毛泽东读社会主义政治经济学批注和谈话》（简本），内部资料，第 804 页。

②《邓小平文选》第 3 卷，北京：人民出版社 1993 年版，第 83 页。

③ 新华社：《准确把握和抓好我国发展战略重点　扎实把“十三五”发展蓝图变为现实》，《人民日报》2016 年 1 月 31 日。

④ 新华社：《高举中国特色社会主义伟大旗帜　为决胜全面小康社会实现中国梦而奋斗》，《人民日报》2017 年 7 月 28 日。

⑤ 新华社：《立足我国国情和我国发展实践　发展当代中国马克思主义政治经济学》，《人民日报》2015 年 11 月 25 日。

明，随着社会主义建设进入不同历史阶段，政治经济学理论发展的现实条件日益成熟，实践推动理论创新。正如习近平总书记所言："中国特色社会主义不断取得的重大成就，意味着近代以来久经磨难的中华民族实现了从站起来、富起来到强起来的历史性飞跃……意味着中国特色社会主义拓展了发展中国家走向现代化的途径，为解决人类问题贡献了中国智慧、提供了中国方案。"[①] 在实践的推动下，中国特色社会主义政治经济学在继往开来中不断发展。

另一方面，所谓"任重道远"，是指中国特色社会主义政治经济学从提出到成熟尚需经历曲折的探索过程。当前中国特色社会主义政治经济学的发展至少面临两个方面的艰难探索：第一，理论构建面临诸多悬而未解的学术难题。从20世纪50年代开始，国内围绕体系构建的"起点论""红线论"等问题就形成了诸多争论，同时，社会主义条件下"剩余价值规律"和"经济危机周期性"的适用性等一些原则性的问题未能获得解决，甚至在某些问题上的分歧出现了日益扩大的趋势。这在很大程度上限制了中国特色社会主义政治经济学的理论化水平，使政治经济学经典理论中的价值理论、分配理论、剩余价值理论和危机理论未能充分体现在中国社会主义政治经济学中，从而导致中国实践中涌现出的一系列具有中国特色的经济思想未能获得经典的理论化表述。破解这一难题，需要直面六十余年来形成的一系列争论，加速对政治经济学经典理论的创新应用，在中国特色社会主义经济思想理论化的道路上不断探索。第二，时代变革形成的新问题和新挑战倒逼理论探索。50年代中后期，既是中国社会主义政治经济学的第一次研究高潮，也是我国社会主义初级阶段的起始时期。当前中国社会主义经济建设在经历了六十余年的巨变后，迎来了中国特色社会主义新的发展阶段。中国特色社会主

① 新华社：《高举中国特色社会主义伟大旗帜　为决胜全面小康社会实现中国梦而奋斗》，《人民日报》2017年7月28日。

义政治经济学也需要适应新时期新阶段，加速理论创新。正如习近平总书记在“7·26”讲话中所强调的：“我们要在迅速变化的时代中赢得主动，要在新的伟大斗争中赢得胜利，就要在坚持马克思主义基本原理的基础上，以更宽广的视野、更长远的眼光来思考和把握国家未来发展面临的一系列重大战略问题，在理论上不断拓展新视野、做出新概括。”① 值得注意的是，实践中的新问题与历史累积的学术难题，都将理论探索指向中国特色社会主义政治经济学理论化水平的提升：在实践方面，要形成解释社会主义初级阶段不同时期的理论体系，为新时期的经济实践指明方向，必须提升理论高度；而提高理论高度就需要在理论方面破解体系构建面临的学术难题，创新政治经济学经典理论使之适应当前现实，从而实现中国特色社会主义经济建设经验的理论化重构。理论水平的提升必须遵循学术发展的客观规律，注定是一个任重道远的探索过程，要求政治经济学研究者群策群力、积极进取、砥砺前行。

编写出版《中国特色社会主义政治经济学名家论丛》就是为了响应习近平总书记推进理论创新的时代要求，服务中国特色社会主义政治经济学的发展。纵观中国社会主义政治经济学六十余年的发展历程不难发现：政治经济学学者承担着理论创新的历史使命，学术交流质量决定理论发展水平。当前中国政治经济学界存在着一支高水平的政治经济学理论队伍，他们既是六十余年理论积淀的承载者，也是当前理论创新的承担者。及时把握这些学者的研究动态，加快其理论成果的普及推广，不仅有助于推动政治经济学界的学术交流，也有助于扩大中国特色社会主义政治经济学的社会反响，同时为后来的研究提供一批记录当代学者理论发展印迹的历史文献。“名家论丛”选取的名家学者都亲历过20世纪80年代和当前两次研究高潮，部分学者甚至是三次理论高潮的亲历者。

① 新华社：《高举中国特色社会主义伟大旗帜　为决胜全面小康社会实现中国梦而奋斗》，《人民日报》2017年7月28日。

这些学者熟悉中国社会主义政治经济学的理论传承，知晓历次研究高潮中的学术焦点与理论分歧，也对中国特色社会主义经济建设经验具有深刻的理论洞察。在本次研究高潮中，他们的理论积淀和实践观察集中迸发，围绕中国经验的理论升华和中国特色社会主义政治经济学的体系构建集中著述，在中国特色社会主义政治经济学的发展中起到学术引领和理论中坚的作用，其研究成果值得高度关注和广泛推广。同时，从2015年年底习近平总书记提出“中国特色社会主义政治经济学”算起，当前这次研究高潮从形成到发展，尚不足两年，还处于起步阶段，需要学界同仁的共同参与、群策群力，使之形成更大的理论潮流。中国社会科学院经济研究所是我国重要的经济学研究机构，也是中国社会主义政治经济学六十余年发展历程和三次理论高潮的重要参与者。在20世纪50年代和80年代两次理论高潮中，经济研究所的张闻天、孙冶方、刘国光和董辅礽等老一辈学者是重要的学术领袖。在本轮研究高潮中，经济研究所高度重视、积极参与中国特色社会主义政治经济学的发展，决心依托现有资源平台积极服务学界同仁。策划出版《中国特色社会主义政治经济学名家论丛》的目的就在于服务学术创新，为当前的理论发展略尽绵薄之力，也是为笔者所承担的国家社科规划重大项目“中国特色社会主义政治经济学探索”积累资料。

同时，为了更加全面地展示中国特色社会主义政治经济学的理论发展动态，我们还将依据理论发展状况适时推出“青年论丛”和“专题论丛”，就青年学者的学术观点和重要专题的学术成果进行及时梳理与推广，以期及时反映理论发展全貌，推动学术交流，服务理论创新。当然，三个系列论丛的策划与出版，完全依托当前的理论发展潮流，仰赖专家学者对经济研究所工作的认可与鼎力支持。在此我们代表经济研究所和论丛编写团队，对政治经济学界同仁的支持表示衷心的感谢！同时也希望各位大家积极参与论丛的编写和出版，为我们推荐更多的高水平研究成果，提高论丛的编写质量。

目　录

上卷　中国特色社会主义政治经济学研究

下卷　公有制为主体的基本经济制度研究

上卷

中国特色社会主义政治经济学研究

理解当代中国马克思主义政治经济学

习近平总书记在主持中共中央政治局第二十八次集体学习时指出："党的十一届三中全会以来，我们党把马克思主义政治经济学基本原理同改革开放新的实践结合起来，不断丰富和发展马克思主义政治经济学，形成了当代中国马克思主义政治经济学的许多重要理论成果。"这些理论成果，不仅有力指导了我国经济发展实践，而且开拓了马克思主义政治经济学新境界。什么是当代中国马克思主义政治经济学？应当如何理解当代中国马克思主义政治经济学的深刻含义、历史地位、研究方法和基本内容？以下谈几点粗浅认识。

一、 马克思主义政治经济学发展的两个阶段

马克思主义政治经济学的发展可以俄国十月革命为界线，划分为两个既相衔接又相区别的历史阶段。第一阶段自19世纪40年代马克思确立历史唯物主义世界观，将理论研究的重心转到政治经济学起，到俄国十月革命前，历时约七十年。这一阶段马克思主义政治经济学发展的主题是资本主义政治经济学，主线则是《资本论》的创作、出版和最初的传播。第二阶段以十月革命后苏联共产党人对社会主义经济制度的实践探索为起点，历经苏联模式计划经济体制的建立、东欧和亚洲一系列社会主义国家的实践、苏联解体、中国改革开放、社会主义市场经济体制的建立，一直延续到今天，已经历时近

百年。这一时期马克思主义政治经济学的研究对象扩展为两种根本对立的经济制度，其时代主题从资本主义政治经济学转为社会主义政治经济学。东方各国执政的马克思主义者责无旁贷地承担起创立和发展社会主义政治经济学的主要责任，理论发展的最新成就是社会主义市场经济的政治经济学。

十月革命是世界历史的划时代事件，当然也是马克思主义理论发展的历史路标。而它作为马克思政治经济学理论发展两阶段的分水岭，还有其特殊的理由：在此之前，马克思主义政治经济学的研究对象几乎完全是资本主义；在此之后，社会主义经济制度成为东方世界一系列执政的马克思主义政党研究的主题，政治经济学的研究内容从此拓展。虽然马克思、恩格斯认为广义的政治经济学包括了前资本主义社会以及未来社会的内容[①]，但他们的全部研究还是聚焦在资产阶级社会。关于未来社会的经济制度，马克思生前只是提出一些原则性的构想，始终不愿谈论任何细节。在他看来，这个课题必须由未来社会的建设者根据实践加以研究。这也就是马克思主义政治经济学为什么一直到十月革命成功之后才真正将社会主义政治经济学提上日程的原因。俄国革命以后，情况发生了根本变化，无论人们对此是否有清醒认识，或如列宁那样，在革命爆发前残酷政治斗争的空隙中撰写《国家与革命》，为未来国家的政治与经济建设做理论准备[②]；或如尼古拉·布哈林那样，以为“资本主义商品社会的末日也就是政治经济学的告终”[③]。苏联共产党的理论家们几乎是在一夜间自觉或不自觉地进入全新的研究领域。国家经济建设面临一个接一个紧迫任务，要求执政党拿主意、做决策。作为实践依据的政治经济学一开始就以问题导入，展开了自己旋风般的历史，并且随着东欧、东亚一系列社会主义国家的建立而扩展到前所未有的地理空间。

---

① 恩格斯：《反杜林论》，人民出版社，1999 年版，第 155～156 页。

② 列宁：《列宁全集》第 25 卷，人民出版社，1958 年版。

③ 尼古拉·布哈林：《过渡时期经济学》，三联书店，1981 年版。

马克思主义政治经济学不再是旅居英国的少数先知者的事业，也不再是西欧少数工人政党的理论家们的“专利”，随着马克思主义在全球的传播，政治经济学的研究者遍布全世界。各国的马克思主义者当然以本国实践为导向研究本国理论。从这个意义上说，多数国家的政治经济学仍然以现代资本主义为对象，研究资本主义的新现象、新问题、新动向。这里不仅包括发达资本主义国家的政治经济学，而且包括大多数发展中国家的马克思主义理论。为什么说这一阶段马克思主义的时代主题已经转向社会主义政治经济学？

首先，社会主义的实践与理论创新是当代马克思主义的前沿阵地。马克思主义的任务不仅仅是推翻旧世界，更重要的是建设新世界；推翻旧世界的目的是为了建设新世界。当俄国共产党人勇敢承担起“一国建成社会主义”的历史责任，当更多东方国家的马克思主义者取得政权并开始社会主义的实践与理论创新，马克思主义的革命运动毫无疑问地向前迈出了一大步。东方马克思主义者所做的事，正是全世界马克思主义者长期追求的目标；东方马克思主义者走到了运动的前沿，代表了运动的方向。他们所面对的实践与理论问题是全新的，而且也是全世界马克思主义者（如果他们在遭遇了许多挫折之后仍不改初衷）未来可能面对的。前沿阵地的胜败关乎全局，特别当全球社会主义运动遭遇挫折时更加如此。20 世纪 90 年代苏东巨变以后，中国共产党人高举中国特色社会主义的旗帜，坚守前沿阵地，对于当代马克思主义运动具有更加举足轻重的意义。美籍学者弗朗西斯·福山曾经断言，历史已经终结！由于苏联社会主义运动的失败，资本主义被证明是人类最终找到的最好制度。但是，中国社会主义建设奇迹般的成就迫使福山修正自己的观点。弗朗西斯·福山在法国《回声报》载文，承认“中国与西方正展开一场发展模式的历史性竞赛”，其结果将决定欧亚绝大部分地区未来数十年的前途。[①] 世界还有变数，历史尚未终结！

① 弗朗西斯·福山：《丝绸之路，中国向世界发出新的公开收购》，法国《回声报》2016 年 1 月 28 日。转引自澎湃新闻网。

其次，相比而言，社会主义政治经济学的理论建设任务更重、理论创新空间更大。马克思开始研究资本主义政治经济学的时候，资产阶级的古典政治经济学已经有了数百年的发展，大量诚实研究者的优质思想成果为研究准备了条件。马克思在伦敦大英博物馆精心研读，批判吸收前人成果，最终达到了资本主义政治经济学研究的时代巅峰。马克思之后经济学研究积累的成果无疑更加丰富，但绝大部分是研究资本主义市场经济。当俄国人开始社会主义政治经济学研究时，这里还完全是一块处女地。一百年来马克思主义者为开垦这块处女地投入了巨大精力，但由于研究对象的不成熟、不确定，进展并不顺利。基于以下将深入讨论的原因，社会主义政治经济学只能跟随实践的艰难探索逐步推进，最大的难点是实践的有效性和可行性，然后才是理论的科学性和系统性。就像资本主义政治经济学的发展，需要在数百年时间里跨越若干阶段一样，社会主义政治经济学的发展可能要经过更长的时间，经历更多的阶段，才能达到像马克思《资本论》那样科学、系统的最佳境界。

最后，社会主义政治经济学的发展，以及对两种经济制度的比较研究，改变了政治经济学的传统格局，也影响了资本主义政治经济学的研究方向。苏联模式的集中计划经济及其暴露出来的一系列问题，曾经影响了一代西方马克思主义者，改变了他们对资本主义制度的研究方向。而社会主义市场经济的发展，修正了商品交换等于资本主义的旧观点，政治经济学不得不在市场经济一般的前提下讨论两种经济制度的区别，《资本论》因此被重新解读。不理解当代社会主义的现状与趋势，也就不能正确理解当代资本主义及其一系列新特点。当前西方马克思主义者中存在一种理论偏差：混淆社会主义市场经济与资本主义市场经济①，其根源就在于缺乏对传统社会主义理论的批判和对中国特色社会主义实践的理解。

---

① 香港学者潘毅、美国学者李民骐等人近期有关“中国与世界资本主义”的言论就很具有代表性。潘毅：《从世界人民革命的中心走向资本的中心》，民族复兴网2016年1月16日；潘毅：《再论“世界工厂危机”与新自由主义》，破土网2016年1月28日；李民骐：《新自由主义的危机与阶级斗争》，中国政治经济学教育科研网2016年2月14日。

二、 社会主义政治经济学以实践引领创新发展

从认识论的角度，社会主义政治经济学具有逻辑上环环相扣的三个特点。

1. 与资本主义政治经济学相比较，研究对象的发育程度不同

马克思的政治经济学研究从一开始就以一个业已发展成熟而开始显露颓势的资本主义制度为对象。19 世纪中叶，当马克思开始研究资本主义经济的时候，这个经济制度已经在西欧主要国家发育了二三百年，不仅制度的优势已经释放，而且固有的矛盾也已经暴露。资产阶级的政治经济学从重商主义开始已经有数百年的发展，从不成熟的资本主义制度的理论表现，逐步演进到古典政治经济学的成熟理论形态，开始遭遇理论发展的瓶颈。马克思主义政治经济学适逢其时，应运而生。正是在对这个成熟制度的研究中，马克思构建了自己系统、严谨的科学体系。

社会主义政治经济学一开始并没有一个可供研究的现成对象，甚至在发展一百年之后，全球范围内也没有形成一个成熟的社会主义制度供系统研究。社会主义仍然处于成长发育期，其制度优越性尚未充分显示，而改革与发展中的各种矛盾却大量存在，对事物本质的揭示或者遮蔽作用还难以理清。社会主义政治经济学可能正在经历从不成熟理论形态向系统成熟形态的艰难转变，能否华丽转身，还要靠实践与理论两个方面的共同努力和协同配合。它所面对的问题首先不是解释现实，因为严格说来，可供解释的现实还没有以确定的形态呈现在研究者面前。社会主义政治经济学的首要问题是回答“什么是社会主义”以及“如何建设社会主义”，这些问题只有在理论与日益展开的实践互动中解决，在实践尚未充分展开之前，事先构造一个系统是不可能的。

2. 与资本主义政治经济学相比较，改变世界的实践手段不同

早在历史唯物主义世界观创立之初，1846 年，马克思在著名的《关于费尔巴哈的提纲》中明确了实践在新世界观中的核心地位，指出："哲学家们只是用不同的方式解释世界，而问题在于改变世界。"[①] 作为改变世界的理论武器，马克思主义政治经济学在其发展的两个阶段肩负同样的历史任务，具有一脉相承的理论抱负。但是二者面对的社会实践与改变世界的方式，却有重大差别。

根据历史唯物主义，任何社会形态都有其生长、发育到衰亡的历史过程。资本主义制度已经过若干发育阶段，走到不能适应生产力发展的"衰老期"。政治经济学的任务是解剖这个现成的社会有机体，分析它的生理学和病理学，进而找到"改变世界"的方向和路径。结论是：资本主义经济制度由于内在的根本矛盾，正在走向衰亡，其不可避免的历史趋势是——为一个更加先进的以生产资料公有制为特征的新的社会制度所取代。推翻旧制度的社会革命迟早会随着资本主义全面危机的爆发而到来。因此，马克思主义政治经济学的首要任务是说明这一社会巨变的合理性和必然性。对于资本主义经济这个研究对象，任何修修补补都无济于事，马克思主义政治经济学的根本任务是破坏旧世界。

社会主义是全新的社会经济形态，它在旧制度废墟上崛起，开始其生长发育的漫长历程。建设是执政党的首要任务，这不仅指经济建设，而且必然地包括制度建设。十月革命以后，建设新世界的实践任务落到执政的马克思主义政党肩上，其政治经济学的任务也发生相应变化，建设新世界的理论必须以全新的形态出现。列宁从治理国家的实践出发，发表了大量演讲与论著，有效处理了新制度面临的一系列难题。他关于新经济政策的大量论述开了日后市场社会主义理论探索的先河。列宁逝世后，一直到 20

① 马克思、恩格斯：《马克思恩格斯全集》，人民出版社，1960 年版，第 8 页。

世纪20年代末，苏联共产党内不同观点的马克思主义者，围绕国家经济过程的方方面面展开广泛深入的讨论，形成社会主义政治经济学理论研究的第一个高潮。其中对许多问题的研究成果，如商品交换、货币关系在社会主义经济中的运用，国家工业化道路问题，国家机构官僚化问题等，即使在一百年后的今天也仍然具有重要的启示意义。此后，苏联在斯大林主导下进入高度集权的计划经济，继而斯大林根据计划经济实践主持编写了社会主义政治经济学教科书，政治经济学的研究被引入计划经济理论的窄轨。在此期间，“离经叛道”的探索从来没有停止，特别是南斯拉夫共产党人的创造性实践，东欧理论家关于市场社会主义的理论探索，以及中国共产党人在学习苏联模式的过程中对这个模式的质疑、调整，甚至突破体制框架的大规模社会实验。最后是中国社会主义市场经济的实践探索和理论创新。近百年社会主义政治经济学的发展表现出极大的多元性和多样性，但是所有这些从内容到形式千差万别的理论，却有一个区别于前七十年马克思主义政治经济学，同时也区别于同时代资本主义政治经济学的共同特点——它以建设而不是破坏为手段来实现改变世界的目标，基本论题是建设一个什么样的社会主义，以及如何建设这个成长中的新经济。

3. 理论紧随实践发展，总体进程具有更多演化而不是建构的特征

因为没有可供参照的先例，社会主义建设只能在实践中摸索，在试探中前进。在重大问题上每前进一步，往往要反复试错，甚至有可能付出超乎寻常的代价。列宁在《国家与革命》中曾经预言，新生的工人国家可以由全体工人直接参与管理①，十月革命后仍然主张工会应该成为国家组织②。但是，建设国家的实践很快让列宁认识到，依靠自下而上的民主方式管理经济过程是不切实际的。自上而下的委派制、一长制、集中制才是管理经

① 列宁：《列宁全集》第25卷，人民出版社，1958年版，第460页。

② 列宁：《列宁全集》第26卷，人民出版社，1958年版，第383~384页。

济的有效方式[①]。无论是在计划经济体制下，还是在市场经济体制下，社会主义的经济组织都离不开科层等级制度。列宁在《国家与革命》中还曾经断言，共产主义第一阶段的经济组织应该是一个“国家辛迪加”[②]，即覆盖全社会的“大科层”组织，商品、货币关系将会消亡。但是，这个结论很快也被实践否定，于是就有了允许商品买卖、货币流通的“新经济政策”[③]。此后，斯大林在工业化进程受阻，国家出现粮食收购危机的严峻时刻，宣布终止“新经济政策”，向高度集中的计划经济转轨，商品货币关系重新被关进越来越狭小的计划经济笼子。斯大林在回到覆盖全社会的计划经济“大科层”的同时，给农业集体经济保留了一席之地，进而为国家与集体农业的商品交换保留了一席之地[④]。总结这些实践经验，斯大林主导编写了苏联政治经济学教科书（社会主义部分）[⑤]，即理论形态的“苏联模式”。苏联模式随着第二次世界大战后“社会主义阵营”的崛起而在东欧、东亚一系列国家推广。中国共产党在社会主义建设的最初三十年借鉴苏联经验，但也从来没有全盘照搬苏联模式。毛泽东同志在《论十大关系》中结合中国实际，就若干重大问题对苏联模式提出了修正意见[⑥]。不仅如此，1958 年发动的人民公社运动，曾尝试突破集体经济与国营经济的界限，向更加严格的“国家辛迪加”体制靠近。此后，1966 年发动的“文化大革命”，试图冲破官僚等级制度的羁绊，通过自下而上的群众组织管理国家。众所周知，这两次大规模社会实验都以惨痛的失败告终。中国特色社会主义终于以“摸着石头过河”的方式，走上了社会主义市场经济的道路。

---

① 参见《列宁在全俄国民经济委员会第三次代表大会的报告》（1920 年 1 月），人民出版社 1957 年版，第 278 页；《俄共第九次代表大会（1920 年 3 月）》，人民出版社，1957 年版，第 407、425 页。

② 列宁：《列宁全集》第 25 卷，人民出版社，1958 年版，第 460 页。

③ 列宁：《列宁全集》第 32 卷，人民出版社，1958 年版，第 333 ~ 334 页。

④ 斯大林：《苏联社会主义经济问题》，人民出版社，1961 年版，第 11 ~ 12 页。

⑤ 苏联科学院经济研究所编：《政治经济学教科书（下册）》，人民出版社，1959 年版。

⑥《建国以来毛泽东文稿（第六册）》，中央文献出版社，1992 年版。

回顾百年历史，社会主义政治经济学理论与实践的独特关系令人深思。马克思主义主张理论与实践的辩证统一，在这里具体化为交替互动、高度纠缠的特殊形式。理论与实践都几乎在一张白纸的状态下起步。一方面，马克思、恩格斯在对资本主义经济制度的深入研究中，就未来社会提出若干原则性构想，这些文献大多在列宁的《国家与革命》中得以综述[①]（不包括当时尚未公之于众的手稿）。如前所述，其中不要说细节，就是有关根本原则也未必全都能通过实践的检验。另一方面，实践的社会主义大厦是在旧制度的废墟上建立的，新建筑依据的图纸除了终极目标之外，其他部分并不是最终完成稿，而且还有一系列不切实际的差错。勇敢的探索者不得不边设计边建设，还经常会“拆了重来”。毫无疑问，此乃古往今来开创性事业的共同特点。成功实践的积累会形成理论，正确理论的推行再指导下一步实践。以实践哲学指导的社会主义这一特点更加突出：实践不可能完全脱离既有理论，理论也不可能大跨度地超越实践。这种互动就像人类直立行走一样，左脚与右脚不可能分开两步。某些情况下（如中国改革开放的三十年），率先前行的往往是介于理论形态与实践形态之间的党的方针政策。广受诟病的“理论解释政策”现象，其实应当合理解读。首先，政策需要在理论上被正确解释，才能在实践中被有效贯彻；其次，受实践检验的政策才能在理论上得到总结，修正其该修正，提炼其可提炼。总体上说，社会主义政治经济学的理论与实践高度纠缠，你中有我，我中有你，其相互关系可以类比量子力学的波粒二重性。

辩证唯物主义认识论的一般原理认为，在理论与实践的对立统一中，实践是矛盾的主要方面。这一点在社会主义经济制度的演进中表现得尤其突出：理论跟随实践发展，总体进程具有更多演化而不是建构的特征。

---

① 列宁：《列宁全集》第25卷，人民出版社，1958年版。

三、社会主义市场经济政治经济学的方法论

我们已经在认识论层面上讨论了社会主义政治经济学的特点，以下再从经济学方法论本身讨论社会主义政治经济学的特点。这些特点使它既区别于其他经济学流派，又区别于资本主义政治经济学。

1. 在生产关系与生产力的辩证统一中理解和把握社会主义生产方式

马克思主义政治经济学坚持在生产力与生产关系的辩证统一中理解和把握社会生产方式。这一点在《资本论》的创作中已经得到充分表现。譬如，在有关相对剩余价值生产的研究中，马克思就从资本主义劳动生产力发展的三种手段——协作、分工和大机器生产入手，其材料之丰富、分析之细致，充分显示了马克思主义经济学对这一辩证关系的依赖[①]。在社会主义政治经济学研究中，生产关系与生产力的辩证关系从开始就被置于最显著位置。经济落后国家能否率先进入社会主义，并且在一国范围内建成社会主义？以列宁为首的苏联共产党坚定而明确地回答了这一根本问题，进而使建设新制度的探索成为可能。此后，苏联政治经济学（社会主义部分）教科书认为，随着国家工业化纲领的实现，生产关系与生产力“之间的矛盾被消灭了”[②]。毛泽东正确指出了这一认识的偏颇。但是，中国共产党第八次代表大会关于“先进的社会主义制度同落后的社会生产力之间的矛盾”的表述仍然是不准确的。唯物史观不允许在生产力与生产关系之间做先进与落后的比较，适应生产力发展的生产关系对生产力有积极的反作用，但是超越历史的、“过于先进”的生产关系只会破坏生产力[③]。因此社会主义

① 马克思：《资本论》第1卷，人民出版社，1975年版。

② 苏联科学院经济研究所编：《政治经济学教科书（下册）》，人民出版社，1959年版，第374～375页。

③ 参见拙作《毛泽东突破斯大林模式的两次探索》，《学术界》2013年第5期。

政治经济学的首要问题是认清当代生产力的大格局，进而找准社会主义生产关系的大形态。这不是一件容易的事情。社会主义不仅是一种区别于资本主义的、更加有利于社会生产力发展的先进制度，而且是从资本主义的基础上刚刚脱胎而来的、具有高度延续性的社会演进阶段。破坏需要有度，建设也必须有据。如何把握好分寸与尺度，以推进社会变革？东方各国的马克思主义者进行了目标坚定、手段灵活的长期探索，才最终找准了社会主义市场经济的历史坐标。理论探索还需要继续深入，基本的结论已经形成：当今时代全球范围的生产力需要市场经济的商品、货币和资本关系；从市场经济向更高级社会形态的过渡，还需要全球生产力更高程度的发展。

邓小平生前对此已经有相当清晰的表述："社会主义的本质是解放和发展生产力。"① 而发展生产力的基本形式，则是公有制为主体的市场经济。社会主义解放和发展生产力的必要性和必然性体现在两个方面：一方面，从长期看，只有发展生产力才能满足人民群众日益提高的物质和文化生活；另一方面，从国际环境看，只有不断发展生产力才能逐步摆脱国际竞争的被动局面，抵抗国际资本的入侵。

2. 坚持社会主义基本经济制度与市场经济的两点论

社会主义市场经济是社会主义政治经济学在当代发展的最新成就，其核心命题是坚持社会主义基本经济制度与市场经济的两点论。

商品经济等于资本主义（或者说必然产生资本主义）是马克思主义政治经济学发展第一阶段的重要结论，曾经被各国马克思主义者视为常识。进入第二发展阶段，这一"常识"很快就受到质疑，并且随着实践的展开被越来越多的人批评。但是，说市场经济可以与社会主义融合，甚至提出社会主义市场经济的理论范畴却是在20世纪的最后几年，中国共产党人的改革实践是这一理论突破的第一动力。社会主义与市场经济辩证统一的理

① 邓小平：《邓小平文选》第3卷，人民出版社，1993年版。

论在经历了很长时间的孕育与萌动后终于破土而出，成为社会主义政治经济学方法论体系的重要内容，并且成为理论创新发展的关键环节。市场经济体制必须充分发育，社会主义公有制也必须巩固完善，坚持两点论就是坚持我们的制度优势，而探索两者的兼容与融合则是制度演进的主线、理论创新的核心。改革开放之初，为了更多更好地借鉴发达市场经济国家的经验，我们真诚地学习、引进各种外国经济学说，它的确也为国内市场经济的发育起到了积极作用。但是，一些人在登堂入室之后却企图坐上主席，要以他们与社会主义公有制水火不容的市场理论取代马克思主义经济学，而将社会主义百年探索的成果彻底摧毁。社会主义政治经济学要创新发展，不能不对这样的人保持高度警惕。另一方面，我们的队伍中也还有少数人，沉湎于已经被百年实践证明错误的传统社会主义理论，否定市场经济与当代生产力仍然相适应的基本性质，不承认社会主义与市场经济相结合的历史必然性，不理解公有制为主体、多种经济成分并存的基本经济制度与市场经济不可分割的内在联系，怀疑深化改革方向，唱衰中国发展前景。这些人的观点和意见阻碍当代中国政治经济学的创新发展，我们同样需要有所警惕。中国特色社会主义政治经济学正是在与“左、右”两种错误倾向的斗争中不断创新发展的，社会主义基本经济制度与市场经济的两点论正是在这一理论斗争中逐步发展完善的。

习近平总书记最近在中共中央政治局集体学习中指出：“要坚持社会主义市场经济改革方向，坚持辩证法、两点论，继续在社会主义基本制度与市场经济的结合上下功夫，把两方面优势都发挥好。”这不仅是对实践的要求，而且也是政治经济学理论发展的指导方针。

3. 社会主义政治经济学继续坚持劳动价值论和剩余价值理论

马克思关于资产阶级社会的全部政治经济学研究建立在科学的劳动价值论与剩余价值理论坚实基础上，以无可辩驳的辩证逻辑阐明了资本主义制度的历史趋势。社会主义政治经济学的理论基础在哪里？是否必须抛弃劳动价值论和剩余价值理论另起炉灶？一开始，多数马克思主义者的确是这样认为的。最典型的是十月革命之初布哈林的《过渡时期经济学》，他甚至认为建立在劳动价值论与剩余价值理论基础上的政治经济学应当终结。苏联版的政治经济学教科书在计划经济的背景下有限承认价值规律的作用，完全否定剩余价值规律。在中国社会主义市场经济体制的发育中，价值规律的作用得到了充分肯定。但是，社会主义政治经济学体系中的剩余价值和劳动力商品，以及与此有必然联系的资本范畴，一直到今天还受到一些人质疑，说这些范畴只适用于私有制为主体的资本主义，而与公有制为主体的社会主义无关。可是，随着实践的深入，《资本论》范畴体系下市场经济的一般意义越来越清晰地显示：不仅商品、货币、资本范畴适用于社会主义，而且《资本论》的整个理论体系，从直接生产过程到资本流通过程，到包含了利润率平均化和剩余价值分配在内的生产总过程，《资本论》前三卷的几乎每一部分都包含了既适用于资本主义也适用于社会主义的所谓市场经济一般的内容。马克思的研究以私有制市场经济为对象，当然其基本结论，如阶级对抗、两极分化和资本主义的历史趋势等，都是针对着资本主义经济制度。但是社会主义经济制度避免这些结论的根据并不是消灭了价值规律和剩余价值规律，而是利用公有制为主体的基本经济制度，对这些市场经济共有的规律进行了有利于全体劳动者的“社会主义改造”。社会主义利用市场经济而扬弃资本主义，因此，两种经济制度在市场组织各个领域的共性特征比原先想象的要多。《资本论》的当代意义不仅在于对资本主义的批判，而且还在于对市场经济一般的分析。社会主义政治经济学应当坚守《资本论》的经济学范式，在劳动价值论和剩余价值理论的基础上推进学科创新发展，进而建立马克思主义政治经济学逻辑一贯的理论体系。

4. 中国特色社会主义政治经济学的基本内容

大体上说，当代中国的马克思主义政治经济学包括资本主义政治经济学和社会主义政治经济学两部分内容。但是，由国情和执政党的根本任务决定，其重点必然在社会主义。中国特色社会主义政治经济学是当代中国马克思主义政治经济学的主体，也是我们为世界马克思主义发展贡献中国智慧的主阵地。从广义上说，中国特色社会主义政治经济学包括实践形态和理论形态两个交替互动的侧面，前者是写在960万平方千米国土上的政治经济学，后者则是实践的影射、实践的总结、实践的提升。从狭义上说，中国特色社会主义政治经济学特指其理论形态，而且是当代中国马克思主义经济学人共同努力、代际传承、动态演进的经济学理论形态；它不是由一个人完成的一本书，而是由千百人持续推进的理论事业。

经济学理论以范畴体系的形式展开，但理论体系不是静止的存在。理论跟随实践发展，实践发展的不同阶段会有与之匹配的理论体系。政治经济学就是在一个又一个理论体系的跃迁中发展的：譬如资本主义政治经济学，从亚当·斯密的《国富论》到大卫·李嘉图的《赋税原理》，再到马克思的《资本论》。中国特色社会主义实践尚在发展中，它的不成熟、不完善显而易见。我们今天所能创立的政治经济学体系很可能同样是不成熟、不完善的，但我们必须去做。因为只有系统性的理论才能在总结实践中提升，为改变世界的实践做出更大贡献。以下对中国特色社会主义政治经济学基本内容的系统思考，可能是数十年来此类努力中最切近的一次，但肯定不是最后一次。想法还很粗糙，希望引起更多的讨论和争论，以加快理论演进的过程。

中国特色社会主义政治经济学理论体系可以劳动生产力范畴为起点，在生产力与生产关系的辩证关系中通过七个部分内容逐层展开。

第一部分，总论：社会主义与市场经济（劳动生产力）。

以劳动生产力作为社会主义政治经济学范畴体系的起点，发展生产力要以人民为中心，以创新为手段；先从当代生产力现状出发论证市场经济的必然性以及劳动生产率与商品价值量的内在联系，再从基本国情出发，证明公有制为主体、多种经济成分并存的市场经济是发展当代中国生产力唯一有效的社会形式。

第二部分，社会主义直接生产过程（企业生产力）。

讨论公有制的内在矛盾，公有资本与劳动力的结合方式，劳动平等是社会主义生产的本质关系；公有制的实现形式，股份公司、合作经济及其他，公有制的效率优势，以及公有制不同实现形式的效率比较；混合经济中的劳资关系，现代科学技术条件下企业创新发展的路径选择，劳资和谐的制度保障与生产力基础；不同所有制企业的效率比较，以及混合所有制经济的生产力格局。

第三部分，社会主义积累（人的全面能力）。

社会主义积累的一般规律是共同富裕，它经历与经济发展方式相联系的两个阶段；社会主义积累的历史趋势是人民物质文化生活水平以及劳动者素质的不断提高，现代生产力突破市场经济界限的可能性与必然性，人的全面能力与共产主义。

第四部分，国民经济协调发展（资源配置效率）。

马克思主义宏观经济学：社会再生产的总量问题，供给侧结构与需求侧结构的辩证统一。经济增长中的结构调整：新型工业化、信息化、城镇化、农业现代化的相互协调；区域经济协调发展，生产力的空间结构以及相应的区域间生产关系；人与自然的和谐，绿色发展与社会劳动生产力；价值规律、时间分配规律、社会经济效率。

第五部分，多元利益下共享发展（社会生产力）。

公有资本参与的利润率平均化，创新利润、创业利润；混合经济的资本市场，利息、股息与其他；公有土地的租金、价格，混合经济中的房地产业利润；虚拟经济与实体经济，金融危机与经济危机的可能性及其防范；按劳分配与按要素分配的叠加，社会主义市场经济的利益格局，分配公平与和谐社会的生产力；利润率下降趋势与投资动力学，公有制与共享发展。

第六部分，国家经济过程与政府作用（国家能力）。

社会主义市场经济中的政府作用，价值规律的客观性及其运用的自觉性，政府成本与政府效率；国家财政、税收对市场的调节作用；中央银行与货币政策；国有经济的社会功能，国有经济的管理形式，从管企业为主到管资本为主；国有资源与国家理财；国民经济发展规划的制定和实施。

第七部分，发展中大国的开放发展（国际竞争力与全球生产力）。

“一国建成社会主义”所面临的国际经济形势，国际经济秩序和发展中国家的发展困境、屈从与抵抗，中国模式的成功及其示范效应；两个市场、两种资源，国际贸易中的优势和劣势，国际价值和全球价值链；国际金融，金融改革、人民币国际化，两个层次的开放型经济；倡导劳动平等的国际经济秩序，全球经济治理中的中国因素和中国责任。

（原载于《政治经济学报》第6卷，2016年8月）

社会主义与市场经济结合的几个基本问题

中国特色社会主义政治经济学的理论滞后于实践是不争的事实。社会主义市场经济的实践发展至少已经二十五年，但关于社会主义与市场经济关系的基本理论，仍然存在许多争议甚至空白。理论的不成熟与进展迟缓根源于创新不足，若干关键性理论环节构成瓶颈，亟待有所突破。本文择其要者谈三个观点，希望通过充分讨论能加快理论的进展。

一、当代生产力基本特征决定社会主义市场经济的必然性

社会主义市场经济的原因是中国特色政治经济学面对的重大而又尖锐的问题。邓小平领导改革开放的最大理论与实践创新在这里，但是从马克思主义政治经济学基本理论层面对这一创新的解释却至今不能令人满意。说市场经济比计划经济更有效率，更利于资源配置，这当然正确，而且也符合实际。但这并没回答更深一层次的问题：为什么市场经济比计划经济更有效率？而且，这一结论是“永恒真理”，还是历史现象，或者中国国情下的特殊现象？这个问题之前一直没有充分讨论。随着时间的推移，人们逐渐意识到，这应当在当代生产力的历史考察中得出结论，只有这样才符合历史唯物主义的逻辑，也与马克思之后一百多年全球生产力发展的事实相吻合。

政治经济学的传统理论认为，资本主义创造了威力巨大的社会化大生

产，它与资本主义私有制的矛盾决定了旧制度崩溃的必然性，并且为一个没有商品、货币关系的新制度的建立，准备了生产力基础。但是现在看来，这个被认为“常识”的理论结论是错误的。当代生产力的基本特征必须从两个方面理解：一方面，这是社会化大生产，全球普遍联系的分工体系，物质生产的社会性质达到空前高度，因此与资本主义私有制的矛盾越来越尖锐；另一方面，这种社会化大生产必须由市场经济来组织，因为价值还是财富尺度，劳动还是谋生手段，人的普遍联系必须借助物的普遍联系。

马克思在《资本论》中着重强调的是前一点，恩格斯在《反杜林论》等论著中对此有充分阐释，之后得以广泛传播。而后一点，马克思在1857～1858年手稿中也有详细分析①，但这部分内容公开出版较晚，没有得到广泛传播，更不用说结合社会主义实践进行阐发，当前特别需要我们做好挖掘、普及和进一步理论拓展工作。

社会主义市场经济的根本原因内生于当代生产力的二重性之中。人类社会要“从物的普遍联系”的第二大形态，向“自由个性”的第三大形态（即共产主义）过渡②，还需要继续大力发展生产力，最终实现超越市场经济的社会化生产。但是资本主义市场经济已经严重阻碍社会生产力的持续发展。寻找一种能突破资本主义私有制的桎梏，持续地解放和发展生产力的市场经济，是人类社会继续前进的必然选择，舍此别无他途。

从当代生产力的根源上理解社会主义市场经济，是当前社会主义政治经济学体系建设的紧迫任务。这里所谓“当代生产力”，并不单指新中国的“一穷二白”，也不是泛指全世界发展中国家的落后生产力，而是指包括发达国家在内的全球生产力在进入现代市场经济以来整整一个历史时期所达到的生产力。这个当代生产力还不能超越市场经济，还必须在市场经济下组织社会化大生产。因此，即使在美、英、德、法等最发达国家发生社会

① 马克思、恩格斯：《马克思恩格斯全集》第46卷下，人民出版社，1980年版，第218页。
② 马克思、恩格斯：《马克思恩格斯全集》第46卷上，人民出版社，1980年版，第104页。

主义革命，当前所能建设的社会主义也只能是社会主义市场经济。在这一点上，我们与诺夫、罗默等人的判断一致①。

辨明这一点的紧迫性在于：跨越“中等收入陷阱”已经不是遥远的梦！成为高收入国家之后，中国是否继续高举社会主义市场经济的旗帜？讲清楚这一问题，关系到社会主义政治经济学体系建设的一系列基本问题。

1. 当代中国社会主义经济制度的基本特征是“公有制为主体的市场经济”，这究竟是社会主义初级阶段的特征，还是社会主义整个历史阶段的特征？如果承认社会主义市场经济的原因植根于当代生产力，那就得承认公有制为主体的市场经济是社会主义经济制度的基本特征，它将伴随社会主义历史阶段始终。

2. 社会主义的历史使命是什么？如果以上结论正确，那社会主义的历史使命就是冲破资本主义对当代生产力的桎梏，持续发展生产力，一直到没有商品、货币关系的共产主义社会。

3. 社会主义用以持续地解放和发展生产力的根本手段又是什么？毫无疑问，公有制为主体的市场经济应该是社会主义用以持续地解放和发展生产力的根本手段。

4. 由此引出一个更加深层次的问题：判断一个社会社会主义性质的依据，或者说标准是什么？从历史唯物主义的根源上说，社会主义就是一个能够突破资本主义对生产力的桎梏，持续发展生产力，从而实现全体人民共同富裕和长远利益最大化的新的社会制度。这个理解既与传统理论有区别，但在本质上又是一脉相承的。

讲清楚这些问题不仅对于中国特色社会主义政治经济学的体系建设是绝对必要的，而且对进一步理解社会主义，对历史唯物主义和科学社会主义的创新发展，都具有重要意义。

---

① 亚历克·诺夫：《可行的社会主义经济》，唐雪葆等译，中国社会科学出版社，1988 年版；约翰·罗默：《社会主义的未来》，余文烈等译，重庆出版社，1997 年版。

中国实践使我们对资本主义与共产主义之间的整个历史阶段的理论认识有重大进展，用列宁的话说，“我们对社会主义的整个看法根本改变了”。以下两个表格简要概括了我们对问题认识的变化①。

表 1　传统理论对社会主义历史地位的认识

<table>
<tr><td colspan="3">人的依赖性阶段</td><td>以物的依赖性为基础的人的独立性阶段</td><td colspan="2">自由个性阶段</td></tr>
<tr><td>原始共产主义社会</td><td>奴隶社会</td><td>封建社会</td><td>资本主义社会</td><td>共产主义初级阶段</td><td>共产主义高级阶段</td></tr>
</table>

表 2　我们今天对社会主义历史地位的新认识

<table>
<tr><td rowspan="4">人的依赖性阶段</td><td colspan="3">市场经济</td><td rowspan="4">自由个性阶段</td></tr>
<tr><td>传统市场经济</td><td colspan="2">现代市场经济</td></tr>
<tr><td colspan="2">资本主义</td><td></td></tr>
<tr><td></td><td colspan="2">社会主义</td></tr>
</table>

二、 市场经济与社会主义是一般与特殊、 形式与内容的关系

如何理解社会主义与市场经济的辩证关系？传统理论中这两个范畴是对立的。社会主义意味着消灭商品、货币关系！随着社会主义实践的发展，这个旧观念不断受到挑战。但是，很多人还是习惯于用正题与反题、先进与落后来概括社会主义与市场经济之间的“对立统一关系”。

实践要求我们从全新角度理解这一基本问题：社会主义与市场经济的对立统一，是特殊与一般的对立统一，是内容与形式的对立统一，它们是同一事物的两个侧面、两重性质，而不是互相分开的两个事物，更不是相互敌对的两个阵营。现代市场经济有两种社会形态，即资本主义市场经济

① 荣兆梓：《两种经济制度的共性、个性、历时性和共时性》，《当代经济研究》，2007 年第 1 期。

和社会主义市场经济。资本主义是私有制为主体的市场经济，社会主义则是公有制为主体的市场经济。市场经济是一般，资本主义市场经济和社会主义市场经济是特殊。市场经济规定一个社会资源配置的手段与方式，资本主义或者社会主义则体现这个社会经济关系的实质内容。

据此，我们主张“市场中性论”，赞成“中性资本”的概念。此处所谓“中性”，强调的是市场经济的非负面性质，因为它继续适应当代生产力，因此从历史唯物主义的观点看，它不是已经逝去的“旧社会的痕迹”，而是正在成长的“新社会的要件”，在价值判断上起码是中性的。同样，资本概念也是中性的（奥塔·锡克）①，资本本身不代表阶级剥削关系，私有资本体现阶级剥削，而公有资本则表现为劳动者整体要求个人为社会提供剩余劳动的管理性“强制”关系。强调这一点对社会主义政治经济学特别重要。在我看来，社会主义政治经济学研究中最大的实事求是，就是承认：在整个社会主义历史阶段，劳动者个人不愿意超出必要劳动时间之外为社会提供剩余劳动。从社会进步的客观需要看，剩余劳动的积累、劳动手段的优化，在整个市场经济阶段还将是社会进步必不可少的前提。因此，资本必然是调节社会长远利益与个人眼前利益的基础性制度安排。资本并非总是私有。从私有资本与公有资本并存的现实出发，抽象提炼的中性资本概念不具有“原罪”性质，它只是组织生产剩余劳动的手段与工具，与市场一样服务于生产力的历史使命。

据此，我们不主张区别公有制企业的商品性和非商品性。经济体制的商品性或市场性规定资源配置的手段和方式，它对企业产权的要求具有多元性和排他性，在此前提下，企业成为独立的商品生产者和商品经营者，根据市场信息自主经营，自负盈亏。企业的个别劳动通过商品交换而间接成为社会劳动。社会主义的公有制符合市场经济对产权制度的要求。公有

① 奥塔·锡克：《一种未来的经济体制》，王锡军等译，中国社会科学出版社，1989年版。

产权表现出双重的排他性，对外的排他性和对内的排他性[①]。与公有制内排他性的存在相对应，劳动者在公有制经济内部具有双重人格，他既是公共所有权集体成员，又是自身劳动力个人所有者，两个主体间天生具有“等量劳动相交换”的关系。随着经济体制改革的推进，国营企业通过公司制改革拥有独立的法人产权，成为自负盈亏的经营主体，企业劳动的社会性必须通过商品交换“惊险一跳”来检验。进而，劳动者个人与公有制企业也要通过劳动力市场协调相互关系。改革近四十年来，大量公有制企业的亏损、退出，当前大量国有企业的产能过剩，公有制企业劳动合同关系的普遍化……所有这些事实还不足以证明公有制企业的商品性？只要坚持国企改革的市场化方向，公有制与市场经济可以充分融合，对此不应该再有丝毫怀疑。

问题不在于公有制有局部商品性还是全面商品性，而在于公有制与市场经济的结合，与私有制相比并不处于劣势。有一种观点认为，私有制与市场经济天然融合。这完全违背历史事实！私有制经济的发展有数千年历史，而与市场经济的结合只是最近几百年的事。私有制一般并不具有与市场经济天然融合的性质，以往的以宗法和血缘纽带联系的私有制不可能与以要素市场普遍存在为特征的市场经济相融合，以人身依附为特征的封建私有制与市场经济融合吗？答案显而易见。如果奴隶制度与市场经济天然融合，美国人为什么还要打南北战争！与公有制一样，私有制也只有其特定历史形式才能与市场经济融合，这需要“人的独立性”的充分发展。

观念上强调社会主义与市场经济、公有制与市场经济的冲突、对立、不协调，是实践的社会主义制度演化历史路径留下的、挥之不去的阴影。因为社会主义是以苏联计划经济体制的实验为起始的，人们在实践中看到的第一种社会主义公有制是高度集权的单一公有制，进而在理论上将这种公有制概括为社会主义公有制的原型。更有甚者，一些公有制经济的批评

① 荣兆梓：《论公有产权的内在矛盾》，《经济研究》1996年第9期。

者从观念上臆造没有排他性的公有制（这种公有制在社会主义实践中从来没有存在过），煞有介事地讨论所谓“公地悲剧”。但这些理论概括既不符合事物的本来面目，更不利于中国特色社会主义继续改革完善的实践。社会主义的公有制本来就具有排他性而与商品交换、市场经济不可分割；经济体制改革已经将社会主义公有制的商品性基因激活，而且还将进一步激活；社会主义经济制度原本就是现代市场经济的一种历史形态，将二者割裂开来，理解为相互对立的两极，既曲解了市场经济，又曲解了社会主义。在此理论构架下，我们不可能跨过所谓“马克思与邓小平的鸿沟”，不可能真正理解中国特色社会主义实践的深远意义。

三、社会主义协调政府与市场关系有更大空间、更强能力

政府与市场的关系是社会主义市场经济理论的一个重要侧面，但不应将之等同于或者类比社会主义与市场经济的关系。

市场不等于市场经济。市场经济由市场与科层两种基本的资源配置方式复合而成，市场与企业的结合是市场经济微观制度的基本架构，市场在其中发挥主导作用；政府更不等于社会主义，政府是最大的科层组织，它与市场的互补是市场经济组织构架的另一重要方面。无论是社会主义市场经济还是资本主义市场经济，处理好政府与市场的关系都是市场经济合理有效运行的题中应有之义，无关乎社会主义或资本主义。总体而言，随着社会化大生产的发展，科层的作用趋于增强，但它始终在市场的基础上发挥作用，垄断不能消除竞争，政府对社会经济的治理也必须遵循市场经济的规律。

但在市场经济发展的不同阶段，政府与市场功能互补的形式与特点会有很大差别，因此需要审时度势、灵活调整。就发展中国家的社会主义经济而言，初期的发展重心在集中社会剩余，加快工业化，建立尽可能完整

的工业体系，政府动员社会力量、提高资本积累方面的作用尤其突出；往后去，老百姓手中逐步有了积蓄，政府通过市场调动各方面积极性，让社会经济在多元化、多渠道竞争中发展，市场的主导作用就日益增强。一开始民族工业的竞争力有限，依靠国家的贸易保护发展民族工业是追赶型经济的普遍做法；往后去，随着企业竞争力的逐步提高，贸易保护逐步为经济全球化政策取代，但是，政府仍然要利用产业政策，组织与引导微观主体，掌握国际竞争的主动权。市场经济的体制与机制不是一成不变的，它要根据国家经济发展方式的变化而调整，政府在不同环境下的作用范围和作用特点也将做出调整。有时候，经济发展对体制改革的要求还相当迫切。关键是根据社会生产力发展的需要，审时度势、及时地科学地做出调整。在这方面，中国经验值得充分挖掘，大书特书。

不仅社会主义经济是如此，资本主义经济的发展也会面临相似局面。生产关系的局部调整，政府与市场关系的渐进变化也是常有的事。由于各国国情的差异，演化的路径千差万别，进而出现了美国特色的资本主义、欧洲特色的资本主义、东亚特色的资本主义，这其中，政府与市场的关系就有很大不同。

那么，社会主义市场经济与资本主义市场经济在政府与市场关系方面有没有根本区别？当然有区别。但这不是作用大小问题，也不是谁为主谁为辅的问题。政府作用大一点不等于社会主义，市场起决定作用也不等于资本主义。二者在政府与市场关系方面的真正区别在于：由基本经济制度决定，社会主义在协调政府与市场关系、更好发挥政府作用方面，有更大制度空间，有更强协调能力，因此它更加有利于发展生产力。总结中国特色社会主义的成功经验，理论应当深入到这一基本经济制度的层面。

社会主义市场经济由马克思主义的执政党治理，其出发点和落脚点以人民为中心。因此有可能超越任何集团利益或政府自身利益，在经济社会发展需要的时候，及时改革政府，调整机构，有效发挥政府作用。政府权力的进退不以政府自身利益或者任何集团利益为依据，这一点已经为改革开放几十年来的事实充分证明。我们党有能力冲破各种利益格局，与时俱进，深化改革，始终在市场经济基础上有效发挥政府作用。

公有制为主体的基本经济制度是社会主义灵活调整政企关系的微观基础。只要坚持公有制经济的市场改革取向，社会主义特有的微观基础在协调政府与市场关系中的积极作用就会加强。保持相当比重的公有制经济，是社会主义市场经济下有效政府、有为政府的重要前提。强调这一点有很强的现实针对性：理解这一点，坚持这一点，对于改革举什么旗，走什么路具有决定意义。需要指出的是，坚持公有制为主体的改革大方向，并不一定意味着扩大政府权力和强化政府干预。国有经济市场化改革的空间还很大，特别是利用信托基金等现代产权形式完善国有资本管理体制，实现从管企业为主向管资本为主体制的转换，改革还有巨大空间①。这一改革思路有利于政资分开、政企分开，对于市场在资源配置中发挥主导作用有百利而无一害。

（原载于《海派经济学》，2018 年第 1 期）

① 参见拙作：《以资本为主的体制怎么建立》，《政治经济学报（第 5 卷）》，社会科学文献出版社，2016 年版；《国有经济需要新一轮产权制度改革》，《学术界》2016 年第 6 期。

中国特色社会主义政治经济学纲要
——以平等劳动及其生产力为主线

人类是劳动创造的，社会是劳动创造的。劳动没有高低贵贱之分，任何一份职业都很光荣。

——习近平2016年4月26日在知识分子、劳动模范、青年代表座谈会上的讲话

一、 我们能做什么？

自2015年底，习近平总书记提出中国特色社会主义政治经济学体系建设任务，时间已经过去一年多了，体系建设工作的进展如何？首先，我们大家都行动起来了，都有很高的积极性，从中宣部布置的重大课题项目到中国社科院、教育部，已经有多个重大项目开始建设并取得进展，成绩是肯定的。但是，我们的工作进展大多还是停留在方法论研究、体系建设基本理论问题以及框架结构的争论上，真正有质量的理论进展并不多。问题出在哪里呢？理论进展的最大障碍在什么地方？我认为，最大的障碍是在一系列基本的问题上同志们并没有形成共识。比如说，当代中国马克思主义政治经济学，究竟要解决什么样的问题？其核心问题是什么？社会主义政治经济学的基本范畴有哪些？核心范畴是什么？这个体系的建设以哪一个理论范畴为起点？这些没有形成共识。理论体系的逻辑结构应该是怎样

的？是按照马克思《资本论》的逻辑结构，还是根据马克思在写作《资本论》之初所设想的六册结构，来构建社会主义政治经济学体系，或者建立一个以制度、体制、运行、发展若干个板块为特征的体系结构？在这些问题上，也没有形成共识；没有共识，当然也就不能往前推进理论工作者的协同创新。尽管一年多来，大家在这方面展开了充分的讨论，取得了一些进展。但如大家所看到的，短期内弥合分歧、消除争议、形成共识的可能性不大。中国的政治经济学研究者要通过分工合作来完成一个庞大的当代中国社会主义政治经济学体系，条件还不成熟。当然我们可以在现有的理论成果或者已经形成共识的那些理论观点的基础上编写一个类似于教科书这样的东西，弄一个所谓政治经济学新综合。但是这样的东西很难包容真正的理论创新，逻辑上一定是不连贯的，缺乏系统性的，很难形成令人信服的、具有强大逻辑力量的中国特色社会主义政治经济学。这就是现状，我们不得不承认的现状。

怎么办？当然，讨论需要继续推进，深入的讨论甚至争论肯定是必要的。但是，我们是不是必须等到在政治经济学的学术圈内形成基本共识以后，再来组织协同攻关，构建完整的体系？能不能换一个思路，选择另一条路径？我认为从实际出发，换个思路会更有效率。那就是在当前已经形成的某些共识的基础上，求同存异，鼓励持有不同观点的学者（或者学者团队）独立探索，分头推进，形成若干个有个性特征的、反映不同观点的中国特色社会主义政治经济学理论体系。学术思想的发展是需要竞争的，多个不同理论成果之间进行比较，通过集体选择来逐步达成共识，也许是更加实事求是的发展方式。与其像现在这样，大家对最终应当形成的完美体系各执一词，争执不下，倒不如大家分头完成自己的工作，形成若干独立成果，进而加快研究工作的步伐。也许，这些分头完成的各不相同的初步成果，并不相互冲突，不需要用一个替代另外一个，结果很可能具有相互补充的性质，从不同的理论路径接近同一个客观对象，从不同的理论视角反映同一个客观真理。中国特色的社会主义经济制度是高度复杂多样的综合系统，其理论表现也很可能是多角度、多形态互为补充的综合体。

科学发展的正确路径从来就是百花齐放，百家争鸣。马克思主义政治经济学的发展，也同样需要这样一个充满活力的学术环境。不要害怕争论，不要压制争论，也不要以为争论的结果一定是一个压倒一个，一个取代另一个。马克思主义政治经济学要繁荣昌盛，要创新发展，我们的学者就要克服唯我正确、唯我独“马”的心态，学会从不同的理论观点中看到合理的成分，借鉴有益的养分，完善自己的理论观点。中国特色社会主义仍然在发展中，实践不完善是显而易见的。在社会主义实践尚未充分发展的当下，建设社会主义政治经济学体系的环境相比当年马克思写作《资本论》的环境存在差异。马克思是在资本主义制度经过数百年的发展逐步走向完善，其制度本质已经展开的 19 世纪中叶以后，开始进行《资本论》创作的。在此之前，亚当·斯密和大卫·李嘉图，分别在资本主义经济制度发展尚不完善的环境下，独立完成了各自与当时实践环境相适应的政治经济学体系。亚当·斯密的《国富论》和大卫·李嘉图的《赋税原理》与马克思的《资本论》相比，当然有很大的差异，无论从对经济制度本质的理解，还是从政治经济学理论体系的逻辑构架来看，都是不完善的。但这些理论成果仍然满足了当时实践的需要，仍然为推进古典政治经济学的发展做出了重大贡献。这就是经济学发展与经济实践互动的规律。也许我们今天建立的中国特色社会主义政治经济学体系，在未来的日子里会被新的更加科学的理论体系所取代，但这没有什么好抱怨的。一代人完成一代人的任务，一个时代的经济学者，只能以自己时代的经济实践为研究对象。我们以满足当代实践的需要为己任，不会为自己成果达不到《资本论》的科学深度和逻辑完美性而感到羞愧。实践在发展，政治经济学的理论体系终将越来越完善。

基于以上认识，我根据自己社会主义政治经济学研究的积累，提出一个中国特色社会主义政治经济学体系建设的构想，这个构想当然还有许多不完善的地方，有些地方我自己也没有完全想清楚，希望听取大家的批评意见来进一步地修改。

二、 体系建设也需要问题导向

科学研究从来是问题导向的，社会主义政治经济学体系建设也需要问题导向。那么，这个理论体系的建设需要解决什么问题？核心的问题当然是：什么是社会主义，或者什么是中国特色社会主义。更完整地说，中国特色社会主义政治经济学，就是用马克思主义政治经济学的理论范式，研究新中国七十年的建设实践，来回答什么是社会主义经济制度的问题。当然这并不是简单地给社会主义下定义，像教科书那样从定义出发，以定义为落脚点，这种从理论出发的思路是写不出好东西，拿不出实践需要的理论成果的。中国特色社会主义政治经济学的理论建设，必须围绕中国实践，必须能够回答实践中普遍关注的两个重大问题：其一，中国奇迹何以产生？其二，中国道路通往何方？

值得注意的是，随着中国经济增长战略的成功展开，国内外已经有越来越多的理论专著和论文涉及以上话题，给出了不同答案。关于第一个问题，曾经有过一种流传甚广的解释，认为中国经济高速增长的根本原因是市场化，这种理论与改革开放三十多年市场化改革的进程恰好契合，具有一定的诱惑性。但是如果把这一理论解说放到全球经济的背景下，那么无法解释的问题是：全世界有那么多市场经济的发展中国家，其中大多数早于中国实行了完全市场化，为什么它们的增长业绩都不能如中国这样令人瞩目，其中大部分国家至今未能摆脱贫困落后的局面？比较与我们相似的发展中大国印度，以上解释中国经济增长的理论逻辑不严密是不言自明的。因此，有许多不愿意按照新古典经济学市场教条解释中国问题的严肃的经济学者，开始更加全面深入地研究中国增长奇迹，试图建立更有说服力的理论解释。最早如林毅夫等人的论著[①]，近期如琳达·岳所著《中国的增长》[②]，如文一所著《伟大的中国工业革命》[③]，阿格列塔等人所著《中国道路——超越资本主义与帝制传统》[④]，以及罗思义所著《一盘大棋？——中国新命运解析》[⑤]。这些理论成果基于不同的学术传统，具有不同的思想倾向，但对于中国经济成就的敏锐与深入研究却是其共同特征。相比而言，国内的马克思主义政治经济学者动作要慢些，效率更低些，至今还没有拿出运用马克思主义政治经济学系统解释中国经济增长的成果。当然，现有理论成果是有缺陷的，其共同缺失是答案大多只是讨论“中国是怎么做的”“这样做为什么是有利于经济增长的”，却很少涉及“中国人为什么会这样做，又怎么能够这样做”，即中国成功背后的深层原因，给人一种知其然不知其所以然的印象。事实上，中国近七十年的经济建设经历了若干个发展阶段，每一个阶段发展所面临的具体问题和具体环境各不相同，因此需要做出不同的努力，给出完全不同的解决方案。解释在这些阶段中国人都是怎么做的，这样做为什么能够取得成果，这当然是必要的。但是，面对中国实践的成功，更需要回答的一个根本问题是：中国人为什么每每能够做对？为什么几乎在每一个重要历史关头都能选择正确的方案，即使发生了这样或者那样的错误，也能够及时纠正？这只是历史的巧合，或者只是中国人的特别幸运，还是应该有其他更深层次的必然原因？

关于第二个问题，国内外的学者始终充满争论。国外的多数经济学者认为中国市场经济其实就是资本主义，或者必然通往资本主义，人类历史

---

① 林毅夫、蔡昉、李周：《中国的奇迹：发展战略与经济改革》，上海人民出版社，2002 年版。

②［英］琳达·岳：《中国的增长》，鲁冬旭译，中信出版社，2015 年版。

③ 文一：《伟大的中国工业革命》，清华大学出版社，2016 年版。

④ 白果、［法］米歇尔·阿格列塔：《中国道路——超越资本主义与帝制传统》，李陈华、许敏兰译，格致出版社、上海人民出版社，2016 年版。

⑤［英］罗思义：《一盘大棋？——中国新命运解析》，江苏文艺出版社，2016 年版。

形态到此已经终结。甚至国外的许多马克思主义者，也根据传统的社会主义定义，认定中国道路已经走偏，中国的市场经济具有资本主义性质，或者难免走向资本主义。国内学界的争论同样存在，一些持否定意见的人不过是不愿意明言而已。由于改革实践中大量出现的劳资冲突、贫富不均、生态恶化等严重问题，关于中国道路基本走向的积极的正面的论证往往让人感觉证据不足，底气不足，有将理想强加于现实之嫌。这当然不是一个简单的信心问题、信仰问题，而是直接关系到马克思主义经济理论的科学性和群众基础问题。如何从中国实际出发，重新理解社会主义经济制度一般规律和历史趋势，以及如何从中国社会主义建设近七十年的历史事实，发现这一制度发展的内在规律和未来图景，是中国特色社会主义政治经济学必须承担的重要使命。

因此说，中国特色社会主义政治经济学，必须在回答两个重大问题的基础上，理解和诠释社会主义经济制度。用政治经济学的语言来说，“中国奇迹何以产生”的问题可以理解为：中国特色社会主义是如何解放和发展生产力的，它有哪些经验与不足？可持续发展的前景又将如何？这里的重点是制度的作用，即社会主义经济制度在生产力持续发展的过程中如何发挥作用。“中国道路通往何方”的问题则可以理解为：中国特色社会主义经济制度如何随着生产力的发展而不断演进，其发展的内在逻辑和历史趋势是怎样的？这里的重点是制度发展的内在逻辑，对未来的预测应该以七十年历史发展的事实为根据，从历史事实中寻找理论判断的证据。两个问题都是以社会主义生产关系为研究对象的，只不过考察的视角不同，前者以发展生产力为线索，后者则以生产关系自身的发展为线索。也可以这么说，前者关注生产关系对生产力的反作用，后者则关注生产力发展对生产关系自身发展的作用。政治经济学的研究必须将这两条线索统一到一个理论框架内，这是它的特点，也是它的难点。不难理解，只有处理好二者的辩证关系，关于什么是社会主义的答案才会有说服力。只有搞清楚了这两个问题，我们关于社会主义经济制度的研究才会有说服力，才有逻辑的力量，才能掌握群众，才能推进科学的发展。

三、 平等劳动是主体范畴、 核心范畴

说到体系建设，首先想到的是选择理论叙述的起点范畴。近年来，社会主义政治经济学起点范畴的讨论比较多，观点自然也各式各样。比如顾海良教授主张以劳动生产力为起点范畴，颜鹏飞教授主张以特殊商品为起点范畴，等等。既然要构建体系，当然首先要把逻辑起点确认下，这样的讨论是必要的。但是在我看来，讨论起点范畴应当首先以确定核心范畴为前提、为基础。在逻辑体系建设核心范畴尚未确定之前，先讨论起点范畴可能为时尚早，或者说有些本末倒置。《资本论》为什么以商品为起点？马克思首先在讨论资本主义经济关系的时候确定了资本这个核心范畴，整个《资本论》的逻辑体系是建立在资本直接生产过程、资本流通过程、资本生产总过程这个大框架之上的。这个体系框架的核心范畴是资本。资本由货币转化而来，而货币是商品的一般等价物，所以《资本论》的逻辑体系要从最为抽象的商品范畴开始，从商品的二重性开始分析。

那么中国特色社会主义政治经济学的体系，是否也要用资本范畴作为整个体系的核心范畴，或者以公有资本作为社会主义政治经济学的核心范畴?

公有资本在社会主义政治经济学的体系建设中的确十分重要。随着社会主义市场经济改革的逐步深入，公有资本现象在实践中的存在已经得到越来越普遍的承认。但是，在政治经济学的理论研究中，很多人仍然不接受公有资本概念，认为这一概念与马克思的逻辑体系存在矛盾，无法自圆其说。这阻碍了社会主义政治经济学在实践中的发展，需要尽快解决。资本是自行增殖的价值，是在运动中不断变换自身形态的价值体，但他同时

又是一种社会经济关系，是生产的物质条件和人身条件相结合的社会形式。按照马克思的分析，资本是在社会生产力发展到一定阶段，劳动者个人还不愿意超出必要劳动时间为社会提供剩余劳动，这样一种特殊历史情况下，解决个人与社会利益矛盾的必要的社会形式。资本利用市场竞争的外在强制和企业内部的管理性强制，强制劳动者个人超出必要劳动时间提供剩余劳动，完成自己的历史使命。如何理解社会主义市场经济中普遍存在的公有资本现象？公有资本当然仍然是资本，仍然是一种强制地获取剩余劳动的社会关系，但与私有资本不同，这里体现的不是两个阶级之间的关系，而是共同拥有社会生产资料的劳动者阶级内部集体与个人的关系，是集体意志对劳动者个人意志的强制。社会主义经济仍然需要积累剩余劳动推进社会进步，资本的历史使命还没有完成，因此社会主义市场经济下的公有制企业，仍然是资本所有者指挥下的劳动组织，仍然是像股份公司那样的资本主权型企业。公有资本的确是一个矛盾体，它所包含的内在矛盾，是社会主义经济制度内在矛盾的具体体现。因此在理论逻辑中接纳这一概念，对于建立社会主义政治经济学体系来说是完全必要的，是不可或缺的。

但是，公有资本不能成为社会主义政治经济学的核心范畴。首先，社会主义经济制度本质上是劳动者为主体的社会，尽管在市场经济条件下，资本所有者和劳动力所有者的分离仍然存在，但二者之间的关系从总体上已经被颠倒过来。这个社会是劳动者当家做主的社会，公有资本也只是劳动者集体意志的体现，而不再是作为劳动者阶级对立面的资本家阶级权力和意志的体现。在资本和劳动这对范畴中，劳动已经处于主导地位、矛盾的主要方面。社会主义政治经济学研究当然要讨论公有资本以及私有资本，并且重新定义资本的一般概念，但这些范畴在这个范畴体系中应当处于从属地位，而不应当成为主体范畴、核心范畴。

其次，公有资本在社会主义经济制度的发展中，也不是一个贯穿始终、覆盖全部的事实，至少从苏联和新中国的历史看，社会主义制度最初都经历了一个集中的计划经济阶段，在这个阶段上，市场经济关系没有发挥重要作用，公有制经济也没有采取公有资本的形式。在计划经济的国家大工厂里，有科层等级制的命令服从关系，但是没有竞争的外在强制，没有企业主体之间以利润为中心的市场竞争。公有资本现象是在市场经济的改革过程中逐步形成的，将这样一个具有阶段性特征的现象，拿来做理论体系的核心范畴当然不适当。另一方面，社会主义市场经济是公有制为主体的混合经济，从企业层面看，公有资本只是在大规模生产、大规模经营的公司制企业中占有更大份额，中小企业中私有资本仍然占有绝对多数。尽管股权多元化的公司制企业中，公有资本和私有资本相互混合，但是资本所有权的界限并未取消，公有资本的范围仍然是有限的。

我们主张用平等劳动取代资本范畴，作为社会主义政治经济学的核心范畴。

首先，平等劳动是社会生产关系范畴，集中体现社会主义经济关系的本质特征，体现了共同拥有生产资料的社会主义劳动者决策平等、分工平等、分配平等和劳动力发展机会平等的全面经济关系。这与我们对政治经济学研究对象是生产关系的理解相一致。

平等劳动以生产资料的劳动者公共所有制为前提和基础。由于社会主义公有制的实现，经济关系中资本家和劳动者之间的阶级对立不再存在，公有制经济内部的经济关系表现为劳动者个人与个人、个人与集体之间的关系，它本质上是平等劳动的关系，而不能是其他任何经济关系。从这个意义上说，平等劳动从公有制经济建立的第一天起就已经形成。在生产资料公有制基础上，劳动者对公共所有的生产资料拥有平等权利，通过集体决策行使共同权利。在集体决策中，每个劳动者都拥有平等的知情权、提案权和表决权，而这种决策的平等权利正是共同劳动中分工平等和分配平等的制度保障。分工平等，也就是按个人劳动能力分配劳动岗位，善渔者渔，善樵者樵，善耕者耕，善织者织；每个劳动者，都有机会在共同劳动中发挥自己的特长，管理能力更强的劳动者则承担起共同劳动的管理职能。这是各尽所能的分工原则，符合劳动力资源优化配置的要求。分配平等，也就是劳动者按劳动贡献分配共同劳动成果，奖勤罚懒，多劳多得，少劳少得，甚至不劳动者不得食。只要物质财富尚未充分涌流，个人利益与社会利益仍然存在矛盾，物质资料的分配就不能不遵循这种平等原则。在这里，平等表现为以劳动为同等尺度，而劳动的数量和质量，则完全取决于每个人的能力和努力。平等劳动的经济关系，本质上是劳动者联合体内部通过平等协商组织社会生产，优化配置劳动力资源的共同体原则。因此，这里的决策平等，并不单纯是劳动者个人之间的利益博弈，相反，共同利益是集体决策的依据，每个劳动者在决策中所行使的是平等的公益社员权，而不是劳动力个人所有者的私益权。平等劳动承认劳动能力的差异是天赋特权，但同时也承认，劳动能力的差异并非完全取决于天赋，后天的学习同样是导致个人能力差异的重要因素。因此，平等的原则应当延伸到劳动力再生产领域：社会给每一个劳动者提供平等的能力发展机会（不仅是现在的劳动者，尤其是未来的劳动者），包括同等质量的基础教育、同等机会的在职培训等，用这样的方式最大限度地缩小因为家庭经济条件的差异以及其他非主观努力因素带来的能力发展机会不平等。我们所说的平等劳动大体就包括这四个方面的内容。

其次，平等劳动具有内在矛盾，这种矛盾正是社会主义经济制度一系列内在矛盾的表现形式。在平等劳动关系中，劳动者身份具有两重性，他既是公有生产资料的共同主人，又是自身劳动力的个人所有者，二者之间的利益诉求并不总是协调。公共利益要求积累剩余劳动，个人利益却将劳动视为牺牲或负担。因此，公有制经济中的劳动者在双重人格间挣扎，作为两个不同要素的所有者自己与自己博弈。他们通过集体决策来控制个人行为，通过经济激励制度迫使个人更多地为社会提供剩余劳动；个人在集体劳动中则普遍存在“搭便车”倾向，倾向于以更少的劳动获取更多的报酬。显而易见，“两个”要素所有者之间存在着排他性产权关系，我们不得不创造一个特别的经济学概念，谓之公有产权的“内排他性”，即公有产权对其所有者成员个人的排他性。[①] 为提高管理效率，降低管理成本，劳动集体不得不接受一位专门的监督管理者，委托代理制不可避免。代理人作为专业的管理者，代表公产主体同时行使财产管理与劳动管理职能，因此也就代表全体劳动者行使了公有产权对外与对内两个排他性权利。代理人作为全体劳动者当中一个拥有特殊权利的个体而与其他人对立。整体对每个个体的矛盾演变为单个个体与整体的矛盾，全体成员的相互监督演变为一个人对所有人的监督。权利分配的不平等在一个平等的经济环境中合乎逻辑地产生。这就是社会主义一百年历史的事实，社会主义经济制度就是在平等劳动这样的矛盾运动中发展。它给予我们研究的素材、发现的好奇和创新的灵感。

需要强调的是，平等劳动是现实经济关系，而不仅仅是法权观念、道德观念或者关于平等的社会理想。观念形态的劳动平等产生于商品生产和商品交换形成的初期，表现为“等量劳动相交换”的平等权利。劳动平等观是现代社会历史进步的产物，是农奴从封建束缚中解放出来，获得人身自由，即拥有自身劳动力所有权的经济事实在法权意识中的体现，也是商品生产和商品交换中商品所有者平等交换劳动产品的现实经济关系在法权意志中的反映。在资本主义经济中，这种建立在自己劳动基础上的所有权被无偿占有他人劳动的所有权否定，但建立在自身劳动所有权基础上的平等观念不但没有消失，反而因为不平等的加剧而在劳动群众的意识中强化。特别是当一个社会的两极分化日益严重，财富与劳动被完全分离的时候，劳动平等的权利诉求就会更加强烈地表现出来。劳动群众的法权意识和道德观念构成社会主义平等理念的基础，成为向未来理想社会的过渡的思想动力。当代社会主义运动的推进需要借助这种历史形成的、具有“普世价

① 荣兆梓：《论公有产权的内在矛盾》，《经济研究》1996 年第 9 期。

值”形式的道德力量。但是，这里所说的平等劳动首先是真实的经济关系，是社会主义经济制度最本质的关系。因此，作为与这种经济关系相适应的权利观念与意志关系的劳动平等也就被赋予了新的内容，它不再是个体劳动者之间平等交换的权利，而成为公有制经济中联合劳动者的共同意志。在社会主义社会形态下，平等劳动成为社会经济体系中占主导地位的基本经济关系，进而，劳动平等才取得社会价值体系的主导权。

最后，平等劳动是动态演化的经济范畴。作为基本的经济关系，平等劳动在社会主义经济制度是真实的存在，而不是理想中的观念的存在。但是，劳动平等程度的提高却不可能一蹴而就，它需要经历漫长的时间和艰苦的工作。平等劳动关系的建立必须通过若干个相互衔接、依次递进的阶段。在经济不发达状态下开始建设社会主义，更加需要几代人矢志不渝、前赴后继地付出艰苦努力。这里需要社会主义基本经济制度的逐步完善，社会主义经济政策的全面落实，也需要社会生产力的高度发展和经济发展方式的逐步转变。那种因为社会主义百年实践所经历的挫折与磨难，因为社会主义当前现实的缺陷与不足而怀疑社会主义，甚至嘲笑从社会主义实践中提炼平等劳动概念的人，缺的是一点点历史感，缺的是对这个制度朝向既定目标成长的理解和信念。根据中国特色社会主义七十年发展的历史事实，我们认为，社会主义平等劳动关系的发育，可以划分为“科层的平等劳动”“竞争的平等劳动”“共享的平等劳动”和“自由的平等劳动”四个阶段。前两个阶段的转换发生在20世纪80年代；而竞争的平等劳动向共享的平等劳动转换，则就在当下。从共享的平等劳动再向自由的平等劳动转化，将是许多年以后的事情，我们现在能够预见的，只是这一转化必然会发生，以及这一转化发生所依赖的社会生产力和生产关系的基本条件等。

作为基本经济关系，平等劳动体现在社会主义经济过程的所有环节，因此可以通过企业、产业、区域、社会、国家制度以及开放经济等环节，来充分展开对当代中国社会主义经济中平等劳动的全面分析。

四、 劳动生产力是理论叙述的起点范畴

讨论平等劳动的经济关系，似乎可以从公有制的建立开始，以生产资料公有制作为起点。但是，如此展开社会主义政治经济学的逻辑体系，则缺少了一个历史唯物主义的支点，即平等劳动（也就是公有制经济）产生的历史条件和生产力依据。社会主义经济关系不是凭空产生的，也不是在任何条件下通过强力剥夺剥夺者，建立和维持一个生产资料公共所有制就能实现的。平等劳动关系的历史特征并不是直接从公有制的形式规定中产生，其平等规定的历史性与内在矛盾的必然性，也不可能从抽象意义的生产资料公有制得到说明。社会主义平等劳动的根源在于当代生产力，在于当代社会生产力的一系列特殊的历史性质和基本特征。因此，我们主张将劳动生产力设定为中国特色社会主义政治经济学叙述体系的逻辑起点，从当代生产力的矛盾引申出平等劳动的性质，展开有关平等劳动之内在矛盾的分析。

从形式上看，平等劳动的逻辑起点是劳动，这顺理成章。但是，劳动是一个适合所有社会经济形式的一般概念，就其本身的规定性而言是十分简单的。社会主义政治经济学的逻辑起点如果从劳动开始，就难以体现经济制度的历史特征，更难以充分展开经济制度在自身矛盾中发展完善的客观规律。什么是劳动？劳动是人的体力和脑力的付出。当然并不是所有的人类活动都可以归结为劳动，劳动是有目的的人类活动，有目的性和生产性是其不可缺少的规定性。请注意，我这里说的是生产性，而不是物质产品的生产性。劳动的主要活动领域当然在物质生产领域，但劳动的生产物并不一定都是物质产品，它同时可以包括各种能够改善人类生活的劳务活动和精神产品。这个劳动的生产性规定，将劳动和闲暇、娱乐这一类人类活动区分开来。最后，按照概念使用的约定俗成，劳动活动一定是有益的。这涉及价值判断。但劳动的有益性仍然是有关劳动概念的必要规定之一。

有些人的活动尽管也需要付出辛苦的努力，如诈骗和盗窃，但是它们肯定不属于劳动范畴。再进一步分析，劳动并不是劳动者个人的生产活动，人类总是组织成为社会，从自然获取自身生活所需要的全部消费资料。因此鲁滨孙在孤岛上的生产活动，并不是典型意义上的劳动。独立个人的生产活动是一个想象的存在，而不是真实的存在。真实的人类劳动从来是一群人分工协作的共同活动。因此，劳动活动并不总是直接针对着自然物，尽管在绝大多数情况下，自然物或者自然过程才是劳动活动的基本对象。劳动过程中需要人与人的合作，为促进这种合作而从事的人类活动，即所谓交往活动，也可以是生产劳动的组成部分。管理劳动、营销活动也都可以是社会劳动的一种形式。劳动活动的这种社会性特征，决定了劳动概念的二因素，即它一方面是劳动生产力，另一方面又是劳动社会形式。任何一种特定的劳动社会形式，都具有与之相对应的劳动生产力。是生产力决定生产关系的规律，是社会生产力发展到一定历史阶段的特殊性，决定了那个时代劳动社会形式的特殊性。因此，我们在讨论作为劳动特殊社会历史形式之一的平等劳动的时候，也同时需要并且首先需要讨论与之相匹配的劳动生产力。关于劳动范畴的更丰富的内容，必须在对此二因素的分析中逐步展开。

平等劳动是劳动的一种特殊社会历史形式，在此之前，劳动的社会历史形式曾经历过奴隶劳动、农奴劳动、雇佣劳动阶段。随着社会生产力的发展，平等劳动终将转化为共产主义社会的自由劳动。平等劳动的历史特殊性需要由当代生产力的历史特殊性来说明。一方面，平等劳动扬弃雇佣劳动的阶级对立性质，形成劳动者阶级内部以劳动为尺度的平等关系，是因为当代生产力高度的社会化和全球化受到资本主义私人占有的狭隘生产关系的桎梏，其发展的可持续性丧失。不仅地球生态承受能力临近极限，而且阶级矛盾的张力不断积累。由于全社会一般利润率不可逆转地下降，资本主义生产发展的动力在衰减，不得不依靠周期性的巨大破坏来延续生命。这个社会必须由一个经济基础更加和谐的新社会来取代。另一方面，平等劳动在一个相当长的历史时期内还不能强行突进到共产主义的自由劳动，这是因为当代生产力还不够发达，物质财富没有充分涌流。因此，劳动时间具有明显的稀缺性：职业专门化的分工、直接生产过程中劳动者对于机器系统的从属地位，导致劳动者个人不愿意超出满足个人消费的必要劳动时间为社会提供剩余劳动。因此，社会财富还需要以劳动时间为尺度，社会还必须利用“你干活，我给钱”“我给钱，你干活”的法权意志，来强制劳动者为社会提供更多剩余劳动。平等劳动的存在是由社会生产力决定的，无论是它的形成，还是它的突破（扬弃），都不能单纯依靠革命者的勇气和信念。

结合20世纪社会主义的历史，从劳动生产力起步的研究方式更有它特殊的含义。20世纪崛起的东方社会主义，产生在一系列后发国家追赶经济的关键时刻，这些东方国家的马克思主义政党在夺取政权后面临的最大问题是就是发展生产力。一方面，社会主义政权的合法性、共产党执政的合法性，取决于这个政权能否兑现承诺，提高人民群众特别是占人口绝大多数的劳动群众的物质文化生活水平，实现国家富裕、人民幸福；另一方面，在国际资本包围下的新生人民政权面临严峻的外部竞争环境，无论从国家安全、国际贸易的需要看，还是国家手中拥有的物质手段贫乏程度看，都是不可回避的事实。发展生产力，才能解决这两个关系政权存亡的关键问题，是最急迫的任务。与此同时，发展生产力又是最艰难的任务，经济落后国家的社会主义政权，必须面对外部世界的敌意和封锁，只能依靠自己的力量，依靠全国人民的劳动积累，艰苦奋斗，自力更生，来启动国内的工业化进程。发展生产力的紧迫性和艰巨性，决定了它在执政党决策中的首要性。正如邓小平同志所强调的：“社会主义的本质首先就是解放和发展生产力。”①

以劳动生产力作为起始范畴，社会主义政治经济学从一开始就可以讲劳动生产力与社会主义生产关系的辩证法，将此置于分析的中心位置；可

① 邓小平：《邓小平选集》第3卷，人民出版社，1993年版。

以从当代中国生产力发展的要求出发，来解释为什么只有社会主义能够救中国，只有社会主义能够建设祖国，来解释社会主义的平等劳动关系何以具有历史的必然性；可以从社会生产力持续发展的进程观察社会主义平等劳动的演化进程，据以分析其发展的阶段性特征、阶段划分依据，以及制度演化的一般规律和内在逻辑、历史趋势、未来走向等等。

劳动生产力的一般规定是逻辑体系展开的必要前提。马克思在《资本论》第1卷分析商品生产过程的有关章节，曾经附带讨论过生产力的一些基本问题。比如在讨论商品生产的社会必要劳动时间时，简明扼要地分析了影响劳动生产力发展的因素。马克思写道："劳动生产力是由多种情况决定的，其中包括：工人的平均熟练程度，科学的发展水平和它在工艺上应用的程度，生产过程的社会结合，生产资料的规模和效率，以及自然条件。"[①] 又比如，在讨论劳动过程的相关章节，马克思分析了劳动过程的三个简单要素，"有目的的活动或劳动本身，劳动对象和劳动资料"[②]，这些思想成果，对于我们进一步研究劳动生产力的一般规定性，具有重要的指导意义。但是这还不够，在社会主义政治经济学体系逻辑起点上，需要有关劳动生产力的专门分析，需要更加深入而细致地展开分析。

劳动生产力，即人类以劳动创造（从自然获取）自身物质生活的能力。这是组织成为社会的人的能力，因此又称社会生产力。说劳动生产力是社会现象，包含两层含义。首先，劳动生产力是人类社会的生产力，而不是劳动者个人的生产力，这一点前面已有讨论。其次，劳动生产力是人类社会知识积累的成果，而不是自然界力量的积累，不是作为自然进化结果的人类基因的进化。也就是说，劳动生产力是社会文化现象，而不是自然现象。人的先天的生理能力由基因决定，其自然演化以几万年、几十万年甚至数亿年为时间尺度，因此对更小时间尺度上的社会生产力演化没有解释

① 马克思：《资本论》第1卷，人民出版社，1975年版。
② 马克思：《资本论》第1卷，人民出版社，1975年版。

力。生产力的变化包括技术变化和制度变化，二者都是人类社会的知识积累，前者是自然知识的积累，后者是社会知识的进化，都是时间的增函数，都具有负熵流的性质。也就是说，劳动生产力既是历史范畴，其发展与生物进化的共同点在于，它们都是进化适应性的表现；又是社会范畴，其社会进化的主体与生物进化不同，不是基因进化，而是文化进化。

生产力的进步会具体“物化”在生产要素上，主要是劳动资料的技术积累、劳动者的知识和技能以及劳动组织的进步。其中，劳动者知识与技能的进步是生产力进步更本质更关键的环节。现代生产力越来越多地体现为“一般生产力”，即社会的科学知识的进步、创新劳动的积累。从宏观历史尺度的观察，人类社会的生产力可以依据人的能力的进步划分为三个阶段：①人的依赖性为基础的狭隘人群孤立发展的满足生存需要的生产力；②物的依赖性为前提的满足多方面需求的社会生产全面能力体系；③个人全面发展的社会共同生产能力。[①] 马克思这里所考察的人的能力，既包括个人劳动能力，更强调社会劳动的组织方式和社会劳动的整体能力。

当代生产力处于人类社会进化的第二阶段，或称“第二大形态”。这个社会形态是以商品生产与商品交换的全面深入发展为前提的。这个过程对应着发展经济学所谓的“工业化”。农业生产不可能规模化，因此也不可能形成国内乃至全球市场，形成普遍物质变换；没有市场规模，就没有分工推进的劳动生产率持续提高，因此也不可能满足越来越多方面的需求，总之，社会不可能形成全面生产能力体系。工业化是第二大形态全过程的特征，工业化进程的生产力以机器生产为基本特点，机器代替人的劳动是一个连续过程，自动化和智能化是大机器生产的内在逻辑，至今依然是当代生产力发展的方向。只要这一过程未完成，职业专门化分工就是生产力发展的必需，劳动就依然是稀缺的生产要素，劳动时间就依然是物质财富的尺度，商品生产、市场经济就依然是社会生产的组织形式。市场经济下的

① 马克思、恩格斯：《马克思恩格斯全集》第46卷上，人民出版社，1979年版。

生产组织主要依靠两种结构：一是市场，二是科层。作为市场经济生产主体的企业是市场与科层的结合。因此，劳动生产力不仅伴随着社会生产关系，而且它总是内在地包含生产关系的部分内容。这两个概念的差别更多的是视角和观察重点的差别。劳动的不同社会形式表现为不同生产力的性质规定，同时产生不同的生产力的数量规定（生产率）。因此，我们可以区分资本主义雇佣劳动的生产力和社会主义平等劳动的生产力。以公有制为主体的社会主义经济关系在本质上是平等劳动，因此，我们将社会主义的生产力称作平等劳动的生产力。

工业化是一个过程，而且是一个较长时间的进化过程。工业化进程又可以从时间上划分为若干阶段。发展经济学一般以产业结构的变化为依据，将工业化过程划分为工业化前期、工业化中期和工业化后期，在这之前和之后，还有前工业化时期与后工业化时期。现代演化经济学一般主张以能源与生产工具的变化为依据划分工业化的阶段。华裔学者文一在研究中国工业化进程与世界上其他工业化成功国家的共性特点时，使用了强制工业化和自生动态工业化的概念。从研究当代中国社会主义工业化进程的需要出发，我们借鉴文一的概念，用强制工业化、内生工业化与可持续工业化三个相互衔接的阶段来描述中国的工业化过程。显然，我们的研究重心在改革开放以来的内生工业化阶段，它本身又可以进一步划分为：乡村工业和轻纺工业阶段、重化工业阶段、高新产业阶段等若干分阶段。

以一个国家社会的整体为观察范围，影响社会生产力的因素绝不仅仅在直接生产过程中，并不是只有生产过程中的劳动者素质、生产工具质量与规模以及劳动组织方式，才是影响社会生产力的因素。在直接生产过程之外，流通过程中的劳动，包括纯粹流通性劳动，也都以这样或者那样的方式影响社会生产力。交通运输的速度和效率直接影响生产力，这是不言自明的。企业的营销活动，尽管它本身是非生产性的，但它有可能影响企业的生产规模，影响企业产品的实现程度，由此影响企业的财务效率，甚至直接影响企业的生产效率。当代中国劳动生产力的快速提高，与改革开放以来我们在基础设施建设方面的巨大成就密切相关，基础设施的投资和建设就是生产力。金融领域的活动同样影响到社会生产力，特别在我们这样一个发展中大国的工业化初期，原始资本严重短缺成为工业化起步的主要瓶颈。如何组织社会资本，如何引导居民储蓄，如何在较短的时间内提高整个社会的资本积累水平以支持百废待兴的国家工业化，这是一个新兴社会主义国家的金融体系支持实体经济发展的第一要务。成功的工业化需要有为的政府。国家发展战略的制定对成功至关重要，国家在工业化进程的每一个阶段，及时地调整发展战略和产业政策，引导工业化持续发展；国家通过产学研结合的科技政策，通过惠及全民的教育和医疗政策，提高国家的科技水平和国民素质，通过恰当的社会政策保障社会的和谐和安定。所有这些，对一国劳动生产力的持续提高具有不可或缺的重要作用。一国经济发展中的国际贸易环境和国际债务环境，国家参与国际经济的意志和方式，也会对国家的工业化进程造成重大的甚至决定性的影响。总之，劳动生产力的研究与平等劳动的研究同样是立体的，涉及时间和空间的动态研究领域。

生产力的发展表现为一个方向不变的数量增加，而生产力的量变包含两个方面的内容——物质生活资料的数量增长与种类增加，表现为满足越来越多样化的需求。我们可以用劳动生产率来粗略地计算生产力，即单位劳动的产出数量，但是很难将多样化需求量化。劳动量的增加（劳动人口的增加）提高社会生产力，因为人类总是结合成社会与自然博弈，协作是生产力，规模会提高生产力，1 +1 总是大于2，因此它在劳动生产率指标中也能有所反映(但反映不充分)。关于劳动生产率方程（增长方程）及其计量问题，应该在系统导论部分就得到充分的讨论，以便在此后的研究中贯彻。

劳动生产率是物质产品与直接生产过程中的劳动投入之比，因此它首先是工业企业生产率，延伸到全部物质生产过程，就表现为社会总产品与总产品生产中投入的全部劳动时间之比，用公式表达就是：

$$a = \frac{x}{C + L} \qquad (1)$$

我们称之为全劳动生产率。式中 x 实质上是产出实物量，用总产品价格形式表达时必须使用不变价，或者干脆转换为购买力平价（PPP）；而 $C + L$ 则可以直接使用时间量，如劳动人年或者劳动小时。

设活劳动系数：$\beta = \frac{L}{C + L}$，则有：

$$G_x = G_a + G_L + (1 - \beta)\ G_\delta \qquad (2)$$

式中 G_x 为总产值增长率，G_a 为全劳动生产率增长率，G_L 可以称作外延扩张率，G_δ 则为资本构成提高率。

式（2）也可写作：

$$G_x = G_a + \beta \cdot G_L + (1 - \beta)\ (G_L + G_\delta) \qquad (3)$$

式（3）等号右边的三项可分别看作：全劳动生产率导致的经济增长、活劳动投入增加导致的经济增长和资本投入增加导致的经济增长。三者分别除以经济增长率就是它们各自对经济增长的贡献率。根据中国统计数据，全劳动生产率对经济增长的贡献率多数年份在 80% 以上。新中国近七十年全劳动生产率快速提高的原因，影响全劳动生产率提高的诸因素及其贡献率，是政治经济学需要深入探讨的课题。

五、 理论逻辑与历史逻辑结合的框架

这样我们就确定了整个体系建设的两条重要线索：一是作为体系主体范畴和核心范畴的平等劳动在社会生产力发展过程中的演进，另一条是作为理论逻辑起点范畴的劳动生产力在社会主义平等劳动的经济关系中不断发展。体系逻辑必须兼顾这两条重要线索，应当是一个双螺旋的基因结构。有了这样一个基因结构，中国特色社会主义政治经济学的全部内容，就会在这个双螺旋基因的发展中逐步展开从抽象到具体的丰富内容。我们设想

的理论体系逻辑结构大体是这样的：按照生产力与生产关系发展的时间顺序，形成三篇结构。第一篇，强制工业化与科层的平等劳动，时间上大致对应着我国改革开放之前三十年，同时，苏联的七十年社会主义计划经济实践也是本篇理论范畴形成的实践依据。之所以称为强制的工业化，是因为这一阶段的工业化是由国家力量自上而下强制推动的，是用背离市场规律的方式从外部强行推进的，整个工业化阶段缺少自下而上的自发力量、内生力量。但是，从国情出发，强制工业化却是唯一正确选择，我们要讨论它的客观必要性。大科层体制是这一发展阶段工业化的组织方式，有它的经济必然性，由此导致社会主义平等劳动形成初期的特点，如它的历史进步和局限性，它对工业化进程的反作用等。第二篇，内生的工业化与竞争的平等劳动，时间上大体为改革开放之后三十年，这是当代社会主义最具特色的三十年，是社会主义与市场经济深度结合的三十年。工业化之所以能够内生发展，是因为市场机制的作用，但并不仅仅依靠市场机制。工业化的快速启动需要一系列历史条件的偶合，这其中的经验值得深入细致地总结。文一教授使用“自生”一词，概括得并不准确。国家行为在中国三十年工业进程中的重要的甚至关键性的作用，同样需要深入细致地总结，中国增长奇迹绝不是自动生成的。但是，市场经济下的工业化进程一旦启动，一旦进入良性反馈，它的确具有某种内生性，形成一种内生的推动力量，不断向改革与发展提出必须解决的问题，进而与平等劳动的制度内生力量一起，形成内生的快速工业化进程。这一阶段的社会主义生产关系调整表现为竞争的平等劳动。邓小平的“先富后富”理论是这一理论范畴的早期表现，市场竞争具有自己的平等要求，它虽然与劳动平等存在差异，却也部分地包含了企业之间、劳动者个人之间基于劳动贡献的平等内容，相对于计划经济下的分配平均主义仍然是历史的进步。当然，市场竞争具有两极分化的自发趋势，这就构成了竞争的劳动平等必然的矛盾，这是市场经济三十年中国工业化进程中一系列矛盾的制度基础。在生产力发展的一定阶段上，这个矛盾是不可避免的，但是随着生产力的发展，这一矛盾必然得到及时有效的解决。第三篇，可持续工业化与共享的平等劳动，当前我们正在向这一阶段过渡，还没有完成这个过渡。因此，这一篇的内容主要是讲过渡，同时涉及过渡所要达成的目标——一个劳动平等程度更高的社会主义，一个更加充分体现社会主义本质特征的经济体制。与此同时，它还逐步形成一种消除市场两极分化趋势、抵制资本主义危机外部冲击，甚至向平等的贸易国传递共享能量的可持续发展的生产力。从这里出发，我们还可以进一步讨论生产力的持续发展与价值生产、资本关系消亡的衔接与过渡。社会主义经济制度的最后一个发展阶段，可能是后工业化的自由的平等劳动。自由人联合体最终将扬弃以劳动为尺度的平等原则，通往一个更加高级的社会形态。

在这三篇结构中，重点在第二篇，它是社会主义市场迄今为止的实践，也是当代中国社会主义的最鲜明特色。这一篇的内容将充分展开，我的设想是：这部分内容再划分为企业的平等劳动与劳动平等、产业间的劳动平等、社会范围的平等劳动、国家制度和开放经济五个部分。其篇幅预设为另外两篇的五倍。因此，整体结构平面地可以理解为篇幅大体相当的七个部分。如果加上一个全书导言，就是八个部分。以纵轴表示时间进程，以横轴表示分析层次，逻辑体系主要范畴的关系大致如下：

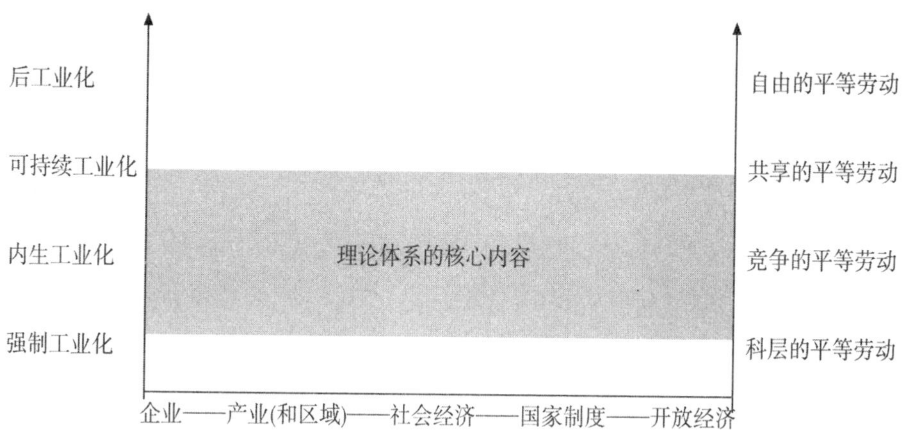

以纵轴的工业化阶段为线索，分阶段讨论横轴上的制度结构演化，讨论各经济增长阶段上制度结构的特征，我们的分析框架与西方马克思主义的“积累的社会结构”（SSA）理论有几分相似之处。但我们讨论的主题不是资本积累，而是平等劳动的生产力发展，或者可以更一般化地称作经济增长的制度结构理论。请注意，这里的制度是 Institution，而不是 System，也就是说，理论的关注点不是宏观制度的变革，也不仅是社会主义经济制度与资本主义经济制度的根本区别，而是社会主义经济制度本身的演化，在其宏观制度背景既定前提下，微观的局部的制度结构的渐进式演化。我们要讨论社会主义经济制度随着社会生产力发展而发育完善的内在规律。与此同时，我们将考察的重点放在改革开放以后的近四十年，即内生工业化与竞争的平等劳动阶段，以这一发展阶段上的制度结构分析和不同制度模块的互联互动分析为考察重点。因此，总体上工业化三阶段制度结构纵向比较的色彩相比于 SSA 会弱一些，而主体部分的经济增长与制度结构的互动关系分析会更加突出。

计划中的《平等劳动及其生产力——中国特色社会主义政治经济学大纲》有如下叙述结构：

1. 导论

2. 强制工业化与科层的平等劳动

3. 内生工业化与竞争的平等劳动

（1）企业的平等劳动与劳动平等

（2）产业之间劳动平等

（3）社会范围的平等劳动

（4）国家制度

（5）开放经济

4. 可持续工业化与共享的平等劳动

六、各部分主要内容

1. 导论

首先讨论劳动和劳动生产力的基本概念，影响社会生产力的各种因素；然后是作为劳动生产力量化指标的劳动生产率，劳动生产率的各种表达方式，劳动生产率与商品价值量之间的关系，特别是社会劳动生产率的量化表达，运用国民收入统计指标的计量；由此进入马克思主义经济增长理论的讨论，影响经济增长的要素分析；最后是当代生产力的历史特征、具体形式、发展阶段的讨论，分析各国工业化进程的共性特征、阶段性特征，工业化在人类发展历史上的地位和作用，等等。

其次，讨论公有制和平等劳动的基本概念，讨论它们以生产力发展为基础的历史条件、内在矛盾及其进化发育的路径和阶段等。

这部分的内容大多在前面各章已经有所交代，这里就不再重复展开了。

2. 强制工业化与科层的平等劳动

发展生产力对于实践社会主义的首要性。我们对实践社会主义经济的分析，从东方社会主义所面临的国内和国际环境入手。20 世纪的上半叶，是全球资本主义矛盾和危机凸显的非常时期，根据马克思的预言，这本来应当是社会主义革命在主要资本主义国家发动的最佳时机。但结果反倒是处于欧洲资本主义边缘的落后的俄国革命成功，建立了第一个社会主义政权。第二次世界大战以后，处于当时世界经济最底部的东方大国中国建立了社会主义制度，开始探索自己的社会主义发展道路。社会主义革命在经济落后国家率先突破，这是马克思、恩格斯未能预见的。回过头去看，世界历史的这一发展路径有其客观必然性。资本主义被首先从其薄弱环节突破，这向马克思主义者提出了如何在落后国家建设社会主义的重大历史课题。东方社会主义面临的国际形势是外国资本主义敌对势力的包围，军事的、政治的乃至经济的包围，这极大挤压了新生社会主义政权的生存空间。为了生存必须自强，必须力争在较短的时间内，从国际政治斗争、军事斗争乃至经济竞争的被动局面中摆脱出来，这些最终都聚焦到发展生产力上。东方社会主义的国内环境，首先是必须在战争废墟上恢复国家经济，安定人民生活。而从长远看，执政党人面临的最大矛盾是，革命过程中对广大人民群众美好生活的明确承诺与国家经济落后现实之间的尖锐矛盾。“先进的生产关系与落后的生产力之间的矛盾”，这个提法在理论上肯定是错误的，但它其实正是现实矛盾的一个漫画式表达。内外矛盾同时聚焦一个主题，那就是迅速提高生产力，迅速改变经济落后状况。这是实践的社会主义从一开始就要面对的根本问题。

我们将根据历史事实，讨论新生的社会主义国家解放和发展生产力的紧迫性；讨论20世纪20年代苏联布哈林与普列奥布拉任斯基之间关于工业化路径的争论；讨论我国社会主义建设初期赶超战略的形成，它的有效推进和之后的冒进表现，及其背后的政治逻辑和形成机理；从政治经济学理论上说明，社会主义的本质特征是解放和发展生产力。

为什么在当时的历史环境下，社会主义国家的工业化发动一定是强制性的，一定是偏离市场发育的内在逻辑，扭曲市场供求的内在平衡，一定要利用政权的力量自上而下地推动？历史经验表明，无论是苏联20世纪30年代，还是我国20世纪50年代的工业化启动，都是在农业生产力尚未取得突破性进展的情况下进行的，“粮食过关”、粮食安全，一直是工业化进程绕不过的瓶颈。苏联理论家发明的“社会主义原始积累”概念有其客观依据。在这样的农业基础上，快速工业化所需要的资本投入、工业原材料以及产品市场都难以满足。轻工业生产的市场规模受到限制，为其提供生产资料的重工业发展自然受阻，国家工业化不可能遵循先轻工、后重工的秩序顺利推进，一种依靠国家强力优先发展重工业的逆序进程成为必然。这当然是一种极其艰难的抉择，既没有内部市场与资源的依托，更不可能依靠对外部世界的剥削与掠夺，强制工业化只能靠全体人民的节约，靠较低消费水平上的高强度资本积累，即所谓“勒紧裤带搞建设”。在这种情况下，劳动群众的长远利益与当前利益之间会显现出尖锐矛盾，必须有一个有能力克服这一矛盾的国家机器来充当工业化的推进器，或者以专政的强制力，或者以道德的感召力，或者二者兼而有之。

特殊的工业化方式决定了特殊的社会经济体制，列宁在革命前所设想的国家辛迪加在所有实践的社会主义国家都成为现实。强制工业化进程需要国家自上而下的强力推动，集中的计划经济就是最合适的体制选择。它不仅是包含整个工业领域的大科层体制、全部城市经济的大科层体系，这个国家辛迪加还进一步延伸到整个农业，渗透到全部穷乡僻壤。为什么苏联的农业集体化必须强行推进，中国的农业合作化高潮必须迅速到来？原因都在于强制工业化。把全部农业领域纳入国家大工厂的范围，这样才有可能在农业生产力达到必要高度之前，就强制启动工业化进程。这就决定了在大科层体制下，社会主义生产资料公有制和劳动平等关系的阶段性特征：一个覆盖全部社会经济的公有制经济和一个自上而下地通过行政等级制组织起来的平等劳动。从覆盖全社会的公有制经济这一点看，它和马克思、恩格斯在经典文献中所描述的未来社会大体吻合，至少没有让人感觉到有太多的偏离。但如果从作为生产资料所有制背面的劳动关系看，矛盾又显得非常突出。行政等级制下的平等劳动？这是何等自相矛盾！政治经济学理论除了从强制工业化本身的要求出发去解释这一历史现象之外，还有必要从平等劳动自身的内在矛盾出发，去理解这一看似矛盾的历史现象。社会主义公有制的规模，特别是在像苏联和中国这样的大国经济中，表现为一个包容了亿万劳动者在内的大规模平等劳动，其内部的决策协调机制，需要耗费巨大的社会成本。因此，公有制经济内部劳动者之间的平等决策，必须经过多层代议制度来实现，即使如此，其决策成本依然极高，决策效率无法保障。一个主动承担人民群众长远利益和根本利益的执政党自上而下地代表人民行使权力，以大科层体制节约公有制经济决策成本，是一种可行的替代方式。它以共产党人的理论自觉、信仰坚守和郑重承诺，作为公有制性质的保障，作为平等劳动本质的体现。这里的平等，体现为剥削阶级的消灭、阶级关系的改变，以及各级官员为人民服务的理念和作为。这种平等劳动的本质特征，在共和国初期的工业化进程中，显然是得到大多数劳动者认同的。也许，这种体制选择与东方国家的文化传统有关系。阿格列塔把这种文化传统称作“帝制传统”①。几千年来中国政治的一个核心理念是：得民心者得天下。民心是判断政治正确的终极标准，中国老百姓认同这一理念，愿意按这样一种政治逻辑去思考问题、规范行为。这当然是一个需要进一步深入研究的政治经济学问题。

工业化进程的连续性是理解前三十年成就的关键。从实践看，大科层体制与强制工业化的结合曾经取得了巨大成就，改革开放之前三十年的中国经济，在严峻的国际背景下，在经历了“大跃进”和“文化大革命”这样的巨大挫折之后，仍然取得了优异成绩：较高的经济增长速度，比较完整的工业体系，农田水利的修复和建设，以及在人均 GDP 水平较低的情况下达到超前的人类发展指数，等等。把新中国六十余年的历史联系起来看，才能充分理解这些成就的意义，它为后三十年的高速增长准备了条件。看不到这种历史的连续性，经济学分析就难免片面。

但是这一体制的缺陷也十分明显。由于过度集中的决策和过度延长的行政指挥链，不但劳动者平等的决策权难以落到实处，而且所谓分工平等、分配平等也会大打折扣。工资等级制和分配平均主义并存是这个体制的普遍现象，经济激励机制不能说没有，但往往效率低下。平均主义不等于平

① 白果、[法] 米歇尔·阿格列塔：《中国道路——超越资本主义与帝制传统》，李陈华、许敏兰译，格致出版社、上海人民出版社，2016 年版。

等，恰恰相反，它违背劳动平等原则，导致干好干坏一个样。因此，计划经济的缺陷不仅是资源配置的效率低下，而且激励机制效率低下，创新激励机制效率低下。缺乏创新激励，导致计划经济下的所谓“复制古董”现象，经济增长的动力持续减弱。这就是中国经济体制向市场经济转轨的原因。苏联的经济体制没有能够跟随工业化阶段的变化而及时转轨，从而导致无法克服的经济问题，这是苏联解体的原因之一。

从社会主义生产关系的角度看，经济体制的缺陷更加明显：一个主要依靠自上而下的监督来实现的平等劳动，显然是不完善也不可能完善的。自上而下的监督需要有自下而上的监督来补充，克服大科层体制官僚化倾向，始终是社会主义者、革命的共产党人高度关注的课题。毛泽东发动“文化大革命”，试图利用阶级斗争和体制外的“大民主”，来克服体制内的官僚化倾向，这是一次完全失败的试验，但是毛泽东的主观目标是反官僚。这是从当时的体制实践中产生的问题。

经济体制改革以及从强制工业化向内生工业化过渡。内生工业化的快速启动是一系列先决条件同时出现的耦合现象。这其中一些条件由大科层体系下强制工业化过程为其创造，而另一些则是外生条件导致。强制工业化三十年的成果，包括：农业生产关系的变革、农业土地集体所有制形成，进而推动三十年农田基本建设以及大、中型水利建设；以国家所有制和集体所有制两种公有制形式的城市工业的发展；一个初步完整的工业体系的形成；在高度平均主义分配基础上形成的全民医疗和基础教育体系的建设，劳动者素质的全面提升等。外生条件是，20 世纪七八十年代，世界上（包括中国自身）农业科技发生了重大进展，化肥和良种推广带来的绿色革命，使得印度这样的发展中大国也出现了农业生产率的提高。这对中国农业生产当然也是机会。正所谓“万事俱备，只欠东风”，农业“大包干”这个生产关系变革的东风催生了农业生产率爆炸式增长。80 年代我国农业生产力的显著进步是有目共睹的事实，但多数人对这一奇迹产生原因的解释并不全面。农业生产率的提高，很快带来连锁反应。首先是农业剩余劳动向农村工业转移，由于当时土地制度的原因，农村工业化启动的成本较低，乡镇企业以集体经济的名义迅速崛起；其次，既有的城市工业通过各种资源的辐射，助推了这一过程。于是持续增长的城乡居民购买力导致消费品市场需求的增加，反过来也助推了消费品工业的快速发展，中国的内生工业化进程终于启动。

3. 内生工业化与竞争的平等劳动

这一部分时间上大体对应改革开放之后的三十多年，是理论体系的重点部分，需要结合中国实践，从经济关系的多层次、多角度充分展开。

（1）企业的平等劳动与劳动平等

市场经济的内生动力。市场经济一旦发动，便产生出自我增强的内生动力，其不可遏制的强大力量，邓小平在改革开放之初就有所认识。他看到了“一部分人一部分地区先富起来”所带来的示范效应，但是他仍然没有充分估计到乡镇企业突如其来的“异军突起”。市场经济充分调动城乡劳动者劳动致富、创业发家的积极性，允许个体、私营、港澳台资本和外资企业发展，进而从外部推动国有企业、集体企业改革以释放活力。毛泽东六十年前所希望的“把党内党外、国内国外的一切积极因素，直接的、间接的积极因素，全部调动起来，把我国建设成为一个强大的社会主义国家”①，在市场经济的改革中终于实现。国家如愿以偿地调动了国内几乎全部社会剩余，并且大规模利用外资，实现了比强制工业化阶段更高的资本积累，启动了更快的经济增长。与强制工业化阶段不同的是，这一增长过程一旦启动，它就具有强大的内生动力，而不再仅仅依靠国家积极性来推动。

市场经济与平等劳动。市场经济一旦形成，他对社会主义的平等劳动关系，尤其是它的实现形式，就会产生重大影响。市场经济的原则是要素

① 毛泽东：《毛泽东选集》第7卷，人民出版社，1999年版。

平等，它强调生产过程的所有投入因素都要获取平等的回报，劳动报酬只是要素报酬之一，与其并列的还有资本报酬和土地报酬。从公有制经济内部看，劳动者对生产资料具有平等权利，公共所有的资本和土地报酬并不会影响到劳动者个人与个人之间的收入分配，等量劳动相交换的原则依然适用。但是，社会主义市场经济是多种经济成分并存的混合经济，在公有制经济之外，资本报酬归私有资本的所有者所有。尽管在私有制企业中，有效的激励机制仍然强调奖勤罚懒，但与此同时，资本所有者获取了劳动者贡献的很大份额，真正意义上的劳动平等并不存在。资本报酬与劳动报酬结果的差异在于：一个人可以拥有许多资本，资本可以再生出更多资本，资本积累的过程总是倾向于分配越来越不平等。一部分人依靠资本权力在市场竞争中先富起来，这与劳动平等的原则不相吻合。但是，如果因此就认为竞争的平等劳动相比科层的平等劳动平等程度更低，这种认识也是不全面的。计划经济倾向于平均主义的分配，这种“干多干少一个样，干好干坏一个样”的结果并不是劳动平等。尤其在企业与企业之间、劳动集体与劳动集体之间的贡献差异，在计划经济条件下难以识别，在收入分配中几乎完全被忽视。从这个意义上说，市场经济的竞争原则、企业之间的分配差异，反倒是提升了劳动平等的实现程度。同时，这里还有一个市场秩序问题，合理的市场秩序应当鼓励生产性的、对社会有益的劳动贡献，而不应当鼓励非生产性的甚至对社会有害的企业活动。总之，市场竞争对于平等劳动的影响需要更加细致的分析，需要一分为二的观点。竞争的平等劳动是平等劳动发育的一个新阶段。平等劳动的内涵变得更加丰富，与工业化进程的关系变得更加紧密，因此需要政治经济学更加深入细致的研究。

市场经济条件下平等劳动关系发生了一个重大变化，企业内部的平等劳动关系与社会内部的平等劳动关系演化为相互衔接的两个层次。公有制企业内部的平等劳动，由于企业贡献情况在竞争中得到体现，符合市场规律的激励机制得到加强。但是，在占社会经济相当份额的非公经济的企业内部，实质的经济关系已不再是平等劳动。从这个意义上看，社会范畴的劳动平等程度有所下降。但是我们也应当看到，由于公有制经济的主体地位，它对社会范围内的劳动平等程度会有很大影响，而且随着社会经济发展、人民生活改善，国家在社会公平方面的调控力度增强，公有制为主体的混合所有制经济发育更加完善，社会范围的劳动平等程度会逐步提高。公有制为主体的普照之光，必将对社会范围的劳动平等程度产生积极影响。这个企业内部的平等劳动与社会内部劳动平等的相互影响及其演化过程，特别需要政治经济学深入细致的研究。

公有资本与平等劳动。公有资本是竞争的平等劳动阶段最重要的经济现象之一。随着国有经济公司制改革的推进，这一现象在实践中得到了越来越广泛的承认。政治经济学必须从理论上说明，公有资本如何在平等劳动内在矛盾的展开中产生。社会主义阶段一个最重要的经济现实是：劳动者个人不愿意超出必要劳动时间之外为社会提供剩余劳动。社会进步所必需的剩余劳动积累只有通过社会对个人的强制来实现。这是资本的历史使命，在整个市场经济历史阶段都将发挥作用，不仅在资本主义市场经济中，而且也在社会主义市场经济中。公有资本看起来是一个更大的矛盾。公有制是劳动者自己拥有生产资料的所有制，而资本却是“物统治人的制度”，两者怎么能统一起来？这里的关键是，在社会主义的平等劳动关系中，劳动者本来就具有双重身份，他一方面是生产资料的公共所有者，另一方面又是个人劳动力的所有者，二者的利益诉求围绕着剩余劳动的生产和积累存在矛盾。因此，公有制经济的劳动过程需要集体对个人的监督，需要有人去行使监督者职能。在工人合作工厂，合作社社员通过民主决策聘请代理人去行使集体权力，这里存在着一种“许多人监督一个人”“一个人监督许多人”的双向关系。但是，如果合作社社员，也就是公共生产资料的所有者，并不全都参加合作社劳动，合作社的劳动者也不全都是合作社生产资料的共同所有者，双向监督和被监督关系就会发生变化。公有资本现象就是在这种变化中逐步产生的。这种情况在国有经济中表现得最为典型，即使在计划经济年代，全民所有制企业的职工也只是全体国民的很少一部分，他们没有充分的权利代表全体所有者，他们与国有生产资料的结合具有某种偶然性。在市场经济条件下，随着劳动力市场改革的逐步推进，国营企业的职工与国有资本之间的关系也逐步向市场交易转型，劳动力的买卖关系成为越来越明显的事实。回过头来看，国有企业的改革为什么一定要选择这样一个方向呢？资本的历史使命没有完成仍然是根本原因。公有资本也需要通过市场竞争和企业内部管理，迫使劳动者超出必要劳动时间为社会提供剩余劳动。20 世纪五六十年代，南斯拉夫共产党人曾经在自治劳动的体制下，展开过大规模的社会实验。实验的结果表明，劳动主权型企业会以劳动收入最大化为目标，没有足够的积累冲动，就无法满足社会主义经济增长，尤其是社会主义初期经济增长所需要的高积累要求。

国有资本主导的企业是一支公有资本所有者及其代理人所指挥的劳动大军。企业内部经济关系表现为劳动者整体与个人的关系，是劳动者集体意志对个人意志的支配。与私有资本主导的企业相比，这无疑是巨大的历史进步：这里没有阶级矛盾和阶级冲突；公共资本的代理人（企业的经营管理者）与全体企业职工一样，都是普通劳动者，尽管劳动分工有差异，但在生产资料权利与利益关系中没有差异，本质上是一种平等劳动关系。当然，企业经营者需要承担剩余劳动积累，即资本保值增值职能，体现的是劳动者集体利益与个人利益之间的矛盾。只要剩余劳动的积累归劳动者社会公共所有，并且其使用方向符合社会利益，它就是一种“取之于民，用之于民”的关系。公有制经济中的劳资和谐，具有内在的必然性。关键是要处理好公有制经济中的委托代理关系，要依靠工人群众监督监督者，防止管理腐败、公权私用，这也是政治经济学应该深入研究的课题。

多种形式的劳动者合作经济仍然是劳动主权型经济，而不适用于公有资本关系。多种形式的劳动者合作经济，包括工人合作工厂、农民专业合作社和以集体土地所有制为基础的农村社区合作社。这是以劳动者特殊身份为标志，自下而上组织起来的公有制经济，其基本特点是：生产资料和劳动者根据某种特殊规定直接结合，而不需要通过劳动力市场的买卖。多数情况下，公共生产资料的所有者集体与企业劳动者集体基本属于同一集体（工人合作工厂和农民专业合作社），因此合作社社员大会，也就是企业全体职工会议。由于决策成本等的限制，合作社经济一般只适用于小规模生产、小规模经营，而不适用大企业。在这里，企业内部的平等劳动关系无论从形式还是从实际看，都是真实存在的。因此在市场经济下，合作社经济的发展不仅导致公有制比重的提高，而且会导致社会范围内劳动平等程度的提高。令人遗憾的是，在整个竞争的平等劳动阶段，合作社经济尤其是工人合作工厂没有得到应有发展。这其中的原因和问题，是政治经济学需要深入研究的课题。

非公经济中的劳资矛盾，是社会主义市场经济发展到竞争的平等劳动阶段所面临的一个突出问题。由于劳动人口供过于求、二元经济的长期存在以及地方政府在 GDP 竞赛过程中的失当行为等，劳资矛盾曾经十分突出。近十年来，随着宏观形势的某些变化，劳动者收入有所提高，劳资关系有所改善，但劳资矛盾仍然普遍存在。其进一步改善的必要性和可能性同时存在。市场经济下劳资矛盾缓解的可能性，建立在相对剩余价值生产的特殊性质中。我们知道，相对剩余价值生产以劳动生产率的持续提高为前提，它导致工人生活消费品价值降低，必要劳动时间缩短，剩余劳动时间延长。毫无疑问，这是资本提高剩余价值率的强有力机制。但这个过程即使在资本主义制度下，也会受到工人阶级力量的制衡，也会受到剩余价值实现机制的制衡。实践中，随着社会劳动生产率的提高，工人的实际工资水平有所提高，工作日也有所缩短，资本剩余价值率的提高是比较缓慢的。这提示我们，劳动生产率提高带来的物质财富增长，可能给劳资间的正和博弈留下了空间。这在社会主义市场经济条件下应当可以放大利用。相对剩余价值不应该由资本家独占，它应该能够给劳资双方带来双赢的结局。如果以人民利益为宗旨的政府能够适当调节，如果公有资本主导的企业能够先行引导，许多有长远目光的私营企业家就会随后跟进，大多数管理规范的非公经济最终也一定可以改善劳资关系、追求劳资和谐。当然，这还不是当下的实际，要使这种可能性变为现实还需要哪些条件，这需要政治经学的深入研究。

关于私营企业主及企业经营者的“劳动”性质。社会主义市场经济下私营企业主也具有双重身份：一方面，他凭借资本所有权获取资本所有权收入，而与借贷资本所有者一样不劳而获，是“食利者”；另一方面，他又通过指挥劳动和监督劳动，参与企业的经营管理，是管理劳动者。企业经营管理劳动具有二重性：一方面，它是由一切结合的社会劳动的性质引起的特殊职能，就像一个乐队指挥一样，“这是一种生产劳动”；另一方面，它是直接劳动者与生产资料所有者之间存在矛盾的生产方式中“必然产生的监督劳动”①，这是“迫使劳动者超出必要劳动时间之外提供剩余劳动”的劳动，本身不具有生产性。但在现代市场经济环境下，企业经营管理劳动的这二重性都是社会生产所必需的，无论私人企业主还是公有资本的管理者，其“劳动”都是生产发展的需要。所不同的是私有企业的管理活动兼有剥削性质，私人企业主是为自己利益服务的，作为其“工作成就”的企业利润，首先进了企业主自己的腰包；而公有资本的管理者是为劳动者公共利益服务，管理者和劳动者处于劳动平等的经济关系中，企业利润反映管理者的业绩，却不归管理者所有，其指挥和监督劳动的报酬真正具有管理工资的性质，其劳动报酬的分配应当遵循劳动平等的原则。

不同所有制经济的效率比较。经济学所谓效率，总是可以简单地表述为以更少的投入获得更多的产出，而这是可以从许多不同角度去观察的。政治经济学认为，经济效率的最根本标志是劳动生产率。市场经济下劳动

---

① 马克思：《资本论》第3卷，人民出版社，1975年版。

生产率的提高，可以从经济关系的所有层面进行考察，最为基础性的层面当然是直接生产过程。直接生产过程劳动生产率的考察，可以从激励效率、配置效率、创新效率三个方面进行。

从理论上说，公有制经济的高效率首先表现在激励效率上，因为公有制是劳动者自己的经济，一个消灭了剥削阶级，进而劳动者可以自己为自己工作的经济制度，当然是激励最强的。但现实情况比理论分析要复杂得多，劳动者个人与个人之间、个人与社会之间都存在着利益的差异和矛盾，如果不能正确地处理这些矛盾，公有制经济的激励效应就不可能充分发挥。无论是科层的平等劳动中的等级制度，还是竞争的平等劳动中的竞争机制，对于劳动者积极性都具有双重的功能，符合劳动平等原则的等级和竞争可以提高劳动者的生产积极性，而违背这一原则的等级和竞争就会极大地挫伤劳动者的生产积极性。

经济学所谓配置效率并不是一个十分确切的概念，它以一般均衡理论证明配置效率的合意性，其实假定了资源与资源之间充分的可替代性。事实上，在技术条件给定的前提下，生产要素之间的可替代性是十分有限的，倒不如说它们之间具有充分的互补性，要素替代性只有在考虑到技术变换和技术进步的情况下才会充分显示。而现代经济学关于一般均衡的证明，又恰恰是以技术条件不变为假定前提的（生产可能性边界），因此其全部论证存在内在逻辑的不一致性。政治经济学的资源优化配置理论不依赖于一般均衡，认为资源的优化配置说到底就是劳动时间的按比例分配，其合意性的标准是劳动生产力，因此，要素的替代性与互补性是不断变换的，微观层面上最基本的要求是要素的可分离性、可流动性和可交易性。我们正是根据这一标准判断不同经济形式的配置效率，认为资本与劳动二要素相分离的资本主权型企业，要优于二要素直接结合、不可分离的劳动主权型企业。当然，这一判断无关乎公有制与私有制的优劣，因为在市场经济条件下，公有制也可以采取公有资本的形式。

这一点同样适用于创新效率的分析。市场经济对企业创新的强刺激，根源于资本对超额剩余价值的不懈追求。马克思在《资本论》第1卷有关相对剩余价值的讨论中，对这个机制就有精彩表述。企业的技术创新或者管理创新降低企业的个别生产成本，从而导致其产品在市场上实现超额剩余价值，这对企业创新是一个巨大的经济刺激，足以让资本家趋之若鹜。个别企业的创新和超额利润的获取，必然引起其他企业的模仿和追赶，于是导致行业生产成本的全面下降和商品售价回落，个别企业创新带来的超额利润会逐步缩小，直至消失。但资本对超额利润的追求不会停止，新的创新活动重新开始，社会劳动生产力就这样在资本以超额剩余价值为目标的创新中不断发展。事实上，此后约瑟夫·熊彼特的创新理论，无非是对《资本论》中这一论述的重新表述和发挥。当然，马克思此处的表述是有缺陷的，他强调了企业个别生产成本的节约，而忽视了企业在竞争中创新行为的另一方面，那就是产品创新。成功的产品创新同样可以给企业带来超额利润，此类创新竞争能够满足日益多样化的消费需求，同样会推进社会劳动生产力的提高。但是，这里创新激励的机制是相同的，资本在推动社会经济创新发展中的作用是相同的。至少在企业层面上，资本的这种创新激励功能无可替代。这是公有制经济在进入内生的工业化阶段时必须采取公有资本形式的重要原因。而且，随着内生工业化进程的推进，公有资本的这一创新功能，在国有资本主导的大企业、在国家创新体系中的作用会日益突出。当然，创新发展不能依靠公有资本的积极性，公有制为主体、多种经济成分并存的混合经济会通过资本与资本之间的创新竞争，加速发展社会生产力，这就是社会主义市场经济下国家创新体系的微观基础。

社会主义市场经济下多种经济成分的多种企业形式，在复杂多样的市场环境下，在不同的产业领域和经营领域，具有各自的相对优势。国有资本主导的股份制企业更适合大规模生产、大规模经营领域；大众创业、万众创新的草根经济则适用于民营企业、个体经济；劳动密集型小企业可以采取劳动者合作经济；资本密集型企业大多采取资本主权的企业形式；农业的基本经营形式是家庭经营；技术劳动者密集的高新技术企业可以更多发展职工持股；自然垄断的大企业最好实行国有资本控股；竞争领域的公司制企业则大可放开实行股权多元化和股权分散化。没有一种企业形式能在所有市场环境和所有产业领域下普遍适用，不同的企业形式在不同环境中具有自己的特殊优势。从社会经济的整体看，多种所有制成分和多种企业形式同时并存，平等竞争，相互补充，将提高企业制度的整体效率和竞争力。这是企业产权形式、企业组织形式多样化的根本原因，也是公有制为主体、多种经济成分并存的社会主义基本经济制度的理论依据。

（2）产业间劳动平等

市场规模与劳动分工。市场经济推动劳动生产率快速发展的两个强大引擎是市场规模和分工深化。市场的发展将越来越多的人口卷入商品交易，进而组织了越来越巨大的市场需求；分工推进劳动生产力的加速发展。分工同时也导致产业间发展的不平衡。在劳动生产力发展的不平衡格局中，商品价格变动与商品生产的劳动生产率变动会出现不一致，生产率提高更快的部门长期价格偏高，这种现象在工业与农业关系中表现最为典型，这可能与市场价格变动滞后于劳动生产率变动有关。此外，不同产业部门市场结构的差异（垄断或者竞争）也是产业间价格不平衡的重要成因。这些都对产业间劳动平等有不同程度的影响。导致产业间价格不平衡的原因还有政府产业政策的变化。这些产业政策的调整从工业化不同阶段发展的需要出发，但对产业间劳动平等的影响也很大，其利弊得失构成工业化进程中产业政策研究的重要内容。公平与效率的权衡也许是这一领域政治经济学研究的最重要话题。

轻工业与重工业的发展次序。首先是生活消费品的市场需求，它是农业生产率提高的第一反映，给轻工业企业的规模扩大准备了条件。而企业规模的扩大，即使是在工场手工业阶段，也会通过企业内部的协作和分工，极大地提高劳动生产率。随着生产规模的扩大，其内部的许多分工职能，逐步具备了通过专业化分工建立新企业的条件，由此进一步扩大了市场范围，深化了社会分工，提高了社会生产力。由于轻工业的快速发展，轻工业生产所需要的生产资料规模也不断扩大，这就会为重工业发展提供了市场条件。重化工工业的加速发展进一步为装备工业的发展提供了市场条件。这一波又一波加速发展的工业化进程，有其内在的逻辑和内在的动力，一旦启动，就不会轻易停下。这就是所谓内生工业化的基本含义。不仅是规模和分工提高着劳动生产率，而且产业结构的变化本身也在提高劳动生产率，至少从国内生产总值（GDP）的核算结果看是这样。由于工业生产率的提高快于农业，农业人口向工业转移会直接加快 GDP 的增长；同样，新兴工业劳动生产率提高快于传统工业，因此产业结构的相应调整也意味着 GDP 的更快增长。这里涉及一组劳动量计量的理论问题：首先，GDP 增长与商品价值量的增长是什么关系？其次，劳动复杂程度如何度量，它和行业工资差异是什么关系？最后，产业间劳动量如何比较，比较的尺度如何界定，它与劳动平等原则是什么关系？政治经济学在基础理论层面还存在一些难题。

我们将根据以上理论观点和分析框架，讨论我国实践中竞争的平等劳动推进内生工业化的过程，研究竞争的平等劳动如何解放和发展劳动生产力，以及它成功的原因和不可避免的局限性。

首先，农业劳动关系在快速工业化进程中的转化。随着农业生产力的提高，内生工业化从离土不离乡的乡镇企业发端；同时，城市工业化的加速引起移民潮，农民工现象是中国内生工业化阶段的特殊现象，对工业化进程产生巨大影响，对农业和农村经济的影响更大。大多数承包农户在短短几年时间内成为兼业农户，影响了我国农业几十年。一方面，农民家庭收入增加了；另一方面，农业的专业化进程缓慢，农业现代化滞后于工业化、城镇化。这当然与农村土地制度以及城乡户籍制度改革滞后有关。最初的农业“大包干”不利于土地流转，户籍制度更是将农民工及其家庭与市民生活隔离。在新形势下加快发展适度规模家庭农场以及在此基础上的农民合作社，加快农业现代化进程，增加农民收入，改善农民生活，进而提高农村社会的劳动平等程度，已经成为竞争的平等劳动自身发展的要求。

其次，内生工业化依靠多种所有制经济共同推进。内生工业化进程已经经历了从乡村工业到城市轻工业再到重化工工业，从劳动密集型到资本密集型再到科学技术密集型产业的发展过程。工业化的进展有其自身逻辑，但多种形式的企业在其中都发挥了自己应有的特殊作用。国有企业在改革中逐步融入市场竞争，发挥了改革与发展的引领作用；乡镇企业从“异军突起”到果断转型，为工业化进程提供了重要动力；民营经济从无到有迅速扩张，成为国民经济的最大增长点；外资企业不仅为工业化起步提供了资金补充，而且带来了最初的技术推动，充当了国内企业创新发展的好老师。国家政策的调整在此过程中发挥了重要助推作用，这里不仅包括相应的产业政策，而且包括其他许多影响产业发展的相关政策：如市场改革初期的价格机制，在整个工业进程中长期维持的矿产资源低价政策、相对偏低的资源税政策等。随着工业化迅速推进，新一代产业工人队伍迅速成长。中国工人的工厂纪律，加之新中国医疗与教育事业的良好发展，再加吃苦耐劳的文化传统，为内生工业化进程构造了真正的内生动力源。正如乔万里·阿里吉所言：中国的经济优势并不是丰富而廉价的劳动力，而是“这些劳动力在健康、教育和自我管理能力上的高素质”。[①] 发展的代价是，市场经济的自发性带来了资本权力膨胀，私有经济中的劳资关系一度紧张，甚至改革中国有经济的“劳资关系”也出现了诸多问题。平等劳动关系在市场竞争中受到损害。内生工业化进程中的劳动关系近年来有了明显改善，劳动法颁布，劳动者权益受到保护，国家在其中发挥了重要作用。如何进

---

①［意］乔万里·阿里吉：《亚当·斯密在北京：21世纪的谱系》，路爱国等译，社会科学文献出版社，2009年版。

一步提高社会范围的劳动平等程度，我们在最后一部分中还要继续讨论。

平等劳动的发育与工业化的进程不可分割。从技术层面看，工业化进程贯穿始终的特点是机械化，即用机器替代人的劳动。机械化生产的内在逻辑是一步一步地用机器去替代一切能够用机器替代的人的劳动，包括体力劳动和脑力劳动，进而实现自动化。因此，装备工业的大发展是机械化发展到一定阶段的必然结果，高新技术产业、电子计算机行业以及生产性服务业的发展，都是这个过程的结果。在工业化初期，以体力劳动为主的蓝领工人队伍，必然会掺入越来越多的白领工人。因此，工人阶级越来越成为一个技术分化越来越严重的异质性的群体，总体工人的概念应运而生。这种工人内部差异性的扩大，是否最终会导致平等劳动的瓦解？政治经济学应当根据现代科学技术的发展趋势，对此给出明确的回答。我们的基本观点是，劳动生产力的进步正在不断提高劳动阶级的整体素质。以现代科技发展为导向，生产方式的演化提高了对工人一专多能的技术要求，工业生产的机械化自动化进程更多倾向于工人的“再技能化”，而不是“去技能化”。劳动者科学技术水平在现代生产力提高中的作用逐步增强，催动了企业人力资源管理的发展；劳动民主对生产的影响，已经受到越来越多管理科学家的关注。这是否是一个明确的信号：现代劳动生产率的提高与企业内部劳动平等程度的提高具有高度的相关性，社会主义的平等劳动符合社会生产力发展的需要？

流通与社会劳动生产率。产品售卖阶段要解决企业商品价值的实现问题，也就是企业个别劳动到社会劳动的转化，但是这一过程与商品生产的劳动生产率并不是完全没有关系。流通领域的劳动当然不影响工业企业劳动生产率，但是商品生产的总过程总是会延伸到企业劳动之外，流通领域的劳动也会影响社会劳动生产率。马克思在《资本论》第2卷指出：运输“是生产过程在流通过程内的继续”①，由于它改变物质产品的空间或时间属

① 马克思：《资本论》第2卷，人民出版社，1975年版。

性，因此而改变了商品使用价值，其劳动加到商品价值之中。这一思路应该可以扩展到流通过程的一部分包装和仓储业务。比如说三十年前一台刚出厂的彩色电视机，需要消费者在商店排队购买，排队的时间从几小时到几天不等，可是今天我们只要上互联网点击几个按键，快递就会及时把彩电送上门。即使不考虑彩电的物理属性差异，它也给消费者提供了更多使用价值。因此说，物质生产过程是可以延伸到工厂生产之外的。从这个意义上说，快递也是生产力。因此电信、运输、物流、仓储、快递的效率，直接构成社会生产力的一个组成部分。流通领域的另一部分劳动，即所谓批零商业中的劳动不具有生产性，因为这部分劳动不会改变物质产品的使用价值，它只是沟通了厂商与消费者的信息，帮助消费者选择和购买，因此它并不影响劳动生产率。但是通过进一步的考察不难发现，无论是厂商自营还是独立商业公司的营销活动，都会影响到生产企业的市场规模，进而间接影响生产规模，而生产规模显然影响生产力。

在我国工业化的高速增长期，劳动生产率普遍提高在多大程度上受到流通领域效率改善的影响？与工业生产过程中的效率提升相比，流通领域的效率提升表现如何，有哪些经验和不足？这在中国经济增长原因的考察中都是不应忽视的内容。其中，包括交通运输网、电信通讯网在内的基础设施建设大发展，对经济增长的贡献尤其不能忽视。整个流通领域的活动，无论它是否具有生产性，对于社会劳动生产力的持续快速提高是有积极贡献的，它在全社会平等劳动中应当具有同等地位，应当受到平等待遇。

生活服务业劳动的情况与之类似。作为产品生产延续的生活服务业不仅包括货运、物流和部分仓储业，而且包括旅店、餐饮和客运业。旅游业的性质可能介于服务与营销之间，或者说景点服务更接近服务业，而旅游公司业务更接近商业营销。所有这些服务业都扩展了物质产品的使用价值，因此表现为商品质量标准的提高，其劳动在更高质量标准的商品上表现为生产商品的社会必要劳动，因此同样具有直接生产劳动的性质，其服务质

量和服务效率的提升直接构成社会生产力的组成部分。另外一些服务劳动直接作用于人的身体，虽然不能看作是物质产品生产的延伸，却也给消费者提供了使用价值，如理发师、按摩师的劳动。在标准化服务和企业经营的前提下，此类服务业也可以视为提供劳务商品的生产单位。包括有组织的家政服务业，也应当具有类似性质。总之，生活服务业的迅速扩展，本身就是社会劳动生产率不断提高的结果，这种发展又极大丰富了人民群众的物质文化生活，直接体现了社会劳动生产力满足多样化需求的能力。生活服务业广大从业者的辛勤劳动有益于社会，有益于人民，理应享受平等劳动的权利，实现平等劳动的愿望。

金融业是一个更加特殊的经济领域。资本的运动具有“时间价值”，资本所有者是按照资本使用权的让渡时间来分割剩余价值的，因此无论直接生产中剩余价值率如何，资本的周转速度和周转效率对资本回报总有很大影响。加快资本周转的努力，反过来促进生产过程中物质资本的使用效率，影响真实劳动生产率。金融的作用不止于此，它在有效配置社会资源、分散经济活动风险等许多方面，对实体经济都有积极的正面效应。因此，金融业的劳动是有益的社会经济活动，是社会分工体系不可缺少的环节。由于金融业的活动不改变物质产品的性质，对物质产品的使用价值没有直接影响，因此与纯粹流通活动一样不创造商品价值和剩余价值。金融业的全部收入，从每一个普通职员的工资收入到它的高层经理人员的高额回报，都是物质产品生产者创造的剩余价值的转移。但是，劳动价值论的这一理论分析不影响金融从业者特别是普通员工的劳动收入在经济上的合理性；只要这些工薪收入与劳动付出相适应，就符合劳动平等原则，应当从道义上充分肯定。新中国六十余年的工业化进程中，金融业广大劳动者与其他各行各业劳动者一样，通过辛勤劳动为社会做出了有益贡献，尤其在引导居民储蓄、筹集社会资金、满足日益高涨的投资需求方面，金融业的贡献应当充分肯定。但是在当前收入分配的格局下，金融业平均收入水平偏高也是不容小视的问题。这一现象究竟是市场改革的必然结果，还是经济周期波动的暂时现象？从国际比较看，各国经济发展过程中金融业逐步膨胀，金融业获取的国民收入比重逐步增加，似乎是普遍现象。那么，这在经济上是合理的吗？或者它只是私有资本主导的市场经济中资本权力膨胀，不断挤压劳动权利的一种表现？政治经济学理论需要在这方面深入探究，为平等劳动在我国的健康发育明确政策思路。

城市化与工业化。流通与生产的不同阶段不仅在时间上继起，而且在空间上并存，这是社会生产过程有效展开的前提。不同产业在空间上的分布就是产业的空间结构，产业空间密度的差异导致人口密度差异，是城镇与乡村分野的基础。工业化就是城镇化。工业化的效率有赖于城镇化的发展。产业的空间集聚是城市化生产效率的来源，特定工业产业的集聚，即产业园区，对于提高购买阶段的流通效率作用巨大，以至于成为我国制造业劳动生产率高、市场竞争力强的重要原因之一。产业园区在我国迅速形成、发展的原因，是政治经济学需要深入研究的课题。工业产业在城市及周边的密集布局，生产性服务业的发展，包括知识密集型的生产服务业以及流通领域的生产服务业的发展，创造了规模越来越大的市场空间，促进了这部分产业的加速发展。而与产业集聚密切相关的人口集聚，催生了城市生活服务业的发展，提高了生活服务业的规模效益，为服务业的质量提升和升级换代提供了条件。我国内生工业化阶段城市化进程慢于工业化进程，根源于农业人口向工业人口转移的特殊性。总体上看，20 世纪 80 年代以来，农业人口向工业转移，乡村人口向城市转移，采取了渐进式分阶段的路径；先是乡镇工业的发展，大多数农民离土不离乡；然后是 20 世纪 90 年代农村务工人员大规模进城，他们没有举家迁徙，而是采取了在城乡间季节性迁徙的两栖生活方式。农村转移人口市民化的议题，只是到最近十年，才越来越受到全社会的关注。在将近三十年的时间里，近 2 亿新增的城市劳动人口没有成为真正的市民。我国城市化明显滞后于工业化，这对经济增长的影响是：一方面，由于农村务工人员工资明显低于有城市户口的劳动人口，工业化初期的成本降低了；另一方面，农村务工人员在城市最低限度地生活以及大量农村务工人员家庭滞留在农村，使得城市第三产业的发展落后于第二产业，尤其是生活服务业发展滞后。这两方面因素的结合，对于中国工业化发展初期的综合效益究竟如何，还需要经济学更加接近实际的深入分析。一般认为，这样一种工业化路径有利于快速增长，特别是与高积累低消费的发展模式相适应。但是，这对平等劳动的发育有不利影响却是不争的事实。无论从城乡差距的拉开，还是从劳动者报酬偏低，甚至企业劳资关系一度紧张的角度看，其负面影响都很明显。权衡两方面得失，还需要政治经济学付出更多努力。

工业化与区域经济。人口和国土面积无疑对一国工业化的崛起具有正面效应，这是我们得天独厚的优势。一是市场规模优势，二是产业腾挪空间，这是任何人也没法与我们比拟的。特别是，我们庞大的基础设施投资的规模效应现在已经充分显示。往后去，我们还将进一步充分利用这一优势，保证新常态下工业经济的新一轮增长。但是，大也有大的难处。在工业化发展初期，旧经济的惯性力量使得市场的启动比任何经济体都要更加困难。中国的区域发展战略是由点到面、自东向西，梯度推进的。这种让一部分地区先富起来的策略，是实事求是的成功策略。但是，另一方面，这也对平等劳动的发育，特别是城乡之间、区域之间的劳动平等，带来了负面影响。由此造成的问题，成为许多人批评中国特色社会主义的重要根据。一直到今天，我们的基尼系数偏高仍然受到各方面的批评。中国内生工业化阶段的区域经济政策是否合理？是否存在更加有效的区域发展战略保证效率与公平的统一？这当然也是政治经济学必须明确回答的问题。

考察一旦进入产业和区域领域，平等劳动的意义就已经跨出工厂大门进入社会范围。这是全社会意义的平等劳动，不仅在企业内部不同岗位的劳动者之间，而且在不同企业、不同产业领域之间。全社会劳动者应当具有平等劳动权利，无论他的劳动是生产劳动还是非生产劳动，只要对社会有益，就应当在社会范围内享有同等的权利。当然，在当前发展阶段，市场竞争导致岗位与岗位之间、企业与企业之间、产业与产业之间劳动者权利和利益的不均等。这些权利和利益的差异在什么范围内符合劳动平等的原则，又在什么范围内违背了劳动平等的原则？政治经济学需要讨论这种生产的关系实际状况对生产力发展的影响。

（3）社会范围的平等劳动

就社会范围而言，劳动就是劳动者的社会分工体系。竞争的平等劳动是在市场经济的环境下组织起来的，它是由市场构成的亿万独立劳动者的全面能力体系，其社会生产力也就是这个全面能力体系的生产能力。劳动的社会生产力，并不单纯取决于微观经济组织的效率和竞争力，更多的要依靠社会分工体系的协调性，即劳动的按比例分配和劳动时间节约规律。在社会劳动生产力的考察中，协调发展处于最核心的位置。

从社会范围看，市场经济下的劳动还具有平等劳动的社会属性吗？在单一公有制的计划经济时代，科层的平等劳动是一个与大科层体制的范围相一致的范畴，它不仅适用于企业内部，而且适用于整个社会范围。但是在多种经济成分并存的社会主义市场经济下，企业内部的劳动关系与社会范围的劳动关系显然存在差异。公有制企业，包括公有制为主体的混合所有制企业，如国有资本控股的公司制企业内部存在平等劳动关系；非公经济企业内部情况就并非如此。那么，在市场经济条件下是否还能说社会劳动具有平等劳动的社会属性？我们认为这种关系是存在的。做此判断的依据是：其一，一个社会经济关系的基本特征，要由该社会基本经济制度的性质来确定。我国社会主义基本经济制度的特征是公有制为主体、多种经济成分并存，正是这个公有制为主体，决定了社会范围平等劳动关系的存在性。这是量变到质变的辩证法，其逻辑可以类比于企业层次上国有资本控股的混合所有制企业内部的平等劳动关系。从社会范围看，我国现实经济中，公有制的主体地位并不仅仅取决于工业企业中的公有制比例，公有制的范畴还应当包括第三产业特别是金融业当中的国有经济，应当包括农业的集体土地所有制、城市土地和其他自然资源的国家所有制，等等。公有制的主体地位是一个宏观经济概念。其二，从社会范围看，劳动的社会性质还要从社会分工体系的协调原则去考察。社会主义基本经济制度与市场经济相结合，兼顾公平与效率，形成平等劳动的协调原则，在劳动与资本关系的协调中，以劳动群众的长远利益和整体利益为出发点和落脚点，社会范围的劳动平等关系随着社会劳动生产力的提高而不断提升。

社会范围的劳动生产力是一个综合的整体概念，需要在社会总产品再生产的全过程中进行考察，其关键因素是社会经济的协调发展。马克思的社会再生产理论的核心问题是社会总产品的补偿与实现问题，其扩大再生产实现条件的基本公式是：

$$\text{I}\ \left(v+\Delta v+\frac{m}{x}\right)=\text{II}\ (c+\Delta c)$$

这是马克思主义政治经济学宏观理论的最重要公式，其突出特点是强调扩大再生产条件下宏观经济的结构平衡。公式隐含社会再生产的一系列重要比例关系。一是供给侧资本投入与活劳动投入之间的比例，即 C 与 V 的比例。二是新增价值中可变资本与剩余价值的比例，即 V 与 M 的比例。二者结合，就有成本与利润的关系，即 $C+V$ 与 M 的关系。三是两大部类需求侧的基本结构，包括补偿生产中消耗的生产资料的需要（这一部分需求在再生产过程中具有刚性），满足工人与资本家的消费需求，以及扩大再生产所追加的不变资本（生产资料）和可变资本（生活资料）需求。公式包含了这些生产资料和生活资料价值量与实物量的一系列比例关系。扩大再生产公式需求侧结构中最重要的比例是积累率。它由两个基本比率决定：在供给侧结构中已经给定的劳动与资本的利益分配关系，即剩余价值率（$m'=m/v$），以及需求侧结构中两大部类的资本所有者对剩余价值在积累与消费之间的分割，即 $m-m/x$ 与 m/x 的关系。有学者将积累（投资）占剩余价值的比例（$1-1/x$）称为资本化率。从以上两个比率，我们不难计算出两大部类的积累率（s'），即积累（投资）在社会净产值中的比例：$s'=(1-1/x)/(1+1/m')$。积累率在一国宏观经济的动态平衡中具有举足轻重的关键作用。特别在经济发展方式转型、宏观积累率需要做较大调整时，它对宏观经济的供给结构与需要结构的平衡要求更高。我国工业化发展阶段的每一次跨越中，都会发生积累率的调整，而且在内生工业化阶段，积累率还有逐步提高趋势，这中间的宏观经济平衡都发生了什么样的变化，其宏观平衡机制又是怎样的，都需要政治经济学更加深入的研究。马克思的宏观经济理论认为，宏观经济总量问题归根结底是结构问题，是社会资本再生产的基本结构的平衡决定总量平衡。换言之，是资本主义经济的结构性矛盾导致总量经济的不平衡，因此，单纯的宏观经济总量管理并不能有效解决宏观经济问题。这一点，对于社会主义市场经济的宏观调节同样适用。马克思社会再生产理论，对于我国目前加强和改善宏观调控，促进社会主义市场经济协调发展，实现充分就业、经济稳定增长，都具有极其重要的理论意义和现实意义。

从供给侧结构看，最重要的是劳动与资本的结构。劳动与资本的比例关系在宏观层面上表现为两大要素市场的形成、发育，以及两大要素市场价格的形成机制。劳动力市场形成和发展是内生工业化过程的起点，劳动力商品的买卖是生产总过程的起点。在此起点上，全体劳动者作为独立的劳动力商品所有者，在劳动力市场平等竞争方面，他们的身份是平等的。在完善的市场经济下，劳动力市场的自由竞争趋向于不同产业间工人的工资率相等，即工资与其劳动贡献比例相等。这与平等劳动所要求的分配平等遵循相同的原则。但是，我国改革开放三十多年来的实际是，劳动力市场发育滞后，且相对于产品市场发育明显滞后。由于城乡二元经济的存在、户籍制度的障碍以及国有企业人事工资制度改革的不彻底，劳动力市场的分割依然严重，这方面的改革至今还没有完成。社会主义市场经济下的劳动力市场不是一个放任自由的市场，国家对劳动力市场的管理长期遵循平等劳动的协调原则，根据社会生产力发展状况，采取最低工资标准、劳动报酬增长与劳动生产率提高同步等调控手段，逐步推动劳动工资水平的提高。劳动力市场的改革是市场经济条件下平等劳动关系发育的重要环节。

资本市场的形成和发育几乎与劳动力市场同步，一开始是基于国有银行的间接投资，然后是证券市场的直接投资。这个市场对民营经济的支持不足，无论是银行间接投资，还是证券市场融资，都更多地支持了国有经济和城乡集体经济。但是，民营经济仍然以其顽强的自发力量参与和推动了资本市场的发育，并且在正规金融体系的外面创造出相当规模的非正规金融体系，以满足自身发展的需要。中国的金融体系建设至今仍然相对落后，甚至还有某些计划经济的痕迹。但是，中国金融体系效率并不低，它为高速增长的工业化筹措资金，在三十余年的时间里，实现了从资金短缺到资本充足的华丽转身。中国老百姓超高的储蓄率、国有企业的超高的再投资率（资本化率）、民营经济的高留存比率，以及中国经济对国外投资的巨大吸引力，都为中国资本市场的繁荣做出了重要贡献。问题是，这一切是如何发生的？为什么我们短短三十年时间发育起来的不成熟的资本市场，会比许多长期发育的成熟资本市场做得更好？在资本市场发育中资本价格发生了怎样的变化？银行利息和证券市场回报率对此有什么样的影响？中国资本市场的发育是否已经形成了全社会统一的一般利润率？这个趋于平均化的一般利润率和趋于相等的工资率之间是什么关系？

宏观总量中劳动报酬和资本报酬的比例是一个重要的政治经济学问题。这个宏观经济比例绝不是由市场自发作用决定的，不同的经济制度和不同的政府目标对此具有重要的调节作用。这是社会主义经济中最为基本的公平与效率问题，低劳动成本可能在起步时有利于工业化，在初级产品外贸出口中有利于增强竞争力，但是它不利于提高社会范围的劳动平等程度，并且对创新发展新阶段也有消极影响。如何在工业化进程中权衡二者关系，做出适时适度的调节，是竞争的平等劳动发展中的棘手课题。以平等劳动作为基本经济关系的社会主义中国，对国民收入中劳动收入比例下降是否可以给出合理解释？发展中国家的劳动收入比例偏低是普遍现象，我国情况是否存在某种特殊性？在很长一段时间内，我国国民收入中政府收入比重较高，这对两大要素分配比例有什么影响？随着全民福利制度改革的逐步推进，政府财政支出的比重提高具有合理性，如果这种财政支出主要用于保障劳动者能力发展机会平等，那么它对于提高社会范围的劳动平等的实现程度就具有正面效应。在这方面，北欧各国的国民收入分配格局对于说明我国宏观总量分配结构的变动趋势应该有借鉴意义。

宏观经济需求侧的结构平衡绝不是简单的“三驾马车”比例，这个比例关系即使在简单再生产条件下也不是任意给定的，它背后牵涉的是生产资料生产与消费资料生产两大部类的动态平衡；而在扩大再生产条件下，两大部类的物质平衡与价值平衡更具有十分复杂的动态结构。需求侧结构与供给侧结构相互关联，牵一发而动全身，其中作为动态连接枢纽的最重要指标就是积累率。在一个动态的连续的再生产模型中，它既对第一部类又对第二部类的投资增长有着特定的比例要求。因此，当经济增长进入“换挡期”，宏观积累率必须做出调整的时候，社会经济结构的动态调整就显得尤为重要。当前，我国经济正在从积累率相对较高的旧常态向积累率相对较低的新常态过渡，供给侧结构性改革是按照马克思宏观经济理论进行结构调整的决定性步骤。

从社会再生产的角度看，剩余劳动的积累始终是进步的杠杆。现代市场经济下的再生产只能是扩大再生产，资本的积累功能仍然在社会进步中发挥杠杆作用。中国市场经济下内生工业化的快速推进，自然也与高强度的资本积累不可分割。以公有制为主体的市场经济，资本积累率为什么能如此之高？这是政治经济学需要深入探讨的问题。当然，东亚各国的老百姓因为传统文化而有较高的储蓄倾向，但中国大陆长期保持的超高积累率仍然有其特殊性，需要在居民储蓄行为、企业投资行为和宏观数据的实证研究中得出更有说服力的论证。我们可以从基本经济制度的层面，用多种经济成分的多个投资积极性来解释我国内生工业化阶段投资率高涨的原因。但从具体操作层面看，金融体系的特点和效率，它筹集社会资本的强大能力也是不应该忽略的因素。然而，长期维持的高积累对人民消费生活会有什么影响？积累与消费是一种此长彼消的关系，还是相互促进同向发展的关系？政治经济学应该对此给出明确的答案。

资本积累问题的另一个重要的研究方向是积累率与生产率提高的关系。由技术进步推动的内涵式扩大再生产伴随着资本有机构成的提高，这是中国经济增长的常态，已显示了投资对技术进步的正向关联性。但是二者的关联程度究竟有多高？罗思义等研究者根据全要素生产率分析认为，中国增长的主要原因在于资本积累，全要素生产率的贡献很小。但是运用马克思主义的经济增长函数对中国数据的研究表明，劳动生产率对经济增长的贡献高达80%，它是中国经济增长的主因，而不是相反。进一步运用中国数据分析影响劳动生产率的因素，应该是解开这一增长理论谜团的唯一路径。

社会主义市场经济下，《资本论》阐释的资本积累一般规律是否仍然有效？两极分化对于社会主义市场经济与资本主义市场经济是否同样适用？从现实发展看，这一问题似乎还悬而未决。政治经济学有必要通过深入的研究，给出明确的答案。劳动生产力的提高促进物质财富的极大增长，这是确定的，但是市场经济的分配是否必然向资本倾斜，劳动者能否分享财富增长利益，在什么情况下能够分享财富增长？如果分配偏向于资本，这个规律是怎样的？如果分配倾向在劳动与资本之间达成适当的平衡，结果又将是怎样？这对社会总剩余价值率会有什么影响，对社会总资本利润率又会有什么影响？在社会主义市场经济条件下，是否存在一般利润率下降规律？如果存在，它对社会经济结构会有什么影响？对平等劳动的发育进程又会有怎样的影响？社会主义政治经济在这一领域的研究还不多，而对于社会主义政治经济体系建设来说，这一领域的研究绝对是不可或缺的！当前中国的现实情况是，经济高速增长伴随着收入分配差距拉大，近十年虽然做了大量努力，情况并没有明显改观。旧常态下增长的动力源正在逐步萎缩，大量过剩资本没有找到有效的生产性投资渠道，而争先恐后地涌入金融领域，于是产生了市场周期性波动中常见的金融业自我扩张：越来越多的实体经济过剩资本转向投资金融产品，金融投资品供不应求而价格递增。与实体经济中情况不同的是，这种金融产品的涨价非但不能遏制需求，反而导致了投资品涨价预期，诱使更多过剩资本疯狂地追涨投资，从而形成金融市场无节制疯长的市场需求。这种现象近年来多次出现，从股市转战房市，又从房市转战股市，严重影响了实体经济的健康成长，严重影响了我国金融市场的安全和发展。这是社会主义市场经济不可避免的后果吗？它对中国工业化进程将产生什么样的影响？显然，金融领域的变革迫在眉睫，为使金融业更好地为实体经济保驾护航，我们究竟应当怎样做？

（4）国家制度

成功的工业化需要有为政府，国家发展战略的制定对于成功至关重要。国家在工业化进程的每一个阶段，及时地调整发展战略和产业政策，引导工业化的持续发展。国家通过产学研结合的科技政策以及惠及全民的教育和医疗政策，提高国家的科技水平和国民素质；通过恰当的社会政策，保障社会的和谐和安定。所有这些，对一国劳动生产力的持续提高具有不可或缺的重要作用。一国经济发展中的国际贸易环境和国际债务环境、国家参与国际经济的意志和方式，也会对国家的工业化进程造成重大的甚至决定性的影响。

市场与政府。内生工业化有其自生动态的内在机制，那么，政府在其中发挥什么作用？新自由主义的经济理论试图让我们相信，市场有足够的动力自我发展；政府除了维持秩序，似乎不需要做任何事情，只有无为政府才是良政。全世界工业化国家的所有成功经验都表明，这种理论完全脱离实际。无论是欧洲还是北美的先进工业国，在起步阶段政府就发挥了无可替代的重要作用。所谓资本原始积累，无论是圈地运动，还是大西洋上贩卖奴隶的三角贸易，国家的政治和军事力量都起到了强有力的推动作用。在市场经济三大要素市场的建设中，国家始终是主导者。资本市场的建立，土地市场的建立，特别是劳动力市场的建立，国家的作用不仅是加速器，而且是发动机。进入现代市场经济后，国家对经济生活的干预日益增加，国家的宏观调控贯穿经济周期的每一个阶段，国营经济一定程度的发展也几乎成为常态。后发工业化国家的赶超经验更加证明，有为政府的正确战略几乎是成功的关键。国家经济战略的正确性，取决于这些战略是否符合经济规律，是否适应国家经济发展在各个相应阶段上的实际情况。

党的十八届三中全会提出市场起决定作用、政府发挥重要作用，正是根据了这些经验事实。政府在工业化进程中必须发挥积极作用，但政府作用以市场规律为依据，顺应市场规律而积极地发挥作用，政府与市场合并成为工业化高速推进的双引擎。我们将详细分析市场经济改革三十余年来，政府顺应市场规律推进工业化进程的作为，研究它的目标函数、行为特征和一般效果，尤其关注我国政府在工业化进程中的作为与世界上其他国家的差别，包括与东亚工业化国家的差别，以此归纳中国道路的特色和优势；同时我们也将分析这一过程中难免的失误和偏差，寻找它产生的原因和导致的后果，以及纠偏的路径等。

地方政府与双层市场的竞争。针对 20 世纪 90 年代中期的财税体制改革，做更加详细的专题研究，讨论改革的动因、改革的效果，以及对此后二十余年中国经济高速增长的影响。毫无疑问，这是一次成功的改革，它不仅解决了中央财政的当期问题，也为此后二十年高速增长中地方政府的积极作为构造了制度基础。我们将讨论地方政府在分税制体制下的 GDP 竞赛，讨论这种体制对地方政府招商引资策略的影响，对企业改革决策的影响，对区域产业结构及产业布局的影响；我们要在地方政府经济行为分析的基础上，进一步讨论中国特色的双重市场理论，研究它在工业化进程中的积极作用和消极作用，为制定下一步的财税体制改革政策提供方案。

国家战略成功的制度原因。政治经济学不仅关注政府在国民经济日常管理中的重要作用，更加关注在工业化进程的每个关键性转折关头，国家及政府所发挥的战略主导作用。事实上，无论是在强制工业化起步阶段，强制工业化向内生工业化转轨阶段，还是在内生工业化发展中每一个分阶段的调整，一直到当前我国经济从内生工业化向可持续工业化转轨的关键时刻，国家和政府都适时地做出了方向正确的重大调整。考虑到新中国六十余年的发展过程跨越了许多发达国家上百年甚至数百年的历史，一一经历了工业化进程几乎所有的历史转折关头，过程之曲折、环境之复杂超乎想象，这种“几乎总是正确”的记录令人惊艳，其本身就是世界性奇迹，因此值得政治经济学深入探讨。为什么我们能够成功？为什么我们总是正确？或者，往往能够在自己的错误面前迅速转身，回到正确的道路？这是历史的巧合，是中国人特有的幸运，还是存在的某种形式的必然？比如说是决策理念使然：因为几千年传统文化所蕴含的政治智慧。又比如说是制度构架使然：因为中国特有的政治和经济制度保证了决策的正确方向和成功概率。我们认为，正确的答案可能在上层建筑和经济基础的辩证统一中：我们有一个马克思主义政党为执政党，她以为人民服务为宗旨，并且将这种政治理念在党的近百年的历史中代代相传，贯彻始终。这一政治理念与老百姓当中“人为本，民为先”的传统文化息息相通，因此，中国共产党在每一个历史关头都能从最广大人民群众的长远利益出发做出决策。我们的政治制度没有给各种利益集团讨价还价的余地，我们的政治制度只承认一种决策理念，那就是“以人民的名义”。这一政治制度的根基是公有制为主体的基本经济制度。公有经济对于政治制度的作用并不仅仅是工具，而且是制度保障。市场经济条件下，资本是微观经济组织的指挥者，它总要顽强地显示自己的权力和意志，拥有巨大社会财富的资本寡头，往往利用金钱的力量侵蚀甚至俘获政治权力，这是私有资本主导的市场经济的惯例。社会主义市场经济如何避免资本主义的这一必然结局？只有靠公有制为主体。只有在决定国民经济命脉的重要领域，在具有市场垄断或者寡头垄断地位的大企业中坚持国有经济的主导地位，在整个社会所有制结构中保持公有经济的较大比重，党和政府才能够在与资本权力的博弈中稳操胜券，才能够避免政治权力被资本权力渗透甚至俘获。这是中国特色社会主义发展至今的一条基本经验，是我们不可须臾丢弃的法宝。做大做强国有经济不仅具有经济的作用，而且具有保持政治制度稳定的根本意义。

国有经济及其改革。国有经济的作用不能单纯从经济发展的的意义上理解，也不能单纯从分配公平的意义上理解，而要从政治经济学的更深层次上理解。但是也不应忘记，无论国有企业还是国有资本，都是市场经济微观基础的组成部分，它产生于市场，在市场中发挥作用，必须遵循市场经济的规律。国有经济的改革，是市场的主导作用和政府更重要作用相结合的产物，这是它的困难所在，同时也是它成功的出路所在。从现实情况来看，改革已经基本完成了企业层面的公司制改造，通过公司法人财产权和国有股份资本所有权的划分，实现经营权和所有权的分离；到 2003 年前后，由于国务院国资委的成立，政府特设了国有股份资本所有权的管理机构，国有经济的效率有所提高，实力也有所增强。但是从国资委运作的实践来看，这个政府机构在管理国有股份资本的过程中仍然存在着一系列的不适应。由于政府多目标行为特点，国有及国有控股公司的治理结构不符合市场经济的要求；党组织和工会组织在治理结构中如何发挥作用仍然存在一系列没有解决的问题；国资委这样的政府特设机构在股份资本管理中不能像一个普通的股票所有者那样进行市场操作，也给公司治理结构的完善（股东用脚表决）增加了困难；特别是在国有经济积极推进混合所有制改革的当下，政府股东与民间资本互动，在商业谈判中双方地位不对等，事实上成为两种资本按市场原则充分融合的主要制度障碍。如何按照十八届三中全会精神建立“管资本为主”的国有资本监督管理体制，改革的思路并不清晰，改革的推进还需要有更多的实验和摸索。有鉴于国有经济的发展在中国特色社会主义的经济和政治制度中举足轻重的地位，政治经济学必须从理论和实践两个方面对此做更加深入细致的研究。

（5）开放经济

工业化进程必须在开放环境下完成，这不仅是世界经验，也是我们自己的体会。我们在强制工业化阶段开放程度极低，这并非我们自愿，当时的内外部环境是别人强加给我们的，在当时的环境下，自力更生、奋发图强是正确选择。关键是我们在条件允许的情况下适时做出调整，改革开放打开了国门，中国积极地参与到世界经济的发展大潮中。但是，由于经济落后，一开始我们在国际贸易中的地位是很被动的。我们唯一的优势是劳动力成本低，我们不得不用超出别人数倍的劳动去换取外汇。沿海地区“两头在外”的贸易形式，曾经是最为合理的办法。我们缺少工业化必需的资本和技术，我们引进外资，同时也引进外资的技术和管理。我们和世界上许多发展中国家在赶超过程中一样，面临贸易环境和债务环境恶化的风险。但是，由于充分利用了当时环境下的比较优势，事实上很快就化解了风险，到20世纪90年代以后，对外贸易的发展迅速成为总需求三驾马车中突出的一驾，债务环境也持续向好。于是，我们推进汇率改革，推进人民币国际化的进程，在一个成功的对外开放战略下，充分利用本身的规模优势和成本优势，实现了突围和崛起。中国已经成为全球贸易大国，成为发展中经济体奋发图强的榜样，其中的经验值得充分总结。为什么中国的开放发展能够避免贸易环境、债务环境恶化的后果，逐步取得国际竞争的主动？我们与许多在经济贸易中陷入被动的发展中国家有什么不同，我们靠什么避免了依附性发展的陷阱？中国的和平崛起才刚刚开始，却已经在众多发达国家保护主义抬头的背景下，高举全球自由贸易的旗帜。我们的底气从哪里来？我们在全球经济中下一步将往哪里走？中国的确给国际政治经济学提出了全新的研究课题，这也是社会主义政治经济学必须认真研究的问题。

中国的和平崛起与其说是一个世界性奇迹，倒不如说是中华民族复兴的必然。我们这个民族在几千年的发展历程中曾经多次而且在很长时间里处于世界前列，不仅经济总量，而且人均国民收入都处于世界前列。落后是最近几百年的事。明清以后，由于各种各样的原因，我们置身于航海大发现的潮流之外，更置身于欧洲产业革命的潮流之外，逐步与欧洲工业国家拉开了差距。鸦片战争的失败，是封闭国家对开放国家的失败，是农业文明对工业文明的失败。由于这场失败，中华民族成为帝国主义列强掠夺的对象，最终成为全世界贫困落后的国家之一。按照麦迪森的计算，1950年，中国内地人均 GDP 为 439 国际元。同一年中，印度的人均 GDP 是 619 国际元，朝鲜（韩国）人均 GDP 是 770 国际元，新加坡的人均 GDP 是 2219 国际元；我国台湾地区的人均 GDP 是 936 国际元，香港人均 GDP 是 2218 国际元。在东亚，只有蒙古、缅甸等极少数国家排在我们后面。① 从那以后，我们经历了抗美援朝战争，经历了强制工业化阶段摸索中的挫折，经历了和平环境下最大的人口增长。到 1977 年，人均 GDP 实现翻番；到 2010 年，GDP 总量列全球第三。不到 70 年时间里，我国人均 GDP 增长了 50 倍。重要的是，这个内生的工业化进程还远没有终结，中华民族的复兴已经是不可避免的事实。面对人类历史的这一重大事件，政治经济学必须回答两个最根本的问题：第一，成绩是如何取得的？其产生的原因是什么？第二，再往前走，中国经济社会的前景如何？它会走向一个什么样的社会主义？新中国六十余年的工业化进程，以及与工业化同时展开的平等劳动发育过程，应该可以比较充分地回答我们提出的第一个问题。中国工业化的成功是适应特殊国情的中国特色社会主义经济制度的成功，其根本点是：一个

①［英］安格斯·麦迪森：《世界经济千年史》，伍晓鹰译，北京大学出版社，2003 年版。

将马克思主义中国化的执政党以人民群众的根本利益为出发点和落脚点，实事求是地做好中国的事情；一个公有制为主体的基本经济制度与市场经济相结合，按经济规律有序推进工业化进程。上层建筑与经济基础的相互补充、相互强化是成功的保障。这样的工业化进程一旦启动，成功就具有必然性。关于第二个问题，到目前为止，事实与理论的展开仍然不足以给出令人信服的答案。社会主义的平等劳动的确在公有制的旗帜下顽强坚守，但它的前进路线并非笔直，无论是科层的平等劳动还是竞争的平等劳动，到目前为止，它离社会主义者追求的目标还有相当大的差距。中国仍然是发展中国家，发展始终是硬道理，有时候，平等也不得不为发展让路。那么，再往前走这一切会有结果吗？社会范围劳动平等程度的提高是否会与劳动生产力提高的方向一致？政治经济学揭示的客观规律会不会引导我们走向更加符合共产党人理想的社会主义未来？

4. 可持续工业化与共享的平等劳动

中国的内生工业化进程，从20世纪70年代末期开始算起，已经平稳地连续地高速增长了将近四十年，说它是持续的工业化过程应当没有谁会反对。但是，它的不可持续因素正在逐步积累，如经济增长过度依赖高投资，过度依赖房地产业和基础设施投资，过度依赖外贸净出口，国内居民消费增长乏力，再加上环境的承载力问题等。这一阶段的工业化不能满足共享发展的要求，国民收入分配差距较大，企业劳资关系的矛盾较多，城乡之间、区域之间还存在比较大的差距，而这种收入分配差距的拉开对国民经济的持续发展是有较大影响的。正如马克思在分析资本积累一般规律时候说的那样，收入分配不平等的长期积累会导致社会总产品补偿和实现的障碍，导致经济增长周期性波动。从这个意义上说，内生的工业化进程还缺乏充分的可持续性。这是竞争的平等劳动固有的缺陷，它必须向共享的平等劳动转化。当前中国经济的转型，从生产关系的内容看，实际上就是从竞争的平等劳动向共享的平等劳动转化。以下主要讨论这种转化的必要性、可能性以及必然性。

中国工业化进程的前两个阶段，共同特点是保持了高积累率、低消费率的基本态势，积累率从新中国成立初期的20%增长到30%、40%，近十年甚至达到40%以上。这是中国经济保持高增长常态的重要原因，甚至是关键性原因。不同的是，强制工业化阶段的高积累是由国家自上而下强制推行的，尽管消费水平很低，但收入分配差距很小，低水平的社会福利几乎覆盖全社会。因此，尽管经济增长过程中居民收入水平的提高比较慢，但是社会矛盾较小。在内生工业化阶段，越来越高的积累率是由国家和市场两只手推进的，由于增长速度超高，社会积累水平和消费水平都保持了很高的增长势头。在三十余年高增长的同时，社会消费也实现了较快速度的增长，几亿人摆脱贫困，全中国人民的生活水平都上了一个大台阶，从温饱型走上了全面小康。但与此同时，收入分配的差距明显拉开，较高水平的社会福利至今未能全覆盖，劳资矛盾上升，各种社会矛盾有所积累。六十年一贯的高积累基本格局，不仅积累了社会矛盾，而且也积累了社会再生产过程越来越大的不平衡。大约到2000年前后，宏观经济的不平衡问题已经非常突出。由于国内消费需求的发展相对滞后，大量过剩的生产能力得不到实现，而宏观经济依靠大规模投资维持增长的惯性一时又难以改变。加入WTO以后，外贸出口增长更快，中国对美国的贸易出现巨额顺差。这给当时宏观经济不平衡找到了一个临时出口，它保证中国经济在既有轨道上继续滑行了十多年。但这毕竟不是解决问题的长远之计，中国宏观经济结构需要调整，这早已是国内外经济学家的共识。

如何调整？单纯从需求侧看，似乎问题仅仅在于扩大国内消费需求，但这种认识失之表层，也缺乏说服力。统计数据表明，中国经济高速增长过程中，居民的消费水平也在以较高速度增长，消费增长只是略慢于GDP增长，这样一个积累与消费的分配格局，之前已经证明有利于人民生活的长远发展。这样的增长势头继续维持下去，有什么不可？为什么一定要改变？回答这个问题，必须联系工业化进程本身的规律，结合社会生产力持续提高的条件来讨论。一个经济学的常识是，大量的固定资产投入必须有效率、有回报。在工业化起步的最初几十年，有效的、高回报的投资项目从来不短缺。在温饱到小康的整个过渡时期，外延式的扩大再生产以及模仿型的技术进步足以满足市场需求，只有资本短缺才是增长的瓶颈。尽管这种情况逐步发生变化，但内生工业化进程总能找到新的经济增长点，为生产力继续前进找到出路。直到 2008 年的金融风暴与外需的急速下降，方才使得增长方式转变问题真真切切地提上中国工业化的日程。中国经济的宏观结构再也不能在原有的增长方式下保持平衡，没有巨大的进出口支撑，超高的积累率已经不能长期维持。中国经济必须找到新的增长动力源，以创新推动中高速的增长，核心是在中高的积累水平上。维持积累与创新速率的平衡，以保障项目投资的效率，提高经济增长的质量。新常态下的经济增长，积累率会比之前稍低些，增长速度会比之前稍慢些，但是劳动生产力仍将持续发展，社会消费水平仍会保持较高增速。因此，工业化进程的可持续性基础更牢，人民群众享受经济增长的实惠会更多。

可持续工业化进程依赖于经济增长动力源的转换，创新发展作为经济发展的核心问题被提上日程。创新是一个内涵十分丰富的经济学范畴，它既包括能够降低产品个别生产成本的技术的创新、工艺的创新、管理的创新等，同时也包括新产品的开发、产品质量和性能的提高等内容。现代市场经济下的企业创新，通过资本追求超额剩余价值的不懈努力而持续推进，大中小企业各自在不同的范围内发挥创新作用。事实上，在整个内生工业化阶段，企业的创新发展是社会劳动生产率持续提高的重要原因。但是在这个阶段上，中国企业的创新努力主要体现在降低生产成本方面，表现为更强的成本竞争力，而在更加基础性的产品创新领域表现并不突出。我们的企业在产品更新中往往是模仿者和跟进者，因此缺少自主创新品牌，缺少在竞争中创造的领先世界的有中国特色的新产品。这对于一个在经济发展水平上与发达国家还有很大距离、经济追赶还有很大空间的国家而言，当然还不是一个严重问题。但是，随着赶超战略的成功推进，与先进工业国的差距逐步缩小，单纯的模仿跟进越来越不足以支撑大国经济的可持续发展，由现代先进科技支撑的自主创新在全球化产品竞争战略中的地位日益凸现，创新作为经济增长新的动力源的作用也日益凸现。可持续工业化进程是一个日益接近国际经济前沿的发展中大国依靠创新驱动继续以较快速度增长的必然选择，这个过程特别需要社会生产关系从竞争的平等劳动向共享的平等劳动的进一步调整。

创新发展是共享经济的物质基础。我们曾经讨论过劳资正和博弈在相对剩余价值生产中的可能性。当经济发展的动力源从投资推动为主转化为创新推动为主，这种劳资共赢的可能性就具有了持续存在的物质基础。创新发展导致的物质财富的持续增长，不断产生出劳资分享空间，它介于工人实物工资水平不变与资本剩余价值率不变之间，这就是发达资本主义国家工人实际生活水平有所提高的政治经济学解释。但是，正如皮凯蒂在《21世纪资本论》中所指出的那样，这一结果依赖于阶级力量的对比。① 20世纪70年代以后，由于一系列世界性事件的发生，资本的地位得到巩固，情况就发生了逆转。说到底，私有制为主体的市场经济由资本主导，劳资博弈的结果也往往由资本掌控。但是在社会主义的平等劳动下，创新发展的成果完全有可能为劳资共享，这不仅表现在公有制企业层面，尤其表现在社会范围内通过政府调控、国家政策引导以及社会主义立法实现的常规化、制度化的劳资分享机制。提高劳动平等程度是我们的社会目标，长期以来因受生产力条件的限制只能缓慢推进，一旦创新发展成为主动力，那么共享的平等劳动也就有了更快推进的物质基础。

劳动民主是企业内共享经济的制度保障。公有制经济是劳动者自己的

① ［法］托马斯·皮凯蒂：《21世纪资本论》，巴曙松译，中信出版社，2014年版。

经济，应当由劳动者自己管理。在公有资本主导的企业组织中，企业职工的民主管理也应当是必不可少的制度组件。工会和职工代表大会应当以制度化的形式参与到公司制企业的治理结构中，监督企业经营者的行为，参与企业经营决策，并且对企业经营成果的分配提出自己的意见。当然，企业民主管理也要以企业科学管理的发展为前提，以企业生产力一定程度的提高及企业生产力发展对劳动者素质与技能的提升有较高要求为前提。共享的平等劳动一定是民主的平等劳动，它并不取代科层与市场的组织构架，但作为其补充在市场环境下发挥越来越重要的作用。

共享的平等劳动需要收入分配制度深化改革。邓小平同志在改革开放初期提出，共同富裕的目标要分两步实现：第一步是在市场竞争的环境下让一部分人一部分地区先富起来；第二步就是要通过共享发展，让先富帮助后富，实现共同富裕。事实上，这个进程已经开始。首先，城乡收入差距已经有所缩小，基尼系数增大的势头得到遏制；企业劳资关系的状况也有所改善，劳动者收入水平尤其是工资收入水平以较快的速度连续多年提高；全覆盖的社会福利制度正在稳步建设。以社会公平为目标的社会政策在各个方面展开，其成果全世界有目共睹。其次，国家必须在全民福利制度、基层劳动民主、收入分配调控以及通过财税制度改革推进的收入再分配方面，付出更多努力，取得更多成效。共享的平等劳动应更好反映社会主义经济制度的本质特征，中国特色社会主义将进入可持续工业化加共享的平等劳动的新阶段。在此阶段，社会主义的优越性会更充分地展现在世人面前。

可持续工业化与共享的平等劳动结合具有必然性。生产力的发展与人的发展是相互促进的。劳动者生活水平的提高不仅是生产过程的最后结果，家庭消费作为劳动力再生产的主要方式还是整个生产过程的起点，对于社会劳动大军总体质量的全面提升具有决定性的作用。城乡居民消费结构、恩格尔系数随着收入水平的提高而改善和提高是最能说明问题的指标；中国人传统的消费文化进一步强化了这一效应，教育费用在消费结构中比例提高与收入水平提高正相关，而国家在公共教育与医疗卫生方面的巨大投资，使这一效应进一步强化。中国人今天的平均受教育年限不算很高，但是它的提高速度很快。随着工业化的持续发展，这一指标的进一步提高是可以预期的。更重要的是，在共享的平等劳动下，劳动者工作与闲暇的关系也将得到相应调整，不仅工人工作日会有所缩短，而且额外加班现象也会逐步减少。精神生活与物质生活持续地交替向上，劳动者素质的全面提升成为必然。另一方面，工业化进程中生产的人的要素与物的要素的互动发展有其自身规律。资本主义的生产力进步总是向资本这个生产的物的要素倾斜，科学技术的进步总是优先体现为机器系统科技含量的提升，这有利于资本对劳动的统治，不利于劳动者权利与利益的保护。但是这种单边倾斜式的技术进步总是有限度的。更高科技含量的机器系统最终还是需要更高技能的操作工人，即使在资本主义条件下，工人“去技能化”的技术路径也不可能始终占据统治地位。在社会主义市场经济下，平等劳动关系的持续发育要求技术进步路径逐步向劳动倾斜，至少是保持两大生产要素在技术进步中的大体平衡。就社会整体而言，平衡是最佳的技术进步路线，也与社会主义经济制度的本质更加统一。可以预期，在共享的平等劳动阶段，社会生产力提高与劳动者素质提高的要求会更加趋于一致，劳动者个人能力的发展将成为社会生产力进步的更重要的推动力。随着企业劳资关系的不断改善，公私混合经济中的劳动者工作环境也将逐步改善，公有经济的示范作用会日益突出，劳动者在工作过程中的主体意识会逐步加强，企业劳动民主会不断发展。在一个劳资和谐的环境下，这一切都有利于工作效率的提高，有利于社会生产力的持续发展。这是一个良性互动的共享发展，它会加速平等劳动与工业化的持续演进。

绿色发展是可持续工业化不可缺少的内容。社会生产所面对的自然条件始终是影响社会生产力的要素之一。现代生产力的发展对自然环境的影响日益明显，相对而言，环境的恢复能力也就越来越脆弱。单纯依靠自然环境自身的恢复力来维持的社会生产力是不可持续的，我国在内生工业化阶段所表现出来的人与自然的不协调，再次证明了这个规律。在生产力发展的同时，自然环境必须恢复甚至改善。我们在计算社会生产力的投入产出时，必须把环境成本计算在内。可持续工业化当然要解决这个人与环境的和谐问题，我们再也不能为增长付出环境代价了！能源问题同样重要。工业化进程的一个基本特点是依靠矿物能源快速推进社会生产力，仅仅用几百年时间发展的生产力就超越了人类历史数千年甚至数万年也无法达到的增长水平。但是地球上的矿物质能源并不是取之不尽的，它是地球和太阳在几亿乃至几十亿年时间里逐步积累起来的能源储存，已经被我们在几百年的时间里迅速挥霍。这个过程显然是不可持续的。可持续的工业化必须经历能源结构的根本转变。人类必须在旧能源耗尽前充分准备好有效利用新能源的技术，即使如此，以加快消耗“地球积蓄”来加快发展生产力的模式终究不能再来。可再生能源的利用需要从太阳能的捕获开始，而不是从已捕获能源的释放开始，因此，获取等量能源将耗费更多劳动，或者要求更高生产力。这是可持续工业化必须完成的艰巨任务。中国的经济增长就这样与世界上所有的发达工业国家同步走近可持续工业化阶段。由于全球能源环境状态与一百年前甚至五十年前相比，已经发生巨大变化，我们只能在生产力水平相对较低的情况下，提前进入可持续工业化。因此，我们以后的发展道路将表现出更多的独特性，需要我们去探索创新。也许正是因为这样，中国特色社会主义将会对世界做出更大贡献。

在共享的平等劳动下实现社会和谐。在公有制为主体的混合所有制企业中，劳动者的民主管理可以更好保护劳动者的权利和利益，国有企业的管理者在工人群众的监督下行使资本权力，与工人群众一起管好公有制企业；公有制经济的劳资关系会对全社会的其他经济形式产生示范作用。整个社会的劳资关系的和谐，加上社会主义政府有目的的宏观调控，保障社会经济的共享发展，保障社会再生产过程中积累消费的平衡，保障社会再生产的和谐关系。随着市场改革的进一步深化，我国的市场经济制度将进一步完善，企业与企业之间、产业与产业之间的平等竞争，带来社会经济的和谐发展——城乡的和谐、区域的和谐以及政府和市场的和谐、执政者和老百姓的和谐。坚持不懈的反腐斗争不仅是改善市场秩序的前提，更好发挥政府作用的前提，也是理顺民心、强固执政基础的前提。如前所述，公有制为主体的基本经济制度，是防止大资本侵蚀和俘获政府必不可少的制度安排，它对社会和谐的基础性作用将贯穿社会主义制度的始终。中国的开放经济面临越来越多的全球性课题，必须提出既符合中国人民长远利益也符合世界人民根本利益的中国方案。“一带一路”就是这样的中国方案，它的目标是所有合作参与者的共同发展。在人类社会生产力当今水平上，地球村变得越来越小，人类命运共同体必须得到全世界的共同关注。社会主义中国应该成为也能够成为这一全球共享经济的倡导者。

马克思早在欧洲工业化发展的早期，就敏锐地发现这一生产力发展具有三个不可逆转的趋势。①工作日缩短。由于社会生产力迅速提高，直接生产中投入的劳动量对财富的作用越来越小，已耗费的劳动时间与劳动产品之间越来越不成比例[①]，不仅全社会，而且每一个劳动者的工作日终将渐次缩短，人的全面能力更多地用于自由的创造性活动，以个人能力为基础的一般生产力（科技及其在生产中的应用）更加迅速地发展。自由时间对于社会而言也成为生产力发展的动因[②]；这样，市场经济以商品价值（劳动时间）为财富尺度的制度安排会变得越来越不适用。总有一天，劳动时间将不再是也不可能再是财富的尺度[③]，以价值为基础的生产终将结束。②科学技术的进步及其在生产上的应用体现在机器系统上，表现为生产的自动

① 马克思、恩格斯：《马克思恩格斯全集》第46卷下，人民出版社，1980年版。
② 马克思、恩格斯：《马克思恩格斯全集》第46卷下，人民出版社，1980年版。
③ 马克思、恩格斯：《马克思恩格斯全集》第46卷下，人民出版社，1980年版。

化与智能化迅速发展，使所有程序化的重复性的可以由机器来替代人从事的工作从人的劳动活动中退出。这样，劳动逐渐地从深入直接生产过程之中的机器系统的“部件”，转变为站在过程旁边对之进行监督和控制的主人。这一适用于机器系统的结论，对于全部人类交往过程也同样适用。[①] 随着这一人与物质过程的关系的再颠倒，商品经济以物的联系反映人的联系的异化特征也就不可能继续下去了。③劳动生产力的迅速进步推动分工形式的演变，以职业专门化为特点的旧式分工趋于消亡，“那种把不同社会职能当作互相交替的活动方式的全面发展的人”，代替了“只是承担一种社会局部职能的局部个人”[②]。由于必要劳动与自由活动比例的变化、生产过程中人的身份地位的变化以及分工形式的变化，违背人类本性、导致个人片面发展的、令人厌恶的、遭人诅咒的劳动，转变为适合人类本性、有利于个人全面发展的、吸引人的劳动。个人对生产劳动的主观感受发生根本转变，劳动之于个人不再是谋生手段，劳动之于社会不再是稀缺资源，劳动者个人与社会的基本矛盾终将解决，以劳动时间为稀缺性指标的市场经济必然终结。

马克思之后一百多年的世界历史始终沿着马克思所预言的方向发展。我们有充分的理由相信，只要社会生产力持续发展，再有一百年或者数百年的时间，物质生产将进入到一个全面自动化、智能化生产的新阶段，人的劳动将逐步退出直接生产过程，劳动者将逐步成为自动化机器系统的管理者和调节者，人的全面能力将成为一般生产力。到那个时候，作为社会生产力发展一个阶段的工业化也就结束了。人类社会将进入既不需要商品货币关系也不需要劳动作为财富尺度的自由个性社会。等量劳动相交换的原则在一个劳动时间与自由时间不再相互对立的社会经济中，将不再是激励的需要，因此也不再是计量财富的尺度。价值生产、市场经济将为一个

① 马克思、恩格斯：《马克思恩格斯全集》第46卷下，人民出版社，1980年版。

② 马克思：《资本论》第1卷，人民出版社，1975年版。

以劳动时间节约为直接目标的民主决策的计划经济所取代。共产主义理想一定会实现。

共享的平等劳动可以容纳持续的工业化发展，一直到社会生产力超越以工业化为特征的历史阶段，而平等劳动的下一个发展阶段应该是自由的平等劳动，它其实就是以劳动为平等尺度的社会规范渐次淡出、新的自由人联合体规范逐步成长的过渡阶段。一个信息流、能量流与物质流合一的分布式网络系统将在这一过程中形成并逐渐完善，一个在全球网络技术基础上建立的、由全体社会个人参与的、拥有高度智能化工具的分布式神经网络型经济计划系统将逐步在国民经济中发挥作用，一开始是与市场机制并存、互补，再往后去作用逐步加强，一直到最终取代市场经济。这将是一个渐进的过程，一个当今科学技术发展可以预期的过程。这种自由人联合体的民主的计划经济，将来一定会比集中的计划经济具有更高的资源配置效率。中国道路应当沿着这样一条劳动生产力持续发展的路径，从社会主义市场经济渐进地长入共产主义。这是马克思、恩格斯生前未能想象的历史前景，而中国特色社会主义的演化路径正逐步向我们展示这样一种历史的可能性。

（原载于《中国浦东管理干部学院学报》，2017 年第 4 期）

生产力、公有资本与中国特色社会主义
——资本与公有制不相容论批判

三十年来，国有经济改革始终遵循公有资本逻辑：一方面，生产资料的所有制性质不变，国有资本归全体人民所有；另一方面，大中型国有企业实施公司制改造，劳动力市场初步实现双向选择机制，劳动者与国有资本所有者之间的市场交易关系形成。改革正在按照这一逻辑继续推进，国有经济的管理体制将从管企业为主转变为管资本为主。对于这一改革取向，始终存在着来自两个方向的责难：一种认为，资本逻辑就应当是私有制的逻辑，坚持公有制主体地位没有必要；另一种则认为，资本逻辑与社会主义性质相悖，公有资本是“无资本家的资本主义”①，或者迟早将重新回到资本主义②。两种错误观点源自同一理论信条：资本与公有制不兼容。本文是对此类责难的一个回应。基本观点是：市场经济、资本关系是社会主义不能超越的历史性质；资本可以私有，也可以公有；公有资本主导的市场经济是中国增长奇迹的主因，公有资本是中国特色社会主义突破资本主义桎梏、持续发展社会生产力的基本保障。

① 萨米尔·阿明：《资本主义的危机》，彭姝祎、贾瑞坤译，社会科学文献出版社，2003 年版，第 33 页。

②“后资本主义社会”虽然超越了资本主义，却没有超越资本。这个异化劳动统治的“有机体系”，最终将不可避免地回到资本主义。［英］梅扎罗斯：《超越资本——关于一种过渡理论》，郑一明等译，中国人民大学出版社，2003 年版，第 739 页。

一、 市场与资本共同的生产力基础

关于国有企业何以采取资本主权的改革方向，曾经有过许多不同的解释。比较制度理论与制度经济学的分析路径相近，大多从市场经济下资本主权型企业与劳动主权型企业的效率比较出发，得出前者比后者更有效率的结论。这个结论与绝大多数市场经济国家企业产权的事实相吻合，有一定解释力。但这种解释还是停留在现象到现象的层次，没有讨论市场经济的本质规定、资本关系的历史性质，更没有讨论和比较二者与社会生产力的联系与关系，因此不能进一步解释市场经济下资本主权型企业效率更高的深层次历史原因。而这正是马克思的历史唯物主义观察问题的视角。

马克思在《资本论》创作中（尤其是1857～1858年手稿），深入讨论了“价值关系和以价值为基础的生产”向未来社会转变的生产力条件。马克思的分析从三个相互关联的角度展开：

（1）财富尺度从劳动时间向自由时间和人的全面发展转换。由于社会生产力迅速提高，“已耗费的劳动时间和劳动产品之间惊人的不成比例”①，直接生产中投入的劳动量对财富的作用越来越小；随着工作日缩短，自由时间增加，人的全面能力更多地用于自由的创造性活动，以个人能力为基础的一般生产力（科技及其在生产中的应用）更加迅速地发展；必要劳动与剩余劳动的对立逐步消失②，自由时间不仅对于个人来说成为劳动之外的剩余时间，而且对于社会而言也成为生产力发展的动因③；劳动时间不再是也不可能再是财富的尺度④，以价值为基础的生产自然终结。

（2）人与生产过程的关系发生根本转变。科学技术的进步及其在生产

① 马克思、恩格斯：《马克思恩格斯全集》第46卷下，人民出版社，1980年版，第218页。
② 马克思、恩格斯：《马克思恩格斯全集》第46卷下，人民出版社，1980年版，第114页。
③ 马克思、恩格斯：《马克思恩格斯全集》第46卷下，人民出版社，1980年版，第225页。
④ 马克思、恩格斯：《马克思恩格斯全集》第46卷下，人民出版社，1980年版，第218页。

上的应用体现在机器系统上，表现为生产的自动化与智能化迅速发展，使所有程序化的重复性的可以由机器来替代人从事的工作从人的劳动活动中退出。这样，劳动从深入直接生产过程之中的机器系统的“部件”，转变为站在过程旁边对之进行监督和控制的主人。马克思还指出，这一适用于机器系统的结论，对于全部人类交往过程也同样适用。① 随着这一人与物质过程的关系的再颠倒，商品经济以物的联系反映人的联系的异化特征也就不可能继续下去了。

（3）劳动的社会性质发生根本转变。劳动生产力的迅速进步推动分工形式的演变，以职业专门化为特点的旧式分工趋于消亡，“那种把不同社会职能当作互相交替的活动方式的全面发展的人”代替了“只是承担一种社会局部职能的局部个人”②。由于必要劳动与自由活动比例的变化、生产过程中人的身份地位的变化以及分工形式的变化，违背人类本性、导致个人片面发展的、令人厌恶的、遭人诅咒的劳动，转变为适合人类本性、有利于个人全面发展的、吸引人的自由活动。个人对生产劳动的主观感受发生根本转变，劳动之于个人不再是谋生手段，劳动之于社会不再是稀缺资源，以劳动时间为稀缺性指标的市场经济必然终结。

值得注意的是，以上三个视角都与资本具有密切的内在的关联。资本是一种社会关系，价值生产是资本关系存在的前提，尽管资本在运动中不断变换形态，但万变不离其宗，它总归是自行增殖的价值体。因此，离开价值生产的基础，资本就成为无源之水、无本之木。只要价值关系还存在，必要劳动与剩余劳动的对立还存在，资本关系的可能性就始终存在。人与生产过程的颠倒关系对于资本来说是更重要的维度，从这一视角出发，物对人的统治才会具有实质性的基础，作为劳动创造物的资本对劳动者的统治是社会生产力发展特定阶段的产物。作为活动主体的人，如果不能站在

① 马克思、恩格斯：《马克思恩格斯全集》第46卷下，人民出版社，1980年版，第218页。
② 马克思：《资本论》第1卷，人民出版社，1975年版，第535页。

人与自然的物质变换过程之外监督和调节它，那么人对物质变换过程的支配地位始终是不可能确立的。因此，同样具有异化劳动性质的价值与资本的确可能具有相同的历史终点。

更具逻辑说服力的是第三个分析视角。劳动的社会性质是综合一系列历史因素的结晶体，它一方面决定了对大多数劳动者心理感受的负面影响，即牺牲、负担或现代经济学所谓“负效用”，因此劳动只是个人谋生手段，劳动者并不自愿超出满足消费需要的必要劳动之外提供剩余劳动；另一方面，劳动又是社会财富的生产手段和社会财富的衡量尺度，只有积累剩余劳动才能有财富积累，只有积累剩余劳动才会有社会生产力的发展。综合以上两点，劳动者个人利益与社会利益处于明显的矛盾对立之中，劳动对于社会的稀缺性是这一矛盾的集中表现，劳动时间超出必要劳动时间的延伸是个人与社会争夺的焦点。资本是社会用以“协调”这一矛盾的工具，并且在劳动性质未变的整个历史阶段具有无可替代的主导作用。马克思说：“资本的伟大的历史方面就是创造这种剩余劳动，即从单纯使用价值的观点，从单纯生存的观点来看的多余劳动。”① 资本行使使命的手段无非是强制，一方面是企业内部对劳动大军的“管理性强制”，另一方面是市场内部优胜劣汰的“竞争性强制”。资本正是企业内外这两个强制的执行者，而它自己也在对剩余价值的无止境追求中被自己的内在冲动所强制。试想，还有什么更好的方法可以解决这个个人与社会的历史性矛盾？

马克思写道：“一旦到了那样的时候，即一方面，需要发展到这种程度，以致超过必要劳动的剩余劳动本身成了从个人需要本身产生的普遍需要，另一方面，普遍的勤劳，由于世世代代所经历的资本的严格纪律，发展成为新的一代的普遍财产，最后，这种普遍的勤劳，由于资本的无止境的致富欲望及其唯一能实现这种欲望的条件不断地驱使劳动生产力向前发展，而达到这样的程度，以致一方面整个社会只需用较少的劳动时间就能

① 马克思、恩格斯：《马克思恩格斯全集》第46卷上，人民出版社，1979年版，第287页。

占有并保持普遍财富，另一方面劳动的社会将科学地对待自己的不断发展的再生产过程，对待自己的越来越丰富的再生产过程，从而，人不再从事那种可以让物来替人从事的劳动，——一旦到了那样的时候，资本的历史使命就完成了。"①

研读马克思关于超越资本之历史条件的论述，不难发现，这些条件与市场经济消亡的条件高度重合。至少在马克思那里，二者被视作同一历史进程。马克思讲了三层意思：第一，"普遍勤劳"及其劳动成为"普遍需要"；第二，"社会只需用较少的劳动时间就能占有并保持普遍财富"；第三，"社会将科学地对待自己的再生产过程"，"人不再从事那种可以让物来替人从事的劳动"。三层含义恰好与前面讨论的市场经济消亡的三个视角一一对应，可见马克思理论分析的严密逻辑。

二、 马克思之后的生产力发展

马克思关于商品经济与资本关系必然消亡的结论当然不是凭空臆想，严格地说，是他从资本主义大机器生产的发展实际和已经显露的趋势中提炼出来的。在他阐释上述一系列观点的几乎每一个场合，未来社会的特征总是与大机器生产现实趋势的观察结果密不可分地联系在一起。但是，马克思从来也没有将二者混为一谈。现实趋势的动态性与指向性是一回事，未来结果的可能性与必然性是另一回事，二者间存在着巨大的程度差距和时间跨度，这对于马克思是不言而喻的。马克思从历史唯物论出发，坚信自己预测的正确性，但他并不认为这种未来的可能性马上就会实现。马克思关于未来社会的时间预测并不确定，有的时候，他预测会快一些，而有

① 马克思、恩格斯：《马克思恩格斯全集》第46卷上，人民出版社，1980年版，第287页。

的时候，他留给人们的印象又是：这还需要一个相当长的发展过程[1]。

那么，马克思之后一百多年的事实又怎样呢？至少，以下两点结论是显而易见的。

首先，马克思关于生产力发展趋势的预测是正确的，因此，他对未来社会的预期具有充分依据。

以下三个指标足以证明我们的判断。

（1）工作日长度。马克思那个年代，英国工人的工作日一般在10小时以上，《资本论》引用的许多实际材料中，工人的工作日时长往往超出12小时。因此，工人的每周劳动时间应该在70到80小时之间。这与今天一般市场经济国家每天8小时、每周五个工作日，即每周40小时相比，工作日的缩短是十分明显的。根据麦迪森的计算，包括英国和德国在内的欧洲12国，1870年的年人均工作时间是1295小时，到1998年这个数字已经下降到657小时，大致下降了50%。美国和日本在同一时间段人均工作时间下降得稍慢些，但基本趋势同样明显[2]。根据这一趋势，能否想象，再过150年或者200年，到2200年前后，这些国家的工人劳动时间下降到每周20小时？到2400年，这个数字会不会再下降到每周10小时？

（2）生产自动化程度。马克思所观察到的英国先进制造业，大机器生产才曙光初现。此后一百多年生产自动化的发展，无论从深度还是广度而言，都远远超出人们的想象，甚至也超出马克思的想象。特别是计算机技术与网络技术的发展，使得不仅体力劳动，而且相当数量的脑力劳动也都成为机器可替代的对象。现代生产中各种机械手、机器人的应用日益广泛，而“深蓝”“深思”这类学习型机器人在与人对垒中的步步紧逼，充分显示了机器在未来岁月中逐步替代全部单调重复、可程序化的人类劳动的巨大

① 艾略特：《〈政治经济学批判大纲〉：资本主义创造性毁灭的视角》。参见顾海良主编：《百年论争——20世纪西方学者马克思经济学研究述要》，经济科学出版社，2015年版，第973页。

② 安格斯·麦迪森：《世界经济千年史》，伍晓鹰译，北京大学出版社，2003年版，第351页。

可能。一个没有人的直接劳动参与其间的科幻式全自动物质生产体系，正在以令人眩目的速度走近现实。必须指出，马克思在这方面的预测并不仅限于机器系统，而且还包括人类的全部交往活动，即人不仅可以站在自动化机器体系的旁边成为它的监督者和调节者，而且“他们的社会关系作为他们自己的共同的关系”，也将“服从于他们自己的共同的控制”[①]。不久以前，人们还根据集中型大机器系统的特质，认为马克思的这一计划经济预期，需要有一个集权的社会计划中心才能实现。今天，一个包括了信息流、能量流甚至物质流在内的分布式网络系统的技术可能性已经充分显现，我们对未来社会经济协调机制的想象空间完全有理由扩展。计划经济为什么不能是建立在全球网络技术基础上的，由全体社会个人参与的，拥有高度智能化工具，经济大数据全面公开的，分布式神经网络型的民主计划经济呢?！这样的计划经济，将来一定会比之前所理解的集中计划经济，更加有效地优化资源配置，节约劳动时间。马克思没有看到计算机技术与网络技术的发展，他自然不能展开如此想象。但他从对市场经济生产力本质的深刻理解，仍然天才地洞察了历史趋势。

（3）分工形式的演变。马克思已经观察到了大机器生产中越来越频繁的劳动更换和职能互替，认为这有利于工人能力的提高[②]。马克思之后一百多年全球经济发展中至少有两件事，对于消灭旧式分工具有明显的积极意义。第一，普通教育和职业教育的发展使得越来越多的劳动者得到了更加全面系统的知识与技能的训练。普通教育较宽的学科口径和基础课程有利于学生在就业中增强适应性和发展潜力；职业教育对有关工艺和适用技术实际操作的培训，也使劳动者在职业生涯起步时就具备了在多种职业间自由选择的能力。根据麦迪森的数据：1952～1998 年间，中国人均受教育年限从 1.6 年上升到 8.5 年，但这肯定不是极限，同一时间内法国的人均受教

① 马克思、恩格斯：《马克思恩格斯全集》第 46 卷上，人民出版社，1980 年版，第 108 页。

② 马克思：《资本论》第 1 卷，人民出版社，1975 年版，第 535 页。

育年限从9.58年上升到15.96年，美国则从11.27年上升到18.04年。[①] 毫无疑问，劳动者受教育年限随着社会生产力的提高而提高是长期趋势，它对劳动者素质的全面提升具有持续的影响力。第二，现代生产力对劳动者能力与素质的要求在发生变化。劳动力的供给结构是与其需求结构的变化密不可分的。一方面，以脑力劳动为主的白领工人的比重逐年上升，生产过程对劳动者受教育年限的要求不断提高；另一方面，机器系统科技含量的迅速提高，对操作者全面能力的要求也越来越高。出现了如大卫·戈登所谓的工人“再技能化”与“去技能化”并存的现象[②]，典型地表现在柔性自动化生产对一专多能技术工人的更多需求。可以肯定的是，社会生产力发展本身的要求是劳动者技能全面提升的根本原因，任何制度障碍都无法改变它的长期趋势。

其次，马克思所期待的未来社会，还需要全球生产力更长时间的发展才有可能实现。

仅从上述三个指标看，这一点也显而易见。尽管工作日有明显缩短，但每周40小时，甚至36小时的工作日，并不足以保证劳动者在工作之余全面发展其“自由个性”；尽管现代科学技术展现了生产自动化的巨大可能性，但要在全部物质生产流程中实现人不再从事可以让机器来代替的劳动，则为时尚早；消灭旧式分工的目标更加难以实现，虽然劳动者能力在缓慢提升，但至少目前还看不清楚不依赖分工深化而能有效提高劳动生产率的路径。

考虑以下两点，人们将更清醒地认识到，人类生产力距离那个从量变到质变的转折点还有多远。

第一，全球生产力发展越来越不平衡。以上关于社会生产力状况的分析是以发达市场经济为主要对象的，但价值生产与资本关系的消亡不可能

① 安格斯·麦迪森：《中国经济的长期表现：公元960—2030年》，上海人民出版社，2008年版，第66页。

② Gordon, D. M., Richard. E. and R. Michael, 1982, “*Segmented Work, Divided Workers*”, Cambridge University Press.

脱离经济全球化的背景。一个国家或者少数几个发达国家不可能独自进入共产主义。事实上当代发达国家的繁荣与富裕，离不开全球市场竞争的利益。从这个角度看，全球生产力距离理想的转折点路途更远。以各国人均GDP作为劳动生产率的近似指标，麦迪森的计算清晰表明了资本主义进程中全球生产力发展的不平衡①。到1998年，全球水平的人均GDP为5709国际元，欧美和日本等发达国家的人均GDP在20000国际元左右；拉丁美洲和东欧接近全球平均水平，而亚非发展中国家的人均GDP只有2000国际元左右。最大地区间差距是19：1。而且，亚非发展中国家与发达国家的总体差距仍然有扩大趋势。要使全球经济在更加平衡的状态下发展到发达国家的水平，甚至比发达国家目前更高的水平，即使单纯从生产力角度看，也一定是艰难而长期的过程。

第二，生产力发展必须经历能源结构的根本变换。资本主义市场经济数百年的快速发展，是与大规模利用不可再生矿物能源同步的。生产力发展越快，煤炭和石油的开采和消耗速度也就越快（因而对地球环境的污染也越严重）。人类在一个特殊的短暂的历史时期内，集中利用地球在几十亿年长的时间中所积蓄起来的太阳能，超常规地快速发展社会生产力。但这种被积蓄起来的矿物能源是会用完的。人类必须在旧能源耗尽前充分准备好有效利用新能源的技术，即便如此，以加快消耗“地球积蓄”来加快发展生产力的模式终归不能再来。可再生能源的利用需要从太阳能的捕获开始，而不是从已捕获能源的释放开始，因此，获取等量能源将耗费更多劳动，或者要求更高生产力。马克思始终认为，自然丰裕程度影响劳动生产力。能源结构的根本转换，实质上是地球资源丰度在人类行为影响下的一次最严重“降级”，这一天正在向我们步步逼近，它必然影响全球生产力进程。不通过这个生产力的“卡夫丁峡谷”，人类便不可能从必然王国走向自由王国。

① 安格斯·麦迪森：《世界经济千年史》，伍晓鹰译，北京大学出版社，2003年版，第117页。

只要全球生产力持续发展，价值生产与资本关系的消亡就是不可避免的，但这一天的最终到来还需要相当时日；现代市场经济是一个很长的历史时期，在此时期内，价值生产和资本关系与特定的生产力状况相适应，始终相互依存，携手同行。至此，市场经济下资本主权型企业效率更高的现象，就有了历史唯物主义的解释。

三、 公有资本是可能的吗?

资本关系是市场经济的普遍现象，而公有资本则是市场经济下公有制内在矛盾展开的必然结果。

首先，劳动者双重人格的并存，埋下了两种生产要素相分离的基因。社会主义公有制的所有权主体是一个劳动者集体，无论人数多少，规模如何，劳动者通过平等的集体决策行使财产所有权。作为公有财产所有者的每一个成员，同时又是自身劳动力的所有者，自主决定自己劳动力的使用和支配。因此，每个人都有双重身份：生产资料的公共所有者和劳动力的个人所有者。二者间的利益诉求并不总是一致，公共利益要求积累剩余劳动，个人利益却将劳动作为牺牲或负担。劳动者在双重人格间挣扎，作为两个不同要素的所有者，自己与自己博弈。他们通过集体决策来控制个人行为，通过激励制度迫使个人更多地为社会提供剩余劳动。

其次，公产代理制形成了劳动者决策权的差异。公有制与任何经济制度一样需要制度运转成本（现代经济学一般称作交易成本）。随着产权规模的扩大、集体人数的增加，公有制经济内部决策成本也会增大。为了提高管理效率，劳动集体不得不接受专门的监督管理者，委托代理制不可避免。代理人作为专业的管理人，运用公共权力行使财产管理与劳动管理职能，作为拥有特殊权力的个体而与其他人对立。同时，管理劳动者也会“偷懒”[①]，因此自下而上的监督机制也不能缺少。这就形成了双向的监督机制，即双向的委托代理关系。一个人对所有人的监督，对应着所有人对一个人的监督。管理者在公有制经济中拥有特殊地位，决策的平等关系发生变化。

其三，公产规模的扩大导致双向代理链的失衡。随着公产规模的扩大，直接代理制转化为更经济的间接代理制，全体成员参与的民主合议制，发展成为民主代议制和多层次的代表会议制。国有经济是规模最大的公有制组织，在它身上，公有产权的内在矛盾也表现得最为突出。劳动者通过自己选举的代表实现对代理人的监督，通过代表选举的代表来实现对高层管理者的监督。相应地，公有产权的管理体制演变成为一个等级分明的官僚体制。双向代理的链条越拉越长。“事实上，那条自下而上的代理链非常微弱，这是由公产规模扩大集体监控力度减弱的经济规律决定的。因此，国有制表现为自上而下实行管理的强大财产权，却没有对应地表现为自下而上的劳动主权。”[②]

所有这些提供了公有资本的可能性，但它还不等于现实性。马克思认为资本产生的历史前提是：物质生产条件与人身生产条件相分离，进而两种生产要素只有通过劳动力商品的买卖结合在一起。公有制条件下，分离是如何产生的呢？

可能性向现实转化的最后一步，是公有经济中两个劳动者集体的分离，即作为财产共同所有者的集体，与企业劳动者集体的分离。生产资料国家所有制的情形最为典型：国有制不可能覆盖全部国民经济，农业和其他小规模经济不可能合并到统一的“国家辛迪加”，国家所有制法理上归全体国民所有，而事实上能够进入国有企业就业的劳动者只能是其中的一小部分。

---

① ［美］罗纳德·H·科斯等：《财产权利与制度变迁——产权学派与新制度学派译文集》，上海三联书店、上海人民出版社，1994 年版。

② 荣兆梓：《论公有产权的内在矛盾》，《经济研究》1996 年第 9 期。

劳动集体包含在财产所有者集体之中，但两个集体不完全重合。因此，即使在计划经济条件下，国有制也要实行“八级工资制”。随着市场经济的发展，多种经济形式的交易逐步形成，公有制内部两个集体的分离日益显著。公司制改革将国有资产转化为国有股权，企业资产转化为独立的公司法人财产。作为“国家主人翁”的企业劳动者不再直接与生产资料结合，他们与现实营运中的公司法人资本在劳动力市场上交易，产生劳动力商品的买卖关系。混合所有制经济的发展使得资本与劳动的分离更加顺理成章。

公有资本还是资本，是能自行增殖的价值，是结合了科层的管理性强制与市场的竞争性强制而迫使劳动者提供剩余价值的社会机制。但它与私有资本不同，不再表现为阶级剥削关系，而是表现为劳动者集体意志对个人的支配，表现为公有资本所有者迫使劳动者个人为社会无偿提供剩余劳动的经济关系。

社会主义者最终认识到公有资本的必然性，经过了实践的长期摸索。

十月革命之初，以列宁为首的苏联共产党人试图建立直接由全体工人管理的工人国家，但是，这一努力很快在实践中遭遇挫折。1919 年到 1921 年间党内关于“工会国家化”的争论，反映了这一理想与现实的激烈碰撞。列宁首先在实践中发现问题，并且向全党发出明确信号，在工会组织基础上建设国家政权机关是不现实的，甚至利用工会组织管理工厂也不现实。列宁面对的，是现代生产力条件下劳动者个人利益、局部利益与社会利益的矛盾，是在“资本的严格纪律”中解放出来的工人群众自发行为与新生政权百废待举的刚性任务之间的严重冲突。列宁主张在经济管理中实行集中制、一长制和委派制，以严格劳动纪律，提高管理效率。为了说服全党，列宁花费了整整两年时间，最终仍不得不采取纪律手段，将少数坚持错误者开除出党①。正是这一次党内争论，奠定了苏联社会主义制度 70 年一贯的科

① 荣兆梓等：《劳动平等论：完善社会主义基本经济制度研究》，社会科学文献出版社，2013 年版，第 25～31 页。

层等级制架构。按照马克思关于“资本历史使命”的逻辑，科层制度只是组织内部对劳动大军的管理性强制，如果没有市场内部竞争性强制的互补，它在劳动纪律、创新激励和资源配置等方面的作用仍然是不完整的。列宁此后倡导市场取向的改革，即“新经济政策”。可惜这一改革取向因斯大林模式而逆转。一直到第二次世界大战之后，东欧的若干社会主义政权才重提市场社会主义的改革。其中，南斯拉夫“劳动自治”的市场社会主义特别引人注目。

南斯拉夫模式的突出特点是工人自治加社会所有制，这在社会主义实践中具有独特意义。在社会所有制的名义下，国家逐步退出了生产资料所有者的地位，工人集体决策的基层经济单位权力逐步扩大，成为市场社会主义的微观基础。工人自治赋予工人决定企业生产与分配等重大事务的权力。劳动自治极大地激励了个人与企业的生产积极性，创造了经济发展的良好业绩。1954～1964年间，南斯拉夫国民生产总值年均增长8.6%，增长速度在当时全球经济中处于前列。[①] 但是，这个实验性体制的深层问题，几乎在同时也逐步暴露：企业收入分配倾向于“吃光、分光”，而无心将企业收入用于积累；宏观经济中出现了工资失控与通货膨胀。20世纪60年代中期以后，南斯拉夫经济增速减缓，通货膨胀严重，1969～1974年间，实际年通货膨胀率为17%。与此相伴的是失业人数增加，个人收入差距扩大，地区贫富差距扩大[②]。南斯拉夫模式的黄金期就此终结。

南斯拉夫模式是在市场经济的背景下展开的，因而产生了与苏联模式不同的效果。由于市场竞争的外部压力，企业劳动主权没有导致劳动纪律的崩塌，反倒激励了劳动者的生产积极性[③]。这无疑是该体制实验的积极成果。但是，体制并没有解决好劳动者个人利益、局部利益与社会整体利益的矛盾，没有能够担负起迫使劳动者个人“超出必要劳动之外创造剩余劳

---

① 余文烈等：《市场社会主义：历史、理论与模式》，经济日报出版社，2008年版，第136页。

② 余文烈等：《市场社会主义：历史、理论与模式》，经济日报出版社，2008年版，第138页。

③“所有的工人管理的公司都可能比它们的资本主义的同类要更具效率。”（亨利·列文，转引自戴维·施韦卡特：《反对资本主义》，李智等译，中国人民大学出版社，2002年版，第104页）

动”的历史使命。决策者希望“劳动者自行决定劳动成果的分配，但这种分配必须对社会负责”（爱德华·卡德尔语）①。但事实是，工人自治组织决策目标日益短期化，个人收入侵蚀投资，企业“留成收益”的积累动因枯竭，不得不靠贷款投资。一些企业甚至靠贷款谋取工人收入最大化。② 这就导致无法避免的宏观经济问题。虽然几经改革，终究无法治愈投资不足、积累率过低的宏观经济病根。历史经验证明：由于生产力决定的劳动社会性质，剩余劳动的积累还需要外在强制。

改革开放初期，国内学界一直有人主张：“按‘劳动雇佣资本’的逻辑让工人参与国有企业治理”③。但改革还是摸着石头，走上了资本主权型企业的方向。20 世纪 90 年代中期的现代企业制度改革，明确了国有大中型企业公司制改革的目标取向。公司制度是现代市场经济下企业制度的主导形式，它按投资权分配决策权，按股份份额决定收入分配，权力结构的核心是资本主权。随着公司改制的逐步到位，我国国有大中型企业的产权制度，从法律构架上完成了从行政主权到资本主权的转轨。稍后，90 年代后半期开始的企业减员增效和再就业工程，加快了国有企业与劳动者之间契约关系的调整。随着数千万职工下岗再就业，国有企业的用工制度实现了从计划经济的国家分配制度，到市场经济的双向选择和劳动力市场配置的转轨。资本雇佣劳动的企业制度基本形成。

四、 公有资本主导的赶超奇迹

现实的社会主义没有“超越资本”，这引起了太多的怀疑和责难。简单

---

① 余文烈等：《市场社会主义：历史、理论与模式》，经济日报出版社，2008 年版，第 134 ~ 135 页。

②“工人管理的企业同资本主义的公司相比，在扩大生产的内趋力上要弱小得多。自我管理的企业的竞争本能与其说是进攻型的，不如说是防御型的。”（戴维·施韦卡特：《反对资本主义》，李智等译，中国人民大学出版社，2002 年版，第 99 页）

③ 李炳炎：《中国企改新谭》，民主与建设出版社，2005 版，第 304 ~ 308 页。

用一句“公有制为主体的市场经济就是社会主义”，不足以消除一些人的疑虑。最能说明问题的自然是事实本身。中国特色社会主义取得的成绩，是我们理解其性质和意义的起点。事实表明，公有资本的强大积累功能与增进人民福祉结合，造就了持续30年的中国增长奇迹，它已经成为全世界发展中国家的希望。

改革开放以来，我国经济超常规增长，大幅度缩小了与发达国家经济差距。到2010年，GDP总量超过40万亿元，我国成为仅次于美国的全球第二大经济体。1978～2011年，我国GDP总量年增9.98%，人均GDP年增8.8%。[①] 这一成绩在各国工业化进程中独一无二（见下表[②]），因而引发了“中国奇迹”成因的持续讨论。

表1 不同国家工业化阶段的平均GDP增速比较

国别	发展阶段	相关时段	年均GDP增速（%）	人均GDP增速（%）
英国	前沿国	1820～1870年	2.05	1.26
美国	跟进—前沿国	1870～1913年	4.04	1.82
日本（1）	赶超国	1950～1973年	8.92	7.70
日本（2）	赶超国	1950～1984年	7.20	6.09
印度	赶超国	1990～2011年	6.47	4.66
中国	赶超国	1978～2011年	9.98	8.80

按照比较政治经济学的方法，这需要通过对全球经济体的比较、分类，筛选成功的发展型国家，分析影响其成功的共性因素；再从中发现中国模式的独特性，并解释其成功机理，理解其成功原因。不难发现，在国家工业化初期快速起步的经济体并不少，但是能在达到中等收入水平后继续发展的不多，而且主要集中在东亚。归纳这些经济体的特征，可以从三个层

① 国家统计局编：《中国统计年鉴2012》，中国统计出版社，2012年版。

② 转引自史正富：《超常增长：1979—2049年的中国经济》，上海人民出版社，2013年版。

次展开。

首先，快速工业化国家的共同特点是国家干预型甚至国家主导型的。工业化初期的大规模投资，需要国家动员社会资源，集中起来办大事；工业化的推进，则需要有效的产业保护政策和成功的国家发展战略。国家的意志和政府的能力是成功的重要推手，从拉美到东亚所有发展型国家，几乎无一例外。集权型计划经济只是其特殊形式之一，当然也可能是最激进的形式。

其次，东亚发展型经济的共性特征是，东亚式社会权力结构和儒家传统的文化背景。权力结构更多向社会开放，较少身份等级特征，有利于建立政府与社会相互渗透、长期合作的经济体制。儒家文化传统上强调统一而不是斗争；个人和家庭储蓄倾向较高，教育投资较多，因此能够集中更多剩余劳动，积累更多人力资本，实现社会经济快速发展。乔万里·阿里吉说得对：中国的经济优势并不是丰富而廉价的劳动力，而是“这些劳动力在健康、教育和自我管理能力上的高素质”①。

最后，中国的独特性在于：既利用国家手中规模巨大的公有经济，主导超高的资本积累和基础设施投资，又利用日益完善的市场机制，最大限度动员国内、国际多种所有制成分的投资积极性，实现超常的经济增长。我们与自己比较，后三十余年的增长明显快于前三十年，这可以用改革开放的市场激励效应给予说明；我们与世界比，包括与东亚成功发展的经济体相比，高速度的成因集合中，最不能忽略的因素显然是坚持公有制为主体。国有资本不同于私人资本，它是没有资本家的资本，因此也没有私人资本积累与消费“两个灵魂”的冲突②，其社会性质决定其更高的积累倾向。公有资本相比于私人资本还有更加长远的投资目光，它更多代表劳动者长远利益而不是眼前利益，因此在投资方向上更愿意接受规模较大、回

① 乔万里·阿里吉：《亚当·斯密在北京：21世纪的谱系》，路爱国等译，社会科学文献出版社，2009年版，第354页。

② 马克思：《资本论》，第1卷，人民出版社，1975年版，第651页。

报时间较长的投资项目。仅此两点，对中国政府在国家工业化进程中令人羡慕的动员能力，就有很好的解释力。改革开放以来，国家将公有制与市场经济相结合，允许一部分人先富起来，成功打开民营经济发展的大门；将国内市场与国际市场相结合，招商引资，打开了合资与外商独资企业发展的大门。与此同时，国有经济渐次强化了国有资本的形式，其积累倾向更强，竞争能力也更强。最后，混合所有制经济的发展吸引越来越多的社会资本参加到经济建设过程。社会主义市场经济的改革，实现了毛泽东主席六十年前的愿望："把党内党外、国内国外的一切积极的因素，直接的、间接的积极因素，全部调动起来，把我国建设成为一个强大的社会主义国家。"[①] 实践证明，没有市场机制，单靠国家一个积极性，经济资源是不可能充分动员的。

总之，当代中国国家赶超战略的成功，靠的是公有制与市场经济两条腿走路，公有资本主导了改革与发展的历程。这一经验已经载入史册，成为全人类尤其是发展中国家广大人民的财富。

但是，也有人认为，现实社会主义"不惜代价地缩小差距"，与建设社会主义的目标（消灭异化劳动）相冲突，其成就不足道[②]。这种看似正统的观点，忽略了两个重要的实践视角。其一是人民生活的视角。赶超过程中(1979～2011)，我国总消费年均增长9.2%，只是略低于GDP年均9.8%的增速。中国人的生活在这连续三十余年的快速增长中发生了怎样的变化，几乎每一个中国家庭都可以讲述一个真实的故事。尽管分配不平等有所扩大，但底层民众生活改善是不可否认的事实。按照世界银行每天1.25美元（2005年的购买力平价）的贫困标准，1981～2009年，中国的贫困人口由8.35亿减少到1.57亿，贫困人口减少6.78亿，占同期全球减贫总人数的

① 毛泽东：《毛泽东选集》第7卷，人民出版社，1999年，第44页。

② 萨米尔·阿明：《资本主义的危机》，彭姝祎、贾瑞坤译，社会科学文献出版社，2003年版，第292页。

93.3%。[①] 对于一个曾经的全球最贫困的发展中大国，这样的成就还不足道？兰切斯特从工人与资本家的博弈出发，建立资本积累的社会最优模型，证明了以社会总消费为社会福利指数，在特定的时点 t^* 之前，经济增长的社会最优路径是保持最大积累的路径。假定经济成果以给定方式在劳动与资本间分享，这一路径有利于劳动者整体的、长期的利益。中国高积累高增长的赶超战略，可以视作兰切斯特模型的验证。

其二是全球经济的视角。全球经济的两极分化有扩大趋势。弗兰克和桑托斯的依附理论认为，由于全球市场的竞争强制和中心国家的控制、盘剥，外围国家（广大发展中国家）在摆脱依附途径上存在两难，似乎没有出路[②]。此后的“依附发展论”则认为，少数外围国家即使能够有些作为，其发展也只能是依附性的，不可能改变国际资本主导的两极分化的经济格局。中国经济的崛起，是对全球资本主义强有力的抵抗。这不仅是因为，十三亿人口境遇的迅速提升极大抵消了两极分化的趋势，而且因为，这个曾经极度贫困的发展中大国主要依靠自身力量，在短短几十年时间里实现了向中等收入国家的转变。它的超常发展的经验，对全世界发展中国家已经产生吸引力，往后还会产生更大影响。中国不但成功大幅削减了本国贫困人口数量，还有能力和经验帮助其他发展中国家实现减贫目标[③]。公有制为主体的市场经济是中国模式的旗帜，公有资本主导的增长奇迹唤起了广大发展中国家的希望。它对全球资本主义秩序的冲击，以及对全球社会主义的启示，是当代马克思主义无论如何也不应该忽视的。

---

① 国务院扶贫办：《中国对世界减贫贡献》，新华网2014年10月11日。

② 安德烈·冈德·弗兰克：《依附性积累与不发达》，高铦、高戈译，译林出版社，1999年版；特奥托尼奥·多斯桑托斯：《帝国主义与依附》，毛金里等译，社会科学文献出版社，1999版。

③ 联合国助理秘书长阿贾伊·齐柏，2010年2月17日在亚洲开发银行总部举行的新闻发布会上的发言。

五、 突破资本主义的生产力桎梏

社会主义是一个不断突破制度障碍，推进社会生产力的过程。在此过程中，中国特色社会主义利用公有资本的创新动力和对资本主义危机的“免疫力”，持续突破资本主义桎梏，发展生产力；它证明，并且还将继续证明社会主义的历史合法性。

马克思主义政治经济学的基本结论是：资本主义因其自身的基本矛盾，已经阻碍社会生产力的发展，因此必须有新的社会制度取代它，以持续推动人类社会的进步。马克思的政治经济学分析集中在以下两点：①私人占有的资本积累必然导致相对过剩人口，以及财富与贫困的两极分化，这不仅导致社会冲突，而且带来社会资本再生产实现的严重问题，周期性的危机不可避免。②以利润为目标的资本主义生产具有一般利润率下降的长期趋势，它导致社会生产原动力的枯竭，成为经济危机更深层的根源。为了克服前一个矛盾，资产阶级社会不得不控制剩余价值率的提高，而为防止后一个矛盾，提高剥削率（剩余价值率）又是资本家应对竞争压力最有效的手段。无论如何，这个社会都没有出路，只能在自我矛盾中一步步走向死亡。

20 世纪前半叶的资本主义世界的空前危机，以及危机前后两次世界大战，是马克思经济理论的强有力验证。这场由资本主义经济内在矛盾引发的巨大灾难，至今让全人类刻骨铭心。战后，资本主义经济出现了持续近三十年的黄金增长期，1950～1975 年发达国家 GDP 年平均增长率达到从未有过的 4% 以上。一些人试图以此证明，资本主义制度具有自我修复能力，马克思所分析的根本矛盾已经被克服。库兹涅茨根据这一时期的数据，提出了经济增长与社会不平等程度的“倒 U 字曲线”，认为资本主义已经自我修正了两极分化的趋势性特征。越来越多的研究表明，所谓黄金增长期的出现，不是马克思结论的否定，而恰恰是其结论的证明，是危机与战争破坏了巨大数量的“落后产能”，戳破了膨胀过度的财产泡沫，通过大规模消灭财富而实现了“缩小收入差距”，清除了资本主义矛盾长期积淀的“内存垃圾”。这是战后黄金期的必要前提。20 世纪 70 年代以后，随着石油危机的出现，黄金期终结，积累的矛盾重新显现。皮凯蒂在《21 世纪资本论》中应用大量数据，重新证明了资本主义经济的长期趋势。所谓“倒 U 字曲线”不过是危机与战争制造的暂时例外，资本主义两极分化的趋势从来没有改变[①]。于是，人类社会不能不自问，这样的社会制度还有必要继续吗？如果短暂的繁荣需要以巨大的灾难，用数以亿计的生命为代价，我们愿意承受吗？我们的子孙应该承受吗？

社会主义革命是对这一世纪诘问的明确回答，俄国共产党率先担当了这一历史责任。按照经典理论，社会生产力是预先准备好的，先进的生产关系一旦建立，摆脱资本主义桎梏的生产力将自然高涨。而革命偏偏在经济落后国家发生。俄国共产党人起初并不认为自己能够独立建设社会主义，他们苦苦支撑着等待先进国家革命成功的支持。“一国建设社会主义”完全是形势逼迫的产物，它一开始便面对两大难题：一是摆脱国际竞争（不仅是经济的，而且是政治甚至军事的竞争）中被动挨打的局面，二是提高国内人民生活水平。解决两大难题的出路只有一个，那就是更快发展生产力。

事实上，苏联经济曾经一度成绩良好。1927 ~ 1975 年间，苏联 GDP 平均增幅高于美国，年均 4.5%，48 年中 GDP 增长 8 倍，同期美国的 GDP 仅增长了 4 倍多。据估计，到 1975 年，苏联 GDP 大约为美国的 60%，两国经济总量的差距明显缩小[②]。特别在西方世界 30 年代大危机的环境中，苏联经济一枝独秀，充分表现了公有制经济抵抗危机的强大力量。但是，二战

① 托马斯·皮凯蒂：《21 世纪资本论》，巴曙松译，中信出版社，2014 年版。

② 参见大卫·科兹等：《来自上层的革命——苏联体制的终结》，曹荣湘等译，中国人民大学出版社，2010 年版，第 39 页。

以后，资本主义世界出现所谓黄金增长期，美苏两国的增速差距逐渐缩小。70年代中期以后，苏联经济突然失速停滞，增速被美国反超。其原因虽经反复讨论，却没有令人信服的答案。①我们认为，这很可能既与经济体制相关，又与经济增长动力源的转变有关。发展中经济体迟早要经历从投资为主动力向创新为主动力的转换。苏联经济在这个十字路口长期徘徊而未能跨越，根本原因是集权的计划经济体制既没有灵活的资源配置，又没有有效的创新激励，"傻、大、黑、粗"加上"复制古董"，旧的增长动力逐渐衰竭，新的增长动力不能形成。1973年石油危机的外部冲击使积累的矛盾突显，经济失速成为苏联体制最终瓦解的导火索。实践证明，保证生产力持续发展，始终是社会主义实践性命攸关的大事情。

20世纪70年代的中国，同样面临经济困境。一方面，国内经济在人民公社和"文化大革命"两场冒进的实验中受挫，增长业绩不理想；另一方面，日本战后快速发展和"亚洲四小龙"崛起，对我们形成外部压力。不同的是，1973年，我国的人均GDP才839国际元，是同期苏联人均GDP的七分之一。②我们在较低增长水平上面临改革，动力转换问题尚未出现，改革相对从容。改革的目标是利用市场机制促进经济发展，开放的目标是在国际竞争中加快自身发展。这些都是从别人的成功经验借鉴来的。但中国坚持走自己的道路，拒绝依附性发展，坚持公有制为主体的基本经济制度。一方面，国有经济从小规模生产和经营领域退出，为中小民营资本腾出空间；另一方面，公有资本在更适于发挥优势的大规模生产和大规模经营领域放手发展，与国内与国际大资本开展竞争，扩大了规模，增强了实力。实践证明，公有制为主体、多种经济成分共同发展的基本经济制度是正确的。改革不仅极大释放了国内各个方面的积极性，而且通过引进外资，学

① 大卫·科兹等：《来自上层的革命——苏联体制的终结》，曹荣湘等译，中国人民大学出版社，2010年版，第47~52页。

② 安格斯·麦迪森：《世界经济千年史》，伍晓鹰译，北京大学出版社，2003年版，第262页。

习了国外的先进技术和先进管理，通过消化吸收，开始从外延扩大再生产向内含扩大再生产转变。

然而，高积累、高投资仍然是增长的主动力。改革开放三十余年，我国投资率（资本形成占 GDP 的比重）始终保持在 30% ~40% 间的高位，近十年甚至达到 40% 以上。动力源转换是早晚的事，因为外延式扩张已经不能支撑巨大的投资增量，靠引进技术和消化吸收的增长也要以技术差距的较大空间为前提（即所谓后发优势）。当年苏联与美国的 GDP 总量差距缩小到 60% 左右，其后发优势开始减弱。中国今天与美国相比，GDP 总量差距大约也在这一水平，动力源转化问题如期而至。一段时间以来，我们利用与美国的贸易顺差，消化一部分国内产能。2008 年危机之后，随着对外贸易的收缩，转变经济发展方式不能不提上日程。中国经济的“新常态”是一个内涵极其丰富的范畴，其核心是增速换挡和动力转换，也就是从依靠高积累、高投资的经济增长“旧常态”，过渡到较少依靠积累率、更多利用创新驱动的“新常态”。因为改变数十年高积累形成的惯性牵动再生产全局，涉及一系列需求侧与供给侧的结构调整，这一过渡一定复杂艰辛，并且需要相当时日。

无论如何，中国经济再次走到十字路口，冲破发展生产力的制度障碍继续前进，是唯一出路。我们有成功的基础：第一，与苏联当年的情形不同，我们已经走在社会主义市场经济的轨道上，继续深化改革是顺理成章的事情，不需要仓促行事，更不应该急不择路。新的增长动力需要更加强有力的创新激励。资本追逐超额剩余价值的市场竞争是迄今发现的最强有力的创新激励机制，它不仅以大量超额剩余价值奖励企业创新，而且通过市场竞争扩散创新，使奖励消失，迫使企业持续创新。马克思关于相对剩余价值生产的论述①，奠定了经济学创新理论的基础，也为我们今天进一步完善社会主义市场经济下的创新激励机制提供了理论依据。国有经济循着

① 马克思：《资本论》第 1 卷，人民出版社，1975 年版，第 351 ~355 页。

资本逻辑继续深化改革，是完善创新激励的重要步骤。在此基础上，一个鼓励大众创业、万众创新的体制将逐步完善。

第二，与全球资本主义经济不同，我们的市场经济以公有制为主体，由公有资本主导。面对来势汹汹去意绵绵的全球性经济危机，我们有更强的免疫力，因此有希望率先从逆境中奋起，给全球经济带来新动力。一方面，公有资本是没有资本家的资本，资本权力归全体人民，因此本质上有利于劳动民主和分配公平。公有资本的积累规律不是财富与贫困的两极分化，它在当前缩小收入分配差距的改革中，是可以充分调动的积极因素。譬如，深化国有企业内部的分配制度改革，完善国有企业利润上缴制度，以国有资本充实社会保障基金等。保持较大份额国有资本，对于全社会的分配公平具有正面效应，它减少亿万富豪的财产份额，有利于社会分配的整体公平。另一方面，在市场经济利润率下降的长期趋势下，公有资本将保持旺盛的增长动力。公有资本更加关注劳动者整体利益与长远利益，能够在积累与消费的协调中，把增进人民群众物质文化生活设定为长期目标，因而在与私人资本的竞争中，对下降的利润率会有更强的承受力和适应性。越往后，这一性质就越将转换成更强的竞争力。与多数经济学家的看法不同，我们认为，在更加完善的市场环境和更加高度的经济发展中，成熟的公有经济将实力更强、比例更高。

综上，从基本制度层面，我们有足够理由相信，中国经济将顺利实现发展方式转变，率先从全球危机中突围。而这对于全球经济的复苏必定是好消息。预测这一前景并不困难，重要的是理解它的意义。有人说，中国的成功将拯救全球资本主义。请问，我们是用什么方法在拯救？一个马克思主义的执政党，一个公有制为主体的基本经济制度，一个超越全球资本主义的发展速度，一个在短期内将最大多数贫困人口带上全面小康之路的经济业绩！中国人民有超出自身经济发展水平的“预期寿命”和“平均受教育年限”，有正在快速提高的工资水平和逐步缩小的城乡差距，等等。观察者如果稍有动态分析的意愿，不难发现中国道路与世界上任何一种资本主义发展道路都有根本区别。我们这个遵循资本逻辑的市场经济保留了太多与资本主义市场经济不同的特点，以至于任何一个经济学家要将其称作资本主义都会有或多或少的犹豫。“审视当今中国，有人认为，这也许是资本主义，也许不是——我认为这仍然是个值得探讨的问题。即使假定它是资本主义，也与先前的资本主义截然不同，是彻底改变后的资本主义。”① 阿里吉的讨论耐人寻味，这个“与先前的资本主义截然不同”，已经被“彻底改变后的资本主义”，为什么还被一些人称作资本主义？是它没有冲破资本主义的桎梏更快发展社会生产力，还是它没有能够在更短的时间内给人民带来全面小康？或者这种发展不是依靠自身力量，而是对其他发展中国家的掠夺与盘剥？显然都不是！根本的原因是传统社会主义的理论信条作祟。中国特色社会主义不同于之前的所有理论，它是经典理论指引下，社会主义实践长期探索的结果，实践对理论有许多修正。我们所理解的社会主义无非是：一方面，它是由马克思主义执政政党治理的、公有制为主体的市场经济；另一方面，它有能力冲破资本主义对社会生产力的桎梏，实现共同富裕和人民群众长远利益的最大化。假如中国能以这样的方式“拯救资本主义”，这不过是证明社会主义制度比资本主义制度更加优越。福山近期有言：“中国与西方正展开一场发展模式的历史性竞赛”，其结果将决定欧亚绝大部分地区未来数十年的前途。② 看来，中国特色社会主义已经显示：历史还没有终结！

（原载于《经济研究》，2017 年第 4 期）

---

① 乔万里·阿里吉：《亚当·斯密在北京：21 世纪的谱系》，路爱国等译，社会科学文献出版社，2009 年版，第 30 页。

② 弗朗西斯·福山：《丝绸之路，中国向世界发出新的公开收购》，法国《回声报》2016 年 1 月 28 日。转引自澎湃新闻网。

两种经济制度的共性、个性、历时性和共时性

一、 市场经济的资本主义路径

马克思未能观察更未能参与社会主义市场经济的实践，因此他始终认为，资本主义是成熟市场经济的唯一形式。当代马克思主义者有充分的理由修正马克思的上述论断：现代市场经济存在两种基本形式，资本主义市场经济是建立在私有制基础上的市场经济，或者说私有制为主体的市场经济；与之相区别的是建立在公有制基础上的社会主义市场经济，准确地说，是公有制为主体的市场经济。比较两种经济制度，正确理解二者的共性与个性，是正确理解现代市场经济的关键，同时也是马克思主义政治经济学当代研究的主题。

马克思从对市场经济的一系列基本范畴的剖析中，展开对资本主义经济制度的研究。在他看来，资本主义制度的全部奥秘就隐藏在商品、货币、资本这些基本范畴的内在矛盾和相互关系中。资本主义是一个复杂的矛盾体，在它体内，神奇与腐朽天然结合，因此它在历史上的进步与衰落同样不可避免。马克思在与恩格斯合作的《共产党宣言》中，就以无产阶级革命家的伟大气魄科学评价了资本主义的历史地位，指出："资产阶级在历史上曾经起过非常革命的作用。"一方面，资产阶级把中世纪普遍存在的以劳动者对他的生产资料的私有制为基础的小生产，发展成为以生产资料的资本家阶级私有制为基础的社会化大生产；把中世纪分散的简陋的手工劳动，

发展成为以集中的、先进的生产资料为基础的机器大工业；科学同生产力日益紧密地结合起来。另一方面，通过资产阶级革命建立的国家政权，强制地实施了一系列适应当时社会生产力发展的法律和措施。“资产阶级在它不到一百年的阶级统治中所创造的生产力，比过去世世代代创造的全部生产力还要多，还要大。”然而，社会生产力的发展又包含着资本主义制度不可避免地走向衰落的种子。“随着大工业的发展，资产阶级赖以生产和占有产品的基础本身也就从它脚下被挖掉了。”“代替那存在着阶级和阶级对立的资产阶级旧社会的，将是这样一个联合体，在那里，每个人的自由发展是一切人的自由发展的条件。”① 马克思以其毕生精力研究资本主义制度，科学地论证了这一制度随着生产力的发展必然地走向衰亡的历史规律。

资本主义条件下社会生产力发展的巨大力量，植根于资本本身的一系列基本属性。

资本的生产目的是永无止境地追求剩余价值，这就决定了它为生产而生产的本性。与以往的任何生产方式不同，资本生产的目的不是消费，既不是原始共同体的生存性消费，也不是少数剥削者家庭的奢侈性消费。资本生产的目的就是价值和剩余价值本身，是其自身价值的不断增殖。因此它必须不断地生产和扩大再生产，必须不断地生产和占有剩余价值并且使之转化为资本。正因为如此，资本主义能够超越以往任何旧的生产方式，以空前的规模和速度推进社会生产力。

资本的生存方式是不断的运动，它不断在价值运动中变换存在形式，事实上也只有在这样的形式变换中资本才能取得自己的生存权利。在此运动过程中资本还必须不断地超越自我，使自身价值一次又一次地增殖。因此资本天然是革新派，它不断推进技术和工艺的创新，一次又一次地发动产业革命，把社会生产力推向一个又一个新高度。正是从这样的运动特征出发，科学在资本主义生产方式中得到了前所未有的应用。一方面，科学

① 马克思、恩格斯：《马克思恩格斯选集》第1卷，人民出版社，1972年版，第253、256、263、273页。

在直接生产过程中的运用，推动了科学的发展；另一方面，科学在资本主义生产中的运用不断推进社会生产力的发展。当整个生产过程表现为科学在工艺上应用时，资本才造成了与自己相适应的生产方式。

资本还具有与生俱来的社会性，它建立在物的普遍联系的基础上，没有商品生产和商品交换在社会经济生活中的普遍推广，没有商品流通和货币流通的发展，就不可能产生资本主义的经济关系。不仅资本的生存依赖于物的普遍联系，而且资本的发展不断推进物的普遍联系。资本主义在其产生和发展的历史过程中，冲破了旧的生产方式强加于它的一切藩篱与桎梏，将自己的触角延伸到社会生活的方方面面；资本以其空前强大的扩张能力将商品货币关系推广到民族国家的范围，推广到欧洲、非洲、亚洲以及整个美洲新大陆，资本以其自己的模样创造了世界市场，并且至今仍在推行经济全球化。如果不是技术的限制，资本的扩张永远没有边界。一方面，市场的扩张推进社会生产力的发展；另一方面，在经济全球化的过程中，资本根据自己的需要把自己拥有的生产力扩张到全世界。

但是马克思同时认为，资本主义生产方式具有其不可克服的局限性，资本的内在矛盾构成社会生产力不可逾越的鸿沟。

资本主义的局限性可以从两个层面上理解：第一，资本固有的劳动异化，在资本主义的框架内是不可克服的。资本关系的发展建立在商品拜物教和货币拜物教的基础上，商品货币关系通过物与物的关系体现人与人的关系，这种颠倒了的经济关系在资本关系中表现为物对人的支配，表现为劳动者自己创造的物质财富反过来支配和控制劳动者自身，这就是劳动的异化。对于劳动者来说，资本是一种外在的强制力量，它迫使劳动者超出必要劳动时间来为社会提供剩余劳动。这种异化劳动一方面通过物质资本的积累推动生产力进步，另一方面却又抑制了劳动者的创造力和活力，妨碍了人的潜在能力的全面发展。

第二，资本主义社会化生产和私人占有的矛盾。资本主义建立在私有制基础上，因此劳动的异化具体化为劳动者和资本家的阶级对抗。资本本来是劳动者创造的物化劳动，资本家不过是资本的人格化，但是在资本主义私有制条件下，资本家阶级成为劳动的统治者，它既是劳动大军的指挥者，又是劳动产品和剩余价值的占有者。社会生产力表现为资本的生产力，它按照有利于资本家阶级的形式发展。“在现代制度下，生产力不仅在于它也许使人的劳动更有效或者是自然的力量和社会的力量更富于成效，而且它同时还在于使劳动更加便宜或者使劳动对于工人来说生产效率更低了。”科学在资本主义生产中运用，“通过积极的构造驱使那些没有生命的机器肢体有目的地作为自动机来运转，这种科学并不存在于工人的意识中，而是作为异己的力量，作为机器本身的力量，通过机器对工人发生作用”。[①] 资本在对科学的利用中，必然出现以客体的智能化弥补主体异化的发展趋势，对客体改造的关注甚于对主体智能提高的关注。生产的两大要素发展不平衡注定是资本主义经济增长的死穴。这对矛盾在资本主义宏观经济中表现为积累和消费的周期性冲突，表现为财富与贫困的同时积累，表现为私有制市场经济中资本积累的历史趋势，因此马克思断言资本主义的灭亡是不可避免的。

马克思之后100多年的世界历史，对马克思的社会科学理论进行了全面的验证。结论可以归纳为两条。第一，历史证明马克思对资本主义经济制度内在矛盾和历史趋势的分析是科学的、深刻的、准确的。马克思所说的资本主义制度下的劳动异化现象和资本主义的基本矛盾依然存在，并且还在继续发展。资本主义社会中资本家阶级的支配地位和劳动者阶级的从属地位没有改变，社会化大生产的发展与资本主义私有制的矛盾冲突仍然在继续深化，并且在世界范围内展开，矛盾冲突有时候激烈有时候缓和，有时造成局部的危机冲突甚至战争，也有的时候导致了全球性的经济危机和世界大战。资本主义高度发达的生产力并没有给世界带来和平和安宁，它

---

① 马克思、恩格斯：《马克思恩格斯全集》第46卷下，人民出版社，1972年版，第208页。

给了广大欠发达的国家和地区太多的贫困和灾难，也给了发达的资本主义国家广大的劳动者阶级在高度繁荣旁边的相对贫困和失业。更加令人担忧的是，表现为资本主义形式的空前强大的现代生产力，已经扩展到“地球村”的尽头，社会生产力与地球生态圈生态环境的矛盾正在考验人类社会的协调能力。建立在私有制基础上的资本主义经济有这样的全球协调能力吗?

第二，市场经济的生命力比原先想象的要强，进而资本主义的自我调节能力也比原先想象的要强。资本主义经济制度的自我调节主要表现在以下几方面：①资本主义的市场经济发展了一种大中小企业结合的现代企业制度，使得生产社会化的两个方面——大规模生产、大规模销售与范围不断拓展的市场竞争形成一种有机的平衡。②资产阶级的国家发挥了越来越大的经济职能，作为阶级事务的委员会，资产阶级国家在长期的社会动荡和危机中逐步学会了用比较长远的观点看待阶级的利益，学会了通过让步和协调谋取阶级统治的稳固和整个阶级的最大利益。现代国家的经济职能突出地表现在宏观经济调控和福利国家政策。这些既有利于调和阶级矛盾，延缓危机的发生，同时也有利于市场经济的运行和发展。③随着资本全球化的推进，主要资本主义国家通过世界范围的不平等交换获取超额剩余价值，以此获得在本国范围内缓解阶级矛盾的更大余地，而把更多的矛盾留给发展中国家。所有这些都有利于在全球范围维持资本主导的市场经济秩序，保障社会生产力继续发展。但是它并没有从根本上消除资本主义的基本矛盾，也不可能从根本上扭转矛盾发展的大趋势。一个合理的科学推论是：马克思关于资本主义历史命运的结论仍然有效，而这个结论的实现也许要比原先预计的时间更长。

无论如何，资本主义经济制度所能容纳的生产力从时间和空间两方面都是有限度的。从时间上看，资本主义基本矛盾的最终爆发迟早会到来；从空间上看，资本主义所创造的先进生产力不可能为包括亚洲、非洲和拉丁美洲所有发展中国家在内的全人类共同享有，全球范围的贫富分化正是现代资本主义生存和发展的前提条件。那么，超出这一限度的发展是可能的吗？超出这一限度的生产力又将在一种什么样的社会形式下发展？

二、 市场经济的社会主义路径

如前所述，20 世纪社会主义就是在超越资本主义的艰苦卓绝的努力中产生的。资本主义世界的后进国家俄国，特别是半殖民地半封建的中国相继走上社会主义道路，为全世界经济落后国家和发展中国家提供了一个可以选择的示范，找到了一条在资本主义主导的世界市场秩序下实现经济超越的民族振兴之路。这就无怪乎 20 世纪下半叶，会有那么多的亚非拉国家宣称奉行社会主义；社会主义曾经是发展中国家谋求解放和发展的一面旗帜。但是，20 世纪的社会主义并未“一路凯歌前行”，它在曲折中前进。根本问题是，在很长一段时间内，社会主义没有找准自己的历史定位。

关于什么是社会主义，马克思并没有现成的答案，人们在实践中摸索，一直到中国的经济体制改革十多年以后，才提出了社会主义市场经济的明确概念，因此才走上了一条理解社会主义经济制度的正确道路。社会主义历史上是作为资本主义的对立物出现的。但是历史表明，社会主义经济制度与资本主义经济制度的差异性比人们一开始理解的要小，而二者之间在组织现代生产力的体制与机制方面共性的东西也比原先理论认为的要多。在这个问题上，到目前为止，人们的基本认识其实仍然没有完全到位，最突出地表现在对公有资本范畴在社会主义市场经济重要地位的认识上。

社会主义市场经济与资本主义市场经济同样作为市场经济，它们的共性特征包括：一、商品是市场经济的基本细胞，商品具有价值和使用价值的二重性，生产商品的劳动包含了个人劳动和社会劳动的二重性，商品生产和商品交换出现的原因一是职业专门化为特征的旧式分工，二是财产占有的排他性质；二、货币是商品价值形式发展到一定阶段的产物，货币是充当一般等价物的商品，货币的基本功能是价值尺度和流通手段，纸币是货币形态发展的结果，纸币流通规律与货币流通规律不同，纸币流通有可能出现通货膨胀或通货紧缩；三、两种市场经济同样受价值规律的支配，价值规律同样通过市场供求关系发挥作用；四、社会主义和资本主义同样存在着商品拜物教与货币拜物教，这产生于人与人的关系表现为物与物的关系的颠倒，事实上这就是劳动异化的基础性表现；五、作为现代市场经济，社会主义和资本主义同样表现为国家经济职能的强化（虽然程度上有差异），国家在公共品的供给、社会公平目标的达成以及宏观经济调控方面发挥着日益重要的作用。所有这些，在确定了社会主义市场经济依然是市场经济的那一刻起，人们的共识就已经基本达成。

有关市场经济的以下共性特征，分歧更多，争论的时间也更长。六、社会主义还存在资本关系，公有的生产资料同样可以转化为资本，资本产生的原因是生产的物的要素与人的要素相分离，因此无论是公有资本还是私有资本，劳动力商品的买卖同样是必要前提，资本对劳动的管理性强制同样是基本特征；七、资本增值的根源是工人创造的剩余价值，剩余价值同样采取绝对剩余价值生产和相对剩余价值两种生产方式，剩余价值同样为资本所有者无偿占有，剩余价值规律在市场经济的微观层面上同样发挥作用；八、市场经济扩大再生产的源泉是资本积累，资本积累的本质是剩余价值转化为资本，资本积累总是伴随着资本有机构成的提高，它不可避免地对就业和消费构成压力；九、市场经济条件下，资本循环和周转的规律是相同的，社会总资本的再生产实现条件也是相同的；十、市场经济同样存在利润率平均化的趋势，剩余价值总是在有机构成不同的行业间重新分配，商业资本和银行资本也参与剩余价值的分配，地租也是剩余价值的转化形式，它可以分为绝对地租和级差地租两种形式；十一、国民收入的初次分配遵循按要素分配的原则，在市场经济的表面上，各种生产要素的收入表现为要素的市场价格。

由于对公有资本范畴的合理性以及它在社会主义政治经济学体系中的重要地位的认识不同，以上所有与资本相关的理论领域，关于两种经济制度的共性，认识难以达成一致。关键在公有资本，一旦突破这个难点，“一同百通”就只是时间问题了。我们看到，马克思研究资本主义经济形成的《资本论》三大卷，其绝大部分章节对于说明包含了资本主义和社会主义的市场经济一般都是适用的。《资本论》对于社会主义市场经济的现实意义，远比传统政治经济学所认为的要大。

《资本论》当然不能直接套用到社会主义市场经济，社会主义与资本主义存在根本区别，这种差别集中表现在由所有制差别决定的实际经济关系的差别。公有资本是没有资本家的资本关系，因此在社会主义市场经济占主导地位的经济关系中，阶级剥削与阶级对抗消失了，这是一种劳动者公共利益与个人利益之间通过市场调节的经济关系，因而具有鲜明的历史特征。这是一束“特殊的以太普照的光”，影响社会主义经济的方方面面，决定了两种经济制度的一系列根本区别。

概括地说，社会主义经济制度区别于资本主义经济制度的基本特点有以下几点：一、公有制经济在社会经济中占多数，其中包括在自然垄断领域占绝对控制地位的国有经济，在竞争性领域的大企业中占有较大份额的公有资本，在中小企业中大量存在的形式多样的公有制经济。社会主义市场经济为多种形式的劳动者合作经济提供了巨大的发展空间。二、在公有制为主体的企业内部实现更加和谐的劳资关系，建立更加完善的劳动民主，劳动者的权利和利益得到更加有效的保障。这种劳动平等的先进的企业关系通过国家的倡导推广到全社会，在社会范围内形成更加完善的法律体制和文化氛围，形成劳动平等基础上的社会和谐。三、由于剩余价值为公共所有，公有制经济的分配原则以按劳分配为主，这有利于遏制市场经济中财富分配的两极分化，为政府通过再分配手段在全社会范围内最大限度地实现机会公平、过程公平和结果公平奠定了基础。四、公有资本在大规模生产、大规模经营领域的存在，极大地弱化了私有资本在社会经济中的影响力，从经济基础上保障了执政党的政治取向。从人民群众的长远利益和社会生产力发展方向出发，党和政府推行一系列社会主义政策，保证社会经济的快速、稳定和可持续发展。五、社会主义国家在国际经济交往中主张独立自主、自力更生基础上的全方位开放，主张平等互利的国际贸易和国际经济新秩序。社会主义经济在发展之初，只能依靠本国力量完成资本原始积累；社会主义在经济发展过程中将始终立足本国资源，维护平等交换，寻求全人类可以共享的和平发展之路。

综上所述，社会主义应该是这样一种经济制度：一方面，它是完整意义上的现代市场经济，在商品、货币和资本关系普遍存在的基础上建立资源配置（也就是时间配置）和利益分配机制；另一方面，作为资本主义的对立物，社会主义从确立公有资本的支配地位入手，建立公有制为主体的市场经济，以克服私有制经济的阶级对抗性质，消除资本主义经济的基本矛盾。社会主义并没有完成对劳动异化的全面复归，它保留了商品、货币、资本这种物人颠倒的关系，甚至保留了资本这种“支配劳动的客观权利”，它只是改变了这种客观权利的占有方式，劳动者社会（集体）拥有和支配这一“支配劳动的客观权利”，这是劳动异化复归的开始，而不是完成。然而，从历史的视角看，这开始的一步异常重要①。它突破了资本主义经济局限性的第二个层面，改变了社会经济关系的阶级冲突性质，使得市场经济的内在矛盾可以在劳动阶级自身长远利益与当前利益、整体利益与局部利益的权衡与协调中处理。剩余价值的积累与劳动者生活质量的提高和全面能力的发展不再冲突，城乡之间、区域之间、国与国之间、经济与社会之间、人与自然之间，在发展中的和谐具有了坚实的经济基础。社会主义是

① 梅扎罗斯对现实社会主义的错误认识，就源于对这一历史进步重要性的完全无视。（参见I·梅扎罗斯：《超越资本——关于一种过渡理论》，郑一明等译，中国人民大学出版社，2003年版）

一种有可能从空间与时间两个层面超越资本主义的现代市场经济，它是一种可以容纳现代生产力持续发展的新的市场经济，因此也是比资本主义发展程度更高的市场经济。只有社会主义有可能引领现代市场经济实现全球生产力的持续发展，最终走向市场经济的自我否定。社会主义市场经济是有可能与未来理想社会直接衔接的终极的市场经济。

尽管通往共产主义的道路还很远，但是，社会主义肩负着人类社会的未来与希望。

三、 两种经济制度的历时性与共时性

社会经济形态的历时性是一个以社会生产力为时间量标的历史唯物主义命题。历史唯物主义认为，人类赖以生存的物质资料的生产能力是随着时间的推移不断发展的，局部地短期地看，它的发展可能会有曲折，但以宏观历史尺度观察，生产力是一个永远向前的运动，像滚滚长江东流水，勇往直前，永不回头。因此它具有单一方向的时间量标，成为衡量人类历史发展的唯一标准。人类历史发展经历了多种社会经济形态，这些社会经济形态总是和生产力发展的特定状况相联系、相适应，因此就有先进和落后的区别，形成按时间排列的历史序列，这就是经济制度历时性的基本含义。按照马克思对人类社会发展史的研究，社会经济形态经历了原始共产主义社会（它还可以划分为若干发展阶段）、奴隶社会、封建社会、资本主义社会，再发展到共产主义社会。共产主义又划分为初级和高级两个阶段，我们今天所说的社会主义是与马克思的共产主义初级阶段相对应的。这些社会经济形态之间由于明显的生产力差异而具有历时性特征。马克思从人的主体性视角将人类发展划分为三大历史形态，这一划分同样与生产力发展水平相联系，同样具有明显的历时性特征。对照马克思提出的两个发展序列，二者间的联系和对应关系清晰可辨。

人的依赖性阶段			以物的依赖性为基础的人的独立性阶段	自由个性阶段	
原始共产主义社会	奴隶社会	封建社会	资本主义社会	共产主义初级阶段	共产主义高级阶段

马克思所说的以物的依赖性为基础的人的独立性阶段，其实就是我们现在所说的商品生产和商品交换充分发展的阶段，即市场经济阶段。如前所述，关于市场经济阶段的社会经济形态，马克思的结论需要作重大修正，市场经济将经历两大社会形态——资本主义和社会主义①。因此以上图表修正如下：

人的依赖性阶段			以物的依赖性为基础的人的独立性阶段（市场经济）		自由个性阶段
原始共产主义社会	奴隶社会	封建社会	资本主义社会	社会主义社会	共产主义社会

社会主义与资本主义的历时性特征首先表现为二者所代表的生产力的差异，社会主义相对于资本主义代表更高的生产力。但是我们对历时性问题的认识不能停留在这个基本层面上。20 世纪社会主义的实践表明，历时性问题还具有更加复杂的具体内容。

第一，社会主义只有在全世界范围的资本主义经济进入现代市场经济的生产力发展阶段才有可能产生，社会主义从起点上要求比资本主义更高的生产力。资本主义是伴随着市场经济的诞生而诞生的，它是传统市场经济的产物。市场经济诞生之初，生产力发展的社会化程度很低，自由市场竞争占支配地位，资产阶级国家被界定为经济过程的守夜人，市场经济的企业组织以业主制与合伙制为主，企业规模小，生产技术落后。生产的社

① 关于社会主义的历史定位，我与汤在新教授的观点接近，但对社会主义一般特征的认识则与他有较大差别。［参见汤在新：《社会主义经济社会的历史定位和一般特征》，《经济思想史评论（第一辑）》，经济科学出版社，2006 年版］

会化与资本主义私有制的矛盾尚未充分发展，社会主义经济的产生还缺少最起码的前提条件。资本主义的经济制度在这样的市场经济条件下发展了几百年，推动了人类社会生产力的高速发展。只是在 19 世纪末到 20 世纪初，资本主义经济进入国家垄断资本主义阶段，资本主义的基本矛盾日益尖锐化，特定国家的无产阶级革命和社会主义建设才出现了历史机遇。因此从世界历史总体看，社会主义与资本主义在历史的起点上具有历时性，社会主义比资本主义产生更晚，其产生要求的生产力条件也比资本主义更高。

第二，社会主义在特定国家的崛起，是资本主义的工业化、现代化进程在这些国家受阻的结果，对于这些国家来说，社会主义代表了先进生产力的发展方向。十月革命的发生和苏联社会主义制度的建立，与沙皇俄国的资本主义发展滞后、国家工业化进程艰难直接相关；而中国的社会主义制度，则是在鸦片战争之后民族振兴的尝试一再遭遇失败的必然结果。“只有社会主义能够救中国”，这是历史的结论，因此要真正理解它，就必须认真学习中国近现代史。20 世纪社会主义的确是在资本主义世界的薄弱环节上取得突破的，社会主义往往建立在生产力落后国家，相对于发达资本主义国家而言，现实的社会主义生产力水平比较低。但是对于发动社会主义革命的特定国家而言，革命总是发动在资本主义发展受阻或者资本主义的发展根本行不通的地方。社会主义首先是在资本主义发展到现代市场经济阶段，世界资本主义的空间局限性充分暴露的时候，用以突破资本主义空间局限性的制度安排。既然资本主义的文明成果不能让全世界共享，落后国家为什么不能另辟蹊径，寻找自己独立发展的道路！这就是社会主义对广大发展中国家有如此巨大吸引力的原因。尽管从世界范围的横向比较，现实的社会主义生产力并不高，但是对于国家工业化、民族现代化受阻的当事国而言，社会主义恰恰代表了先进生产力的发展方向。

社会主义有比资本主义更加广阔的生产力发展空间，因此代表着现代市场经济的未来。社会主义消除了资本主义的基本矛盾，两大生产要素的矛盾不再表现为阶级的对抗与冲突，公有资本的积累与劳动力内涵的扩大再生产互为前提，相互促进，形成社会生产力发展的巨大推进器。社会以同样的关注推进生产客体的智能化与劳动主体的知识化，科学同时在“机器的肢体”和“工人的意识”中积淀，逐步地提高主体对客体的支配能力，逐步地引导劳动异化的全面复归。社会主义能够冲破资本主义对于生产力发展的局限，它可以调节宏观经济的周期性波动，使之不再表现为经济危机的极端形式；它可以控制财富与贫困的两极分化，在经济增长中逐步实现全社会劳动者的共同富裕；它不仅能够协调公平与效率在长期增长中的统一，而且直接将二者界定为基本经济制度的本质要求。因此，社会主义不仅消除了资本主义经济制度的基本矛盾，而且能够对市场经济发展中不可避免的矛盾与冲突进行自觉而有效的调节，它保障现代生产力在市场经济的框架内继续向前发展，一直到整个地球村的生产力达到能够超越商品、货币与资本的高度，而到了那个时候，市场经济在其发展中就走向自我否定。现实的社会主义才刚刚走上市场经济的改革之路，还没有充分显示发展生产力的巨大潜能。越往后，社会主义相对于资本主义的潜在优势将越突显。政治经济学的科学分析以及中国社会主义市场经济的出色表现已经给了我们充分理由，相信社会主义代表更高生产力的论断终究会实现。

如果以上关于两种经济制度历时性的认识是正确的，那么，两种经济制度共时性的规定也就包含其中了。首先，社会主义与资本主义同时存在于现代市场经济的生产力发展阶段，按宏观历史尺度，二者在这一阶段处于同一历史时点上。当然，资本主义产生于传统市场经济，比社会主义早几百年；社会主义有更广阔的生产力发展空间，可能会比资本主义存在更长时间。但二者在现代市场经济的当前阶段共存于一个地球社会，共处于全球化的经济环境中。这是共时性的基本含义。

其次，现实的社会主义产生在经济相对落后国家，尤其是远离世界经济中心地带的发展中国家。与发达资本主义国家相比，二者的生产力还存在很大差距。总体而言，现实的或者曾经的社会主义各国社会生产力水平只是处于现代市场经济的起点上，而发达的资本主义各国才体现了现代市场经济发展到目前阶段生产力的最高成就。差距是很大的，赶超是艰难的。困难不仅体现在差距本身，而且还体现在资本主导的国际经济秩序对发展中国家的诸多不利。社会主义国家只有在和平的国际环境中努力保持快速、稳定、可持续的经济发展，才有可能在一个比较长的时间内逐步实现缩小与发达国家差距的目标。也只有这样，社会主义的优越性才有可能逐步地得以显现。这是一个比较长的历史过程，在这个过程中社会主义将与资本主义长期共存，通过平等互利的国际贸易，竞争、合作，展开发展社会生产力的和平竞赛。

最后，两种经济制度的共时性，根源于各国生产力发展的差异性以及发展路径的多样性。因此，不仅社会主义各国的生产力在当前阶段存在着两种制度的共时性，而且将来社会主义的生产力高度发展，达到甚至超过了发达资本主义国家的生产力水平，共时性也不可能很快消失。我们相信全世界所有国家最终都要通过社会主义道路走向共产主义社会，但各国走上社会主义道路的历史路径不可能是相同的。从资本主义走向社会主义的道路是一个从量变到质变的过程，现实的社会变革不可能都是那样泾渭分明，在一夜间完成，过渡阶段和过渡形式将伴随整个过程的始终，这个变革过程无疑将包含多种多样的经济制度的共时性。

总结社会主义与资本主义的历时性与共时性，可以给出更接近实际过程的图示。

<table>
<tr><td rowspan="4">人的依赖性阶段</td><td colspan="3">市场经济</td><td rowspan="4">自由个性阶段</td></tr>
<tr><td>传统市场经济</td><td colspan="2">现代市场经济</td></tr>
<tr><td colspan="2">资本主义</td><td></td></tr>
<tr><td></td><td colspan="2">社会主义</td></tr>
</table>

一般地说，两种在历史上相继出现的社会制度，总是存在着在一定时间内空间上并存的现象。资本主义制度与封建制度是这样，封建制度与奴隶制度也是这样。两种经济制度的共时性并非社会主义与资本主义所特有。

（原载于《当代经济研究》，2007 年第 1 期）

政治经济学教程编写和使用的几点体会

一、 现有教科书框架结构的常见缺陷

高校政治经济学的教材种类很多，又有许多修订、再版，但内容和观点的差别并不大。按主体结构分，大体有三种类型：一种是两部分模式，资本主义部分+社会主义部分，在目前使用的本子中，蒋学模先生主编的《政治经济学教材》第12版（上海人民出版社2003年版）可以作为代表；一种是三部分模式，市场经济一般+资本主义部分+社会主义部分，逄锦聚、洪银兴、林岗、刘伟主编的《政治经济学》（高等教育出版社2002年版）应该是代表；再一种就是章节上不划分资本主义与社会主义的一贯到底模式，程恩富教授主编的《现代政治经济学》（上海财经大学出版社2000年版）可能是较早的版本。

1. 两部分模式植根于对两种经济制度“根本区别”的绝对化理解，不能展开二者共性特征的讨论

二部分模式的政治经济学教科书结构，总体上已经过时。因为这个结构强调的是两种不同经济制度的根本区别，它整个结构的确立，是建立在两种制度完全不同、很少有共性特征这样的认识基础之上的。所以可以先独立地阐释资本主义经济制度，然后再独立地阐释社会主义经济制度。两

种制度分别展开，相互之间基本没有重叠，这就有了这么一个两部分的教科书。

20世纪50年代在斯大林主持下编写的政治经济学教科书采用了这个模式，我国高校的政治经济学教学一开始就采用这个翻译过来的版本，此后各高校自己编写的政治经济学教科书几乎无一例外地仿效这样的编写结构。这个阶段的政治经济学教科书采用这样的篇章结构，与其所阐释的内容基本是符合的，因为人们对社会主义经济制度的认识，还停留在计划经济阶段，认为两种经济制度之间只有根本差别，而很少有共性特征。

改革开放之初，大家纷纷根据理论与实践的新进展，编写新的教科书，但这个两部分模式的大框架一直没有变。著名的“南方本”与“北方本”教科书，一直到20世纪90年代初再版，仍然按照资本主义部分和社会主义部分，分两册编写。但是，到这个时间，两部分模式的弊病事实上已经显露。它没有给市场经济一般以及现代市场经济留下足够的篇幅，不可能充分展开社会主义市场经济实践中已经看到的两种经济制度许许多多的共性特征。相反，两部分模式预设了将两种经济制度“根本区别”的内容充分展开，“填充”到两个独立篇章的结构要求，对过度强调社会主义与资本主义差异性的理论观点起到了强制固化作用。

两部分模式的另一个缺点是，在资本主义部分把马克思政治经济学关于商品经济、市场经济的基本原理，包括劳动价值论和剩余价值理论都已经讲完了，到社会主义部分它就没有必要再去讲马克思主义政治经济学的这些基础理论的东西了。为了避免重复，社会主义部分往往讲的就是共和国史、中国改革史，然后再讲到企业理论、消费者行为理论、价格理论、增长理论、发展理论、宏观调控与金融财税理论及国际经济理论等等，但其中大部分内容没有达到政治经济学要求的理论抽象层次，更没有形成政治经济学内在一致的逻辑体系。这种结构必然导致社会主义经济理论与马克思的价值理论脱节，甚至完全分离。

2. 三部分模式很难避免内容的重复

“三部分模式”的结构逻辑显然比两部分模式进了一步。因为它有了一个专门讲市场经济共性的部分，这部分内容可以充分展开。但是在我们编写教材的实践当中，感觉到这种模式的最大缺陷就是，它要求后面两部分起码要写得和第一部分在篇幅上相当，但我们没那么多内容可写，至少在政治经济学发展的当前阶段，学界能够形成基本共识、适于在本科教学中讲授的内容还没有这么多。当我们把第一部分市场经济的东西充分展开之后，那么资本主义部分还写什么？私有制为主体，阶级剥削？这当然是要写的。但是《资本论》逻辑体系中大量内容适合于市场经济一般，能够单独留给资本主义的内容并不多，至少比原先理解的要少了很多。硬要再写一个独立的资本主义部分，难免出现大量重复。再写社会主义部分，同样有写什么的问题。商品、货币、资本，剩余价值的生产、资本积累和资本流通，剩余价值的分配，这些内容贯穿社会主义经济的始终，但它们在市场经济一般的讨论中应该都已经充分展开。所以在实际编写中，这个三部分模式很可能出现大量重复。当然人们也可以把前一个模式中的社会主义部分的内容照搬过来，进而照搬前一个模式的缺陷，即社会主义部分和马克思的价值理论脱节。

逄锦聚等人主编的《政治经济学》（第三版）是三部分模式的典型案例，这本教科书的篇章结构耐人寻味。在一个简短的导论之后，全书分为政治经济学一般理论、资本主义经济和社会主义经济三篇。第一篇包括商品和价值、货币与货币流通量、资本及其循环和周转、社会总资本再生产和市场实现、信用制度与虚拟资本、竞争与垄断等七章。按照编写者的意图，似乎是说的市场经济一般。第二篇包括资本主义制度的形成和剩余价值的生产、资本主义的分配、资本主义条件下的企业、国家垄断资本主义及其对经济的干预、经济全球化和资本主义国际经济关系、资本主义的历史地位和发展趋势等六章。第三篇包括社会主义经济制度的建立和发展、社会主义初级阶段及其基本经济制度以及社会主义市场经济的体制改革、微观基础、宏观经济运行、经济增长与经济发展、对外经济关系、政府职能和宏观调控等内容。编者试图将市场经济一般的内容和资本主义经济与社会主义经济区分开来的意图是明确的，但由于对现代市场经济的共性特征与一般规律的认识不确定、不明晰，逻辑上出现了明显的混乱。在题为“政治经济学一般理论”的第一篇中，从货币流通直接跳跃到资本流通和社会总资本的再生产，甚至还有虚拟资本和资本的集中与垄断。然后在第二篇资本主义经济中开始讨论货币转化为资本、剩余价值和生产与分配。似乎在市场经济一般规律中，资本可以不需要任何前提和过程从天上掉下来，它没有生产而只有流通；而资本主义经济，却没有自己的流通过程和社会资本再生产，可以直接从剩余价值的生产过渡到分配。这种逻辑的断裂与错配，反映了政治经济学面对实践的发展所表现出来的犹豫和迷茫，对学科发展不利。

关于三部分模式，还有一个问题需要说明。现有的政治经济学教科书中，有许多种采用了导论＋资本主义＋社会主义的结构。这个结构在我们的分类中应当属于两部分模式，而不是三部分模式①。理由是，导论如果主要讲述政治经济学的学科特点和方法论，则它在任何一种编写模式中都是不可缺少的，是否把它看作全书结构的一个独立部分，对于结构分类并不重要。即使在导论中包括了商品和货币部分，它仍然不能替代市场经济篇。市场经济是商品货币关系普遍、充分发展，已经从一般的产品与服务扩展到生产要素，包括劳动力商品的时候，才形成的社会经济关系。资本是市场经济的不可或缺的核心范畴。没有资本和剩余价值的生产，就没有市场

① 例如：宋涛老师主编的《政治经济学教程》（中国人民大学出版社2003年第六版，教育部推荐教材）包括：导论、自由竞争资本主义经济制度、垄断资本主义经济制度和社会主义经济制度四个部分，但我们在分类上仍然把它纳入两部分模式的范围。

经济，这是我们在社会主义市场经济实践中取得的最重要理论认识之一。商品经济一般的讨论不等于市场经济一般的讨论，应该已经成为共识。因此，那种将包括了《资本论》前三章内容的导论更名为市场经济一般的教科书，向学生传达了常识性错误，是一种理论上的倒退，而与三部分模式的结构无关。

总之，我们面临着双重的约束：一方面，从政治经济学理论发展的现实状况看，它有很多问题还在讨论中，学界没有达成共识；另一方面，从我们面对的教学对象看，刚入大学的年轻学生，从来没有接触过经济学。在这样一个双重约束下，我们能够做出的选择并不多。但是，我们应该在这些约束下做出最好的选择。我和我的同事们认为，两部分模式和三部分模式都是有缺陷的，因此主张用第三种模式来编写政治经济学教程。

二、“一贯到底”模式及其好处

第三种模式，我把它叫作“一贯到底”模式。它不划分社会主义和资本主义，在充分讨论现代市场经济共性的基础上对两种经济制度做必要的比较分析。篇章结构上按照《资本论》三卷的篇章，加上马克思《政治经济学批判》6 册本的构想，形成从生产到流通到分配，从市场过程到国家过程到国际过程的，一贯到底的框架。同时，在每一个篇章中，无论是讲商品、货币，还是讲资本，都在充分展开市场经济一般规律的同时，对资本主义和社会主义的特殊性进行必要的阐释，从政治经济学的角度进行简短的比较分析。这样就形成了我们所说的“一贯到底”的模式。这种编写模式，我所看到的较早的本子是程恩富教授主编的《现代政治经济学》。安徽版《政治经济学教程新编》（安徽人民出版社，2008 版）的篇章结构，只是在它的基础上做了一些调整。这个教程编排了包括导论在内的十二章内容，三十余万字的篇幅，适用于 72 学时到 108 学时的本科专业基础课教学：

第一章导论；第二章商品与货币；第三章资本和剩余价值；第四章资本积累；第五章资本循环、周转和社会总资本的再生产；第六章平均利润与商业利润；第七章利息、股息和地租；第八章国民收入分配；第九章国家经济过程；第十章国际贸易；第十一章资本国际化与经济全球化；第十二章市场经济与两种经济制度。

请注意，这不是一本资本主义政治经济学的教科书目录，而是包括了资本主义和社会主义两种经济制度在内的完整的政治经济学教科书。为了说明它的特点，我们以第二章“商品与货币”为例，在这一章的第二节“商品经济及其基本矛盾”中，我们增添了一个小节——“社会主义普遍存在商品经济关系”，讨论了社会主义公有产权与作为商品经济前提条件的“排他性占有关系”的内在联系，进而说明社会主义普遍存在商品经济关系的原因。在这一章的第四节“价值规律与市场经济”中安排了四个小节：一、价值规律；二、市场经济一般；三、现代市场经济的两种形式；四、社会主义基本经济制度。这样，相关内容就都可以包含进去了。

为什么这么编？我觉得有3点好处。

第一点是有利于充分讨论市场经济的共性。实际上，改革开放30多年以来我们对这个问题的认识越来越深刻。我们现在正在实践的社会主义，按照卢周来教授的说法，是我们在市场经济基础上推进现代化进程所选择的一条优于资本主义的道路[①]。我们正在探索的道路，它不应当是一条“用人头当酒杯的道路”，而是能够明显区别于资本主义的道路。道路选择中我们有个前提，就是市场经济普遍规律不可避免，市场经济发展的一些共性特征也不可避免。这一点需要充分讲清楚。这个编写模式的第二点好处是，在两种经济制度差异的讨论当中，可以比较灵活地安排内容、更加准确地把握要点，有话则长，无话则短，不受大框架的影响。因此，

① 卢周来在第一届全国政治经济学教材与课程改革研讨会（合肥，2009年4月11日）上的发言。

不再需要独立编写一个十几万字的社会主义部分了。第三点，可以把马克思的劳动价值论贯穿其中，不仅贯穿于资本主义部分，同时也贯穿于社会主义部分，将马克思主义劳动价值论的基础性作用在理论体系中贯彻始终。

三、“安徽版”对完善此模式的贡献

“一贯到底”模式不是我们首先采用的，最早是程恩富教授的《现代政治经济学》，此后还有一些别的教材也采用过这个模式。安徽版《政治经济学教程新编》有什么特点呢？我们在编写过程中，主要考虑一个问题：如何按照现代市场经济共性的主线，把社会主义和资本主义串进去；怎样调整教科书的一些具体内容，把以前版本中跟主线不相干的部分拿掉，而把与主线相关的一些逻辑空缺尽可能地填补起来，使这条逻辑主线变得更加清晰、更加精练。安徽版对于完善“一贯到底”模式做了哪些贡献呢？其贡献主要有三点。

首先，我们所做的最重要的事情，就是围绕公有资本的范畴进行理论探索，然后把公有资本放到这个体系中来，使得《资本论》的大部分分析，在市场经济的逻辑主线上不再有断裂。为此，我们在“资本与剩余价值”一章中明确提出以下判断：“资本本质上体现为一种生产资料所有者对劳动者的管理性强制的劳动关系，以及所有者对劳动者剩余劳动无偿占有的分配关系。”“只要大多数劳动者还不能自觉自愿地为社会贡献剩余劳动，资本作为一种社会关系的存在就具有必然性。这种关系在资本私人占有的情况下表现为阶级剥削关系，而在资本的劳动者公共占有情况下则表现为劳动者整体利益与个人利益的矛盾，表现为劳动者社会对劳动者个人行为的强制与调节。”①

① 荣兆梓：《政治经济学教程新编》，安徽人民出版社，2008年版，第72页。

其次，在公有资本与资本一般的新的理论认识基础上，对包含在两种经济制度中的现代市场经济共性特征做更全面、更完整的阐发。社会主义与资本主义同样作为市场经济，它们的共性特征不仅包括商品、货币与价值规律，政府与市场的相互作用等，而且至少还应当包括以下内容：

——社会主义存在资本关系，资本产生的原因是生产的物的要素与人的要素相分离，因此无论是公有资本还是私有资本，劳动力商品的买卖同样是必要前提，资本对劳动的管理性强制同样是基本特征；

——资本增值的根源是工人创造的剩余价值，剩余价值同样采取绝对剩余价值生产和相对剩余价值生产两种方式，剩余价值同样为资本所有者无偿占有，剩余价值规律在市场经济的微观层面上同样发挥作用；

——市场经济扩大再生产的源泉是资本积累，资本积累的本质是剩余价值转化为资本，资本积累总是伴随着资本有机构成的提高，它不可避免地对就业和消费构成压力；

——市场经济条件下，资本循环和周转的规律是相同的，社会总资本的再生产实现条件也是相同的；

——市场经济同样存在利润率平均化的趋势，剩余价值总是在有机构成不同的行业间重新分配，商业资本、银行资本和股份资本也参与剩余价值的分配，地租是剩余价值的转化形式，它可以分为绝对地租和级差地租两种形式；

——国民收入的初次分配遵循按要素分配的原则，在市场经济的表面上，各种生产要素的收入表现为要素的市场价格。[①]

再次，在完整把握市场经济共性特征基础上，我们对社会主义本质特征与历史地位进行了重新表述。这一重新表述不仅体现在全书各个章节中，而且在教科书的最后一章，第十二章，我们用整整一章的篇幅对全书的主题思想进行了全面总结、完整概括，分析了市场经济中两种经济制度的共

① 荣兆梓：《政治经济学教程新编》，安徽人民出版社，2008 年版，第 316 ~ 317 页。

性与个性；指出社会主义只是现代市场经济的一种形式，一条发展路径，它的历史地位应当重新认识。

四、教学中的体会

从2001年起，我用程恩富教授的版本给安徽大学经济学专业本科一年级的学生讲授政治经济学课程。后来用我们自己编的版本①，一直按这样的结构来教课。我感觉这样的内容结构学生比较容易理解。这样讲课，联系现实比较紧密，无论讲商品、货币，还是讲资本、剩余价值，都可以从学生身边的现实讲起。讲清共性以后，再讲社会主义的个性特征，学生反而容易接受。我们的学生和许多训练有素的经济学专家不同，接触这类教科书的第一感觉肯定是不一样的。学生听到讲商品、讲货币、讲资本，不会想到你这是在讲资本主义，你讲的其实就是他身边可以看得到的东西，是活生生的社会主义市场经济现实。然后，跟他讲中国的社会主义市场经济，商品、货币和资本，大部分东西与资本主义市场经济是一样的，但可能有这样或者那样的区别，这样一点点地引导，学生比较容易接受。教学中的体会是，把共性讲透了，学生更容易理解个性；把市场经济的共性讲清楚了，学生才能真正理解两种经济制度的本质区别。

教学过程中感到最困难的一点是：社会主义基本经济制度毕竟还很不完善，相对完整的理论表述只能是理想与现实的合成，有的地方理想与现实还有些脱节。我们自己不信的东西不能讲授给青年学生，我们自己不清楚的地方也很难让学生弄清楚。因此，政治经济学课程的教师，对社会主义事业要有坚定的信心，相信通过史无前例的努力，我们会将社会主义市场经济建设得比资本主义市场经济更好。政治经济学的教师，还应当对政

① 荣兆梓：《政治经济学教程新编》，安徽人民出版社，2006年第1版、2008年第2版。

治经济学的前沿理论有锲而不舍的钻研精神。没有起码的信念，没有在中国特色社会主义的伟大实践中与时俱进地发展政治经济学的理论韧性，我们将很难在这个讲台上立足。

（原载于《教学与研究》，2009 年第 9 期）

下卷

公有制为主体的基本经济制度研究

论公有产权的内在矛盾

一、 公有产权的形式规定与本质规定

从法权形式的表层看，公有产权是由多人同等享有的同一财产权。我们把这称作公有产权的形式规定，它可以进一步分解为三重含义。

1. 产权主体不是一个人，而是由多人组成。这里多是相对概念，很难确定绝对的界限。一般把社会所有看作完全的公有，现代社会以民族国家为载体，因此它相当于一国范围内的全民所有。严格地说，这仍然不是公有范围扩大的极限，但这不妨碍我们把产权的社会化程度看作财产公有性质的量标。设一公产组织成员数量为 p，全社会劳动人口为 P，则其产权社会化程度 S 可以用下式表示：$S=S\ (p/P)$，当 $p=1$ 时 $S=0$，$p>1$ 则 $S>0$。在社会劳动人口既定的前提下，公式还可以进一步简化为：

$$S=S\ (p)\ (dS/dp>0)\ (1)$$

这就是公产成员数量越多，产权公有性质越强的传统观念的数学表达。

2. 产权客体的统一和不可分。公有产权是多人对同一权利对象的拥有，而不是他们对共有财产不同部分的分享。

3. 公有成员间财产权利的等同和无差异。公有制是彻底的平等派，它要求从产权的初始分配到全部运行自始至终保持每个公产成员财产权利的无差异。

公有产权的本质规定是：劳动者在共同拥有生产资料的前提下，实现劳动平等的经济关系。近代以来，关于消灭财产私有制的变革理论，大多是从劳动者的这一平等愿望出发。财产公有权必须落实到现实经济中的劳动平等权，离开劳动平等的本质要求去谈论公有产权，概念便成了无内容的空壳。劳动平等需要在三重意义上说明：

1. 分配平等。这是马克思在《哥达纲领批判》中明确阐述过的。马克思指出未来社会的最终产品在扣除了各项社会需要之后，在劳动者之间按各人贡献给社会的劳动份额进行分配。“生产者的权利是和他们提供的劳动成比例的；平等就在于以同一的尺度——劳动——来计量。”①

2. 分工平等。这是分配平等的对应权利。按劳分配的实现必须以各尽所能为前提，各尽所能的实现必须以按能力分配劳动为前提（荣兆梓，1984）。这就是分工平等的基本含义，它超出充分就业的平等含义，而等价于劳动力资源的优化配置。分配平等加分工平等统称劳动的经济平等，是我们考察公有产权本质规定的基本出发点。

3. 决策平等，又称劳动主权。它是财产同等权利转化为劳动平等权利的关键的一步，反映了公有产权形式规定与本质规定的统一。由于公产主体由劳动者组成，公产运作的全部决策都应由劳动者共同做出；由于他们对公有财产的权利是无差异的，他们的决策权也应当完全平等。劳动主权是劳动经济平等的保障，但是，本文以下的分析还将表明，决策平等与经济平等不仅可能相互分离，而且存在固有矛盾，它是构成公有产权内在矛盾的基础之一。

很明显，不折不扣地实现劳动平等的理想状态在现实经济中是不存在的。现实的公有产权只能在某种程度上实现劳动平等的经济关系。反映一公产组织所有成员实际劳动贡献与收入分配间数量关系紧密程度的相关系数 r，应当在 0 到 1 之间的某一区间（0 为劳动贡献与收入分配完全不相关，

---

① 马克思：《哥达纲领批判》，人民出版社，1972 年版，第 11 页。

1则表示二者间存在严格等比例关系），它可以作为该组织劳动平等实现程度 R 的度量指标：

$$R = R(r)\ (dR/dr > 0,\ 0 < r < 1)\ (2)$$

一般地说，个人劳动贡献与收入分配的相关系数越大，劳动平等的实现程度就越高，因此，产权公有的性质也就越强。如果说，我们把公产成员的人数或范围定义为公有产权的形式的量，那么，劳动平等的实现程度就是公有产权的本质的量。

从理论上说，公产的形式规定与本质规定应当是高度一致的，但事实上两者间却经常地出现不一致，甚至出现矛盾与冲突。单从公有产权的形式规定看，从国有经济到各种合作经济，当代资本主义存在着大量产权公有现象，但是，其中真正称得上形式规定与本质规定相统一的公有产权，主要只存在于劳动者的合作经济中，也许还可以加上一部分为工薪阶层共同利益服务的互助基金。资本主义仍然是以私有制为主体的经济制度。另一方面，正如一些学者已经指出的那样，在形式上看纯粹是私有制的领域，由于国家对收入分配的干预，财产占有的不平等对收入分配的影响有所减弱，个人的能力与努力程度对收入分配的影响有所增强；在股权高度分散，并且职工大规模参与的股份公司中，劳动平等关系也有一定程度的发展。尽管新的经济关系在这里还是潜流，但完全无视当代资本主义的上述特点也非科学态度。

社会主义是以公有制为主体的经济制度，它应当在全社会范围内最大限度地满足劳动平等的本质要求。但是，实践中社会主义的公有产权，同样存在着形式规定与本质规定之间的矛盾，在特定情况下二者的不一致表现得非常突出。本文以下的分析将围绕着这对矛盾展开。为了弄清公有产权内在矛盾的根源，以下分析首先假定：公产成员与劳动者集体是严格同一的。这不仅意味着每一个公产成员都必须是劳动者，而且意味着使用和运作同一公有财产的整个劳动者集体，必须恰好组成这一财产的全体公产成员，一个不多，一个不少。这一限定在现实经济中显然过于严格。一个集体所有制企业雇用少量集体之外的合同工、临时工，不会明显影响企业的公有性质。特别是，当分析随着公有产权内在矛盾的展开而导出公有资本概念后，这一限定还将进一步放宽。

二、 劳动者双重身份与产权的内排他性

现代产权经济学对公有产权的批判几乎全都是从公有产权的非排他性出发的。哈罗德·德姆塞茨和阿曼·阿尔钦分别讨论过公有财产过度使用（这与产权的非排他性紧密相关）的效率损失问题，张五常则明确说："对任何私人当事人来说，使用公共财产的权利则是没有界限和框框的。任何人都无权排斥其他人使用它，大家都可以为使用这一财产而自由地进行竞争。"（1992）人们似乎以为非排他性是公有财产的"题中应有之义"。这是关于当代公有产权的一个基本的误解。首先，公产范围的有限性决定了它的对外的排他性，这一点大家可能没有异议，至少阿尔钦就讨论过"能阻止更多使用者"的公有产权导致资源利用不足的情况（1994）。但是，人们对它的重要性估计不足，我们将在第四节对此进行评论。其次，公有产权还存在着一种独特的内排他性。内排他性是公有产权特有的排他性规定，是其内在矛盾的突出表现，不理解它，就是对当代公有产权的历史性质一无所知。

公产成员的财产权利是无差异的，但无差异的权利并非只能采取"没有界限和框框"地使用公有财产的形式。相反，当代公有产权中公产成员的同等权利从一开始就是有界限有框框的，这些界限与框框是公产成员集体意志的体现，它无差异地针对着每一个人：不得偷盗公产，不得损坏公产，不得挪用公产，不得滥用公产，不得浪费公产，不得将公产占为己有，对于公有财产的权利只能在集体决策的前提下共同行使。也就是说，如果

没有体现集体意志的公产主体的授权，任何公产成员都不得独立行使公有财产权，不得按照个人的自由意志占有、使用、处置公有财产，更不能从公有财产的使用中谋取个人利益。这样，公有财产绝对的、全面的、充分的、（对外）排他的权利，就由体现集体意志的一个公产主体独占，表现为集体意志对个人意志的排他性权利；公产主体与公产成员在人格上被区分，公有财产的唯一所有者是公产主体，公产成员只是构成公产主体的一分子，作为劳动者个人，他不是公有财产的所有者①。我把公产主体在财产权利上对公产成员的排他性，称作公有产权的内排他性。

公有产权的内排他性其实早已必然地包含在劳动平等的本质规定之中。分配平等与分工平等意味着个人劳动力的排他性权利，即劳动力个人所有权，马克思把它称作“市民权利”，说它“默认不同等的个人天赋，因而也就默认不同等的工作能力是天然特权。所以就它的内容来讲，它像一切权利一样是一种不平等的权利”。这是一个与平等的财产权利并存的，直接从财产权的行使中产生的劳动权利。当代社会主义的实践表明，这种权利的排他性不仅针对其他公产成员个人，而且也针对代表整体利益的公产主体。每个人完成主体指定的工作，并且向主体要求回报。这里通行的仍然是商品等价物的交换中也通行的同一原则，而为了交换，公产主体必须拥有对等的权利，一个排他性的财产所有权。现在我们看到，公产主体与公产成员的人格区分，起源于两种生产性资源的两种产权主体的区分。在目前的假定前提下，它反映了同一劳动集体中的同一些成员之间的相互关系。由于以两种不同的方式占有生产性资源，以公有的形式占有生产资料，以私有的形式占有劳动力，劳动者集体利益与个人利益的矛盾转化为生产资料的公有权与劳动力的私有权的对立，两种财产权同样地具有排他性。

由于双重财产权的并存，劳动者个人身份也被二重化，他既是公产成员，又是劳动力个人所有者，他以公产成员的身份参与共同决策，行使公

① 樊纲等：《公有制宏观经济理论大纲》，上海三联书店，1994年版。

有财产权，又以劳动力个人所有者的身份自由处置自己的劳动力资源，行使劳动力私有权。根据当前讨论中劳动集体与公产成员严格同一的假定，个人不可能拒绝为集体利益工作，劳动力所有权的排他性是通过劳动努力程度的个人自主来实现的。阿尔钦等人所说的任何团队生产中都存在的闲暇与收入之间的个人选择，以及在监督与计量不力时选择向闲暇倾斜，即偷懒的普遍存在，就是劳动力所有权排他性的表现。毫无疑问，在当代社会主义经济中，偷懒与“搭便车”（使其他团队成员承担自己的偷懒成本）是普遍存在的。因此，劳动平等不仅意味着在公有财产权利的行使中，集体行为对个人行为的控制，而且意味着在劳动力的使用中，集体行为对个人行为的控制。公产主体对公产成员的劳动监督是必要的，劳动贡献的统计与劳动产品的分配不仅仅是一个计量问题，而且是两个排他性产权主体交易的环节。

如果不分析当代经济中劳动者个人利益与整体利益的矛盾，人们很难理解这种公产制度内部劳动者身份的两重化以及劳动者自己对自己的双重排他性。经济学自亚当·斯密以来就有“劳动痛苦”的基本命题。只有马克思分析了这一命题的历史含义：劳动并非天生是痛苦的，“一个人‘在通常的健康、体力、精神、技能、技巧的状况下’，也有从事一份正常的劳动和停止安逸的需要”，只是迄今劳动还没有创造出使自己“成为吸引人的劳动，成为个人的自我实现”的主客观条件，相反，迫使人服从刻板训练的旧式分工扼制了个人全面能力的发展，劳动时间过长、劳动的单调和重复增加了劳动痛苦的主观感受。在这样的历史条件下，一方面，劳动对于劳动者个人只有负效用，是个人幸福的牺牲；另一方面，劳动，特别是超出必要劳动时间之外的剩余劳动，又是社会财富的尺度、社会进步的杠杆。劳动痛苦的历史特点决定了，劳动者从个人利益出发必然要求少劳动多消费，超出必要劳动时间的剩余劳动只有依靠外在的强制，缺少这种强制，任何剩余价值甚至任何社会积累都不可能实现。正是劳动对于个人幸福与社会福利的相反作用，构成了当代条件下各种经济制度基本矛盾的基础，任何成功的制度安排都必须具有突破必要劳动界限、为社会进步开辟道路的功能。在资本主义制度下，这对矛盾表现为资本与劳动两大阶级的冲突，而在社会主义公有产权中，它们则表现为劳动者的双重身份与产权的内排他性。

三、 公产代理人与劳动平等实现程度

公产主体需要有一个能够表示其公共意志的现实机构。全体公产成员参加的民主合议制度符合劳动主权与决策平等的要求，它可以通过民主协商与民主表决，来做出所有应该由公产主体做出的决定。但这种决策机制的运行成本是相当高的。为将决策成本降低到经济上可行的水平，人们不得不缩小集体决策的范围，减轻集体决策的任务，寻找公产主体的代理人，来承担其财产管理与劳动管理的大部分职能。公产代理制于是应运而生。

公产代理制把公有产权的内排他性推进到一个新的高度。代理人作为专业的管理者，代表公产主体同时行使财产管理与劳动管理两项职能，因此也就代表公产主体行使了对每个公产成员的排他性权利和对全体成员的劳动监督权，他成为全体公产成员中一个拥有特殊权利的个体而与所有人对立。整体对每个个体的矛盾演变为单个个体与整体的矛盾，全体成员的相互监督演变为一个人对每个人的监督。

公产代理人的必然性其实早已经隐含在分工平等与决策平等的矛盾之中了。现代社会的分工创造了管理劳动这一专门职业，也创造了具有专门的管理科学知识与管理经验、管理技能的专门人才。按照分工平等的要求，专业管理者应当得到与自身能力相适应的劳动岗位，以实现真正建立在“各尽所能”基础上的平等权利。这不仅对于他个人收入最大化是重要的，而且对于社会福利的最大化也是重要的。然而，一旦公有财产的管理责权

集中到一个或者少数几个专人手中，多数劳动者的决策主权就相对削弱，劳动者在集体决策中所拥有的权利就不可能再无差异。这是劳动平等的固有矛盾，公产代理制是这一矛盾在现实经济中的外化。列宁在俄国十月革命前曾经认为，在共产主义社会第一阶段，对劳动与报酬的统计和监督“成为非常简单、任何一个识字的人都能胜任的手续——进行监察和登记，算算加减乘除和发发有关的字据”。因此，所有人都能学会管理，专门的管理者就不需要了。但是，十月革命以后，他很快就意识到管理劳动与直接生产劳动的分工是不能马上消灭的，因而主张依靠专家在工厂实行一长制的管理。列宁显然已经在实践中意识到了矛盾，但他没有来得及在理论上系统地总结。

公产代理人权力的合法性以其行为符合公产成员的整体利益为标准。假定代理人目标与劳动者整体利益一致，那么，公产代理制度还只是部分改变了劳动者决策平等的形式，而不会改变劳动的经济平等的实质内容，劳动者在经济生活中分配平等与分工平等的权利仍然是能够实现的。但经验告诉我们，任何代理人的个人目标都不可能与他的委托人目标完全一致。公产代理人与其他公产成员一样具有双重身份，既是公产成员，又是个人劳动力的所有者，工作中也可能出现偷懒和“搭便车”，作为公产代理人他现在又拥有了比别人大得多的权力，这个权力有可能被滥用。在极端情况下，公产代理人滥用职权，以权谋私，不单自己成为特权人物，而且还能够根据个人亲疏好恶在集体中制造出不平等，劳动平等关系甚至有解体的危险。

公产代理人必须受到监督。在公产制度下，除了全体公产成员之外，没有人能够承担起这一监督责任。这就是所谓双向监督机制：一个人监督全体成员，全体成员又监督一个人。按照现代代理理论更宽泛的理解，也可以将此称作双向代理制。由于集体对个人的监督也需要成本，这种成本必然构成实现劳动的经济平等的制约条件。

在实行双向监控的公产代理制度中，影响劳动平等实现程度的主要因素有：

1. 公产代理人的忠诚度，即代理人目标与理想的公产主体目标之间的吻合度。由于每个公产成员都具有双重身份，其个人效用函数都包含了公产利益与个人劳动利益的二重目标，代理人忠诚度实际上就取决于其效用函数上公产目标与个人劳动目标的权重，公产利益权重越大，个人利益权重越小，忠诚度越高。而忠诚度越高，代理人行为就越是符合劳动平等的要求，秉公办事，一碗水端平。由于忠诚度的个人差异很大，德才兼备应当成为选择公产代理人的第一标准。

2. 集体监控力度，即公产成员集体通过选拔、监督、激励、惩罚机制，缩小公产代理人行为与集体利益差异的能力。它约束代理人行为，提高其行为与集体利益的一致性。决定集体监控力度的主要因素有二：一是监控费用，二是成员间相互信赖度。监控费用由直接监督费用（它以集体决策费用为主）和激励费用（可用公产代理人分享的经济剩余来衡量）两部分组成。总的来说，监控费用越高监控力度越大，但是，“边际监控力度”呈下降趋势。特别是代理人分享的经济剩余份额过高，本身就是对劳动分配平等的背离，因此，监控费用的提高是有限度的。在费用水平相等的前提下，一公产组织的监控力度由该组织全体成员的相互信赖度决定。信赖度是公产成员对集体内部占统治地位行为特征的预期，相互信赖度越高，每个人在集体决策中要猜测其他人动机的动机就越弱，让其他人了解自己真实意图的意图就越强。因此，信赖度节约集体决策成本，提高集体决策效率。

3. 公产规模，或者说公产成员数量。单纯从技术上看，分工平等与分配平等随着实施范围的扩大，而变得难度越来越大。大规模公产组织内部分工的复杂性，使它很难实行统一的分配标准，这一点，传统的国有经济早已给出了深刻教训。实践证明，这个问题只有借助市场机制来解决。公产规模对劳动平等实现程度更深刻的影响，与集体监控力度有关。首先，参与者人数的增加不可避免地增大集体决策成本，尽管代理制已经大大减轻了集体决策的任务，但是人数增加仍然造成了难以克服的困难。问题在于，集体决策所需要的信息量以及与之相关的决策费用，随人数增加而呈几何级数增加，实际上它只有靠参与者信息的越来越不完全来解决。其次，公产成员数量的增大，也加大了他们相互间提高信赖度的困难。信赖建立在相互了解的基础上，在大规模公产组织中人与人的空间距离越来越远，人际间的相互了解也越来越少，这就使得在全体成员间建立起相互信赖关系需要花费更长的时间和更多的精力。由此可以确定，随着公产规模的扩大，全体公产成员对代理人的监控力度呈现下降趋势。这必然影响代理人的行为，使其与理想公产主体行为的差距拉大，劳动平等实现程度因此而下降。

大规模公产组织不得不采取一系列措施来抵销劳动平等实现程度下降的趋势。首先，代理制向多层代理发展，通过多级代表大会的迂回形式，千百万劳动者的共同意志得以在一个统一机构中集中表达，它有利于节约监控的实际费用，却进一步拉开了公产成员与其代理人之间的距离，多层次的信息传递造成大量的干扰与失真，使本来就趋于弱化的监控力度进一步减弱。其次，有意识地培育整体意识形态，利用一种全体拥有的“信念”来取代个人之间的了解和理解，在大规模公产组织中，这的确是提高成员间相互信赖度的“有效”手段。但是，营造“团队”氛围也需要成本，集体范围越大，这笔费用越高。而且从外部灌输的信念仍然要靠每个个人的经验来支撑，否则，无论多少巨额宣传费用也抵挡不了“策略性行为”的蔓延。总之，这些措施有利于缓解矛盾，却不能改变随着公产范围扩大，劳动平等实现程度下降的趋势。

这样，我们导出了一个与传统观点恰好相反的命题：一个公产组织的规模越大，成员数量越多，劳动平等实现程度越小，公有产权的本质特征越弱。用公式表示就是：

$R = R\left[\gamma\left(p\right)\right]\left(dR/dp < 0\right)$（3）

与公式（2）对比，不难看出公有产权的形式规定与本质规定的尖锐矛盾。

四、公有产权的内在矛盾与公有资本

上节的分析仅限于单个公产组织的范围。要全面理解公有产权的性质，考察的视野必须扩展到全社会的范围。

公有产权不仅存在着对内的排他性，而且存在着对外的排他性，即排斥公产成员之外的任何经济主体，包括公产成员之外的其他劳动者行使财产权利。确切地说，这种产权的排他性毫无特别之处，它不过是任何现代意义上的产权都具有的那种全面的、绝对的、排他的权利，它意味着不同产权主体之间财产权利的不平等。只要公有产权存在着一个有限的范围，这种排他性就总是存在，而且同样反映不同产权主体之间财产权利的不平等。两个劳动集体拥有不同等的生产资料，因而就有不相同的劳动条件，一个从事自动化的大机器生产，另一个却不得不从事手工业生产，这种劳动分工的不平等很可能与两个集体劳动者能力的差异毫无关系，由此引发的收入分配的不平等自然也与劳动平等的原则无关。进一步说，即使两个公产组织占有的生产资料恰好是同等的，但财产权利的隔绝仍然会妨碍在两集体劳动者之间实现分工平等与分配平等，除非二者的劳动能力恰好也是同等的。可见，从全社会的角度看，公有产权的外排他性妨碍劳动平等关系的普遍实现。

公有产权的外排他性，可以直接用被排斥在公产成员范围之外的社会劳动者人数来度量。因此公产范围越小，产权的外排他性越强。从这个意义上说，扩大公产范围有利于全社会劳动平等实现程度的提高，公产范围越大，它提高劳动平等实现程度的作用也越大。一个全民平等拥有的国有财产，应当是在全社会范围内实现劳动平等经济关系的必要条件。公有产权的形式的量与本质的量，在这个特定的考察范围内具有内在的一致性。即：

$$R = S(p) \quad (4)$$

综合（3）（4）两式，我们有从全社会角度看一公产组织劳动平等实现程度的基本公式：

$$R = f[S(p), \gamma(p)] \quad (5)$$

f 取两函数乘积的简单表示，则有

$$R = S(p) \cdot \gamma(p) \quad (6)$$

其一阶导函数 $R' = S'(p) \cdot \gamma(p) + S(p) \cdot \gamma'(p)$（7）

式中唯 $\gamma'(p)$ 小于零，因此第一项为正数，第二项为负数，

当 $|S'(p)\gamma(p)| > |S(p)\gamma'(p)|$ 时，$R' > 0$，R 是 p 的增函数；

当 $|S'(p)\gamma(p)| < |S(p)\gamma'(p)|$ 时，$R' < 0$，R 是 p 的减函数；

当 $|S'(p)\gamma(p)| = |S(p)\gamma'(p)|$ 时，$R' = 0$，R 为最大值。

结论是：公产范围的变动对劳动平等这一公有产权本质规定的影响是双向的。一方面，公产范围的扩大对单个公产组织内部劳动平等的实现程度具有负面影响；另一方面，公产范围的同一变动又与社会范围内的劳动平等实现程度成正相关关系。即使仅仅从提高社会劳动平等度的愿望出发，人们也有必要具体问题具体分析，根据各种公产组织的生产技术特征、市场分工特征、人文道德特征以及人口地理特征等等，在公有产权的内排他性与外排他性之间寻求均衡，以确定每一个公有组织的适度规模。用这一观点来说明公有制形式的多样性，也许比单纯依赖生产力水平的差异更能说明问题。

均衡并不消除矛盾，而只是提供了矛盾冲突进一步展开的形式。从根本上说，公有产权排他性的存在本身就是矛盾。排他性是生产资源稀缺的表现，但资源稀缺绝不是排他性的充分条件。财产的排他性权利表明，稀缺性资源的使用者之间存在着利益矛盾，他们的个人利益与社会利益有差异，因此不能不界定产权边界，以排斥他人的权利来保障自己的利益。排他性是“彼此当作外人看待的关系”，在马克思的经济学论著中，排他性权利经常被直接理解为私有者之间的关系①。马克思认为未来社会的公有产权对于劳动者个人来说，是非排他的权利，因此，公共占有等于个人所有，二者应当是没有区别的。公有产权的排他性是社会主义的历史特征，与各种各样私有产权并存的公有产权，不能不像私有产权一样采取排他的形式，它充分体现了社会发展的过渡性质。

公有产权内排他性与外排他性并存，是矛盾的进一步展开，在现实的公产组织边界上，两种排他性的均衡表现出巨大张力：劳动平等作为公产灵魂要求最大限度地实现自我，但在理想与现实的矛盾中显得骚动不安。公产扩大边界，试图消除外排他性狭隘的私的性质，但在此过程中，它发现自己内部的“社会熵”超乎寻常地增大，在外部充满排他性的世界中成了一个随时可能塌陷的“负压舱”。为防止组织的瓦解，内排他性是必要的，但它天生具有对平等的腐蚀性。随着公产规模的扩大，在国有经济中，内排他性必然地发展到它的极致：财产权利与劳动权利的两极化。从理论上说，国有产权制度同样存在着双向的多层代理关系，但事实上，那条自下而上的代理链非常微弱，这是由公产规模扩大、集体监控力度减弱的经济规律决定的。因此，国有制表现为自上而下实行管理的强大财产权，却没有对应地表现为自下而上的劳动主权。当然，国有产权也有自己的监控机制，但那是在比亿万“公产成员”要小得多的范围内进行的，它节约监控费用，但也在更大程度上依赖于一个公产代理人群体的道德自律。对于

---

① 马克思：《资本论》第1卷，人民出版社，1975年版。

大多数普通劳动者来说，其双重身份中劳动力个人所有者的一面被突显，在与国有产权的结合中，主人翁迷失了自我。这样，在两个产权主体之间，产权交易已经不可避免。也许列宁对此早有预感，他说，社会主义制度下，全体人民都将成为“国家雇用的职员”。①

现在，我们不能不放弃公产成员与劳动集体严格同一的假定了。在劳动者受雇于国家的条件下，公产成员与劳动集体是两回事，他们不需要同一，也不可能同一。现实的国有经济以全体人民的名义占有财产，但是“全民职工”却只是人民中的一个较小部分。这是国有制与其他所有制形式并存的必然结果，否则其他经济形式的劳动力资源从哪里来？因此说，劳动者与生产资料直接结合，从一开始就是理论的虚构。国有产权内排他性的充分发展，拉开了劳动者与其生产资料之间的距离，为劳动力商品的市场交易准备了条件。即使在传统体制下，国有产权也具有一定的资本属性，尽管不得解雇的规定与此冲突，但它恰恰与国有产权的本质属性毫不相干。既然国有财产属于全体劳动者，却又不能满足全民的就业需要，那么，通过劳动力市场在全民中按能力分配劳动，就应该是最最符合公有产权劳动平等的本质要求的。

然而，国有产权真正向国有资本转化还是改革的结果。单纯一个公产的内排他性还不足以支撑公有资本的框架，资本是以其主体的多元性以及主体之间的市场竞争为生存条件的，没有市场、没有竞争，就没有真正的公有资本。这只是在改革摸索了许多年之后，通过现代企业制度建设，通过国有企业资产的法人化过程，才得以逐步解决的。一个国有产权衍生出许多个公司法人产权，这是国有制在改革中寻求内排他性与外排他性更有效均衡的结果，这一进程最终应当有利于全社会劳动平等实现程度的提高。

在国有经济中发生的过程，在其他公产形式中也同样不可避免。只要观察一下较早进入市场经济地区的农村合作经济，我们到处都能看到，一

① 列宁：《列宁全集》第31卷，人民出版社，1985年版，第97页。

个社区范围内的公有产权如何向社区外扩张，如何在社区之外寻找它的劳动大军，又如何顽强地坚持其社区居民的排他性财产权利。公产成员与劳动集体的重合固然是公有制的基本要求，但二者的分离与不一致，也是公有制内在矛盾的产物。像宇宙间一切事物一样，公有制不可能是纯而又纯的，它在矛盾中生存，并且通过内在的矛盾冲突得以发展。

（原载于《经济研究》，1996 年第 9 期）

论公有制经济的微观效率

再刊前言

公有制在市场经济中的效率问题始终是中国改革理论争论的热点，本文写作当年争论更为激烈。20 世纪最后十年，我国包括国有制和劳动者集体所有制在内的公有制经济，正经历体制转轨的阵痛，与非公有制经济比较，其相对效率降低，相对规模缩小。一些理论研究从这一事实出发，得出公有制经济不能与非公有制经济平等竞争的一般结论，进而认为，私有化才是改革的唯一出路。这种“来自实践”的理论结论正确吗？或者，它只是反映了体制转轨阵痛期的暂时现象，要做出一般结论，还需要政治经济学从宏观历史视野做更加深入的分析，进而更全面地预测实践发展的可能性？本文发表于2000 年（《公有制实现形式多样化通论》，经济科学出版社，第八章、第九章、第十章），是对以上观点的一个及时回应。论文从公有制经济的本质特征和内在矛盾出发，探索其巨大的制度选择空间，进而在激励效率、配置效率和创新效率三个方面，分析了公有制经济效率提升的现实性和可能性，预测其在社会主义市场经济条件下，与非公有制经济平等竞争、优势互补的前景。整个分析以社会主义经济体制演化的历史事实为依据，但不局限于改革短期内的成败得失；叙述方法主要是演绎推理，或者说是抽象分析法，从范畴及范畴间的辩证关系中展开论点和论据。尽管我们的理论结论当时来看似乎“脱离实际”，但此后，它却得到越来越多事实的证明。中国的改革没有走上私有化道路，也不可能走上私有化道路；公有制经济的潜在优势逐步转化为显在优势，并且还会在深化改革的进程中更多转化为显在优势。值得一提的是，论文的逻辑推导利用了新古典经济学的一些理论范畴和分析工具，特别是罗纳德·科斯的微观制度分析方法，当然，结论是完全不同的。社会主义政治经济学的发展，需要以开放姿态对现代经济学优秀成果兼收并蓄[①]。希望这篇论文的研究方法能够得到更多同仁的认可。承蒙《政治经济学报》抬爱，文章在十七年后重新刊出，除了少数几处技术性处理之外，作者未作任何修改。至于作者这方面的进一步思考，可以阅读拙作《国有资产管理体制进一步改革的总体思路》《以管资本为主的体制如何建立》等。

第一章　激励效率与公产代理制

近十几年来，公有制与效率的关系就一直是国内经济学界讨论的热点问题之一。但这类讨论始终存在着若干误区。一是瞎子摸象误区，用一种具体的公有制实现形式来替代公有制，用对个别实现形式的效率分析得出公有制与效率的一般结论，从而产生了许多不同的分析与不同的结论，各执一词，莫衷一是。二是全能冠军情结，在公有制的效率分析中不区分环境状态的差异，不讨论在不同交易环境下各种产权形式的相对优势，而直接在公有制与私有制之间选择绝对优胜者。这就好比体操比赛中不进行单个项目的比赛而直接产生全能冠军。

笔者对公有制实现形式的研究力图摆脱这些误区，首先对多样化的公有制实现形式进行具体分类，再逐个讨论它们在不同交易环境下对效率的

---

① 社会主义市场经济理论必须以马克思主义经济学为基础、为主干，通过对新古典主义经济学、凯恩斯主义主流经济学中优秀成果的兼收并蓄，成为一种新的科学理论。（见习近平《对发展社会主义市场经济的再认识》，《东南学术》2001 年第 4 期）

不同影响，在这种不同交易环境的效率比较中，寻找各种公有制实现形式的“最优活动空间”以及不同交易环境下的“最佳产权安排”。以下三章从激励效率、配置效率、创新效率三个层次上对公有制的相对优势与相对劣势进行了综合考察，可以看作是二十年来公有制经济改革全部成果的归纳。尽管结论仍然是初步的，但我们相信，这里的研究肯定会有利于公有经济与私有经济的更全面的效率比较，有利于对公有制与私有制功能互补性的更全面的理解。

一、公有制的激励效率及其交易成本

社会主义理论的经典作家们首先是在激励效率的意义上肯定公有制的优越性的。相对于资本主义的私有制而言，公有制将极大地调动广大劳动者的积极性与创造精神。

现代经济学中的激励效率概念，是一个提出的时间较晚、含义理解还存在较多分歧的概念。一种常见的不同意见是，认为激励效率无非是通过劳动合同结构的变化，影响劳动者在报酬与闲暇之间的选择，说到底仍然是对既有资源的配置问题。配置效率可以包括激励效率的内容，因此，激励效率不能成为一个独立于配置效率的概念。这种观点的要害在于对激励机制的理解有片面性，至少是没有看到激励机制改变劳动者选择偏好的可能性。我们知道，新古典理论的资源配置分析框架是把个人效用函数（或者说选择偏好）当作外生变量看待的。但是生活常识告诉我们，产权制度往往能够通过改变人的选择偏好来提高经济效率。在公有制的激励效率分析中，反映劳动者个人选择偏好的在报酬与闲暇平面上的无差异曲线性状，不应当是外生变量。它们完全可能随着激励机制中一些重要因素的变化而变化。这些变化与配置效率无关。至少从这个意义上说，激励效率包含着比配置效率更加丰富的内容。①

按照广义的激励效率概念，社会主义公有制所要求的全体劳动者之间劳动平等关系，会使大多数劳动者个人无差异曲线向表示劳动时间/闲暇时间的横轴倾斜，劳动者对劳动的主观感受改善，闲暇的相对价格降低，因而全社会劳动资源实际存量增加，生产可能性边界向外移动，效率因此而提高。首先，劳动平等的分配关系强调“不劳动者不得食”，全部劳动产出在进行了必要的各项扣除之后，在劳动者之间按劳动贡献分配，这就最大限度满足了劳动者的“公平感”。正如组织社会学的大量研究表明的那样，适当的公平感是比物质刺激更加有利于提高劳动积极性的因素，在这种公平分配的劳动氛围中，劳动者整体的劳动积极性将有所提高。其次，劳动平等的决策关系强调全体参与的平等决策权利，这将极大地满足全体劳动者的“主人翁责任感”，或者说得更中性些，满足个人的“有所作为感”和“控制感”，而这些感受本身就会对劳动生产力产生积极作用。因此，公有制相对于私有制会更有效率。各国公有制经济形成初期劳动者生产积极性的普遍高涨，可以视为这一观点的重要例证。

组织行为学认为，影响个人行为的环境因素可以区分为微观环境与宏观环境两个层次，这种划分也适合于劳动平等关系对劳动者行为的影响作用，一个协作劳动组织内部的劳动平等关系将提高这一协作劳动的生产力，而一社会范围内的劳动平等关系将使全社会劳动者的生产积极性与创造精神从总体上得以提高。在宏观与微观两个层次上劳动平等关系的耦合，将使社会主义公有制的激励效应最大限度地释放。因此，公有产权的规模与范围对效率有重大意义，一个公有产权的产权主体人数越多、范围越大，它对全社会范围内劳动平等关系的影响就越大，从而对影响劳动者行为的

①“人类性格的某些方面内生于体制。”“狭义的经济激励对为什么很多人会尽可能努力而又有效工作这样的问题只能做出很不充分的解释。”（参见约瑟夫·斯蒂格利茨《政府为什么干预经济》，郑秉文译，中国物资出版社，1998 年版）

宏观环境就越是具有积极意义。说社会主义的国家所有制相对于各种形式的劳动者集体所有制更为优越，从这个意义上理解应当是合理的。

然而，正如笔者之前已经明确指出的那样，劳动平等关系的实现需要花费成本，这种成本的变动不仅制约着劳动平等关系实现的程度，而且必然同时也制约着公有制激励效应的发挥。

古典的社会主义理论实际上是在零交易成本的假定下论证社会主义的优越性的，人们假定在公有制条件下实现了“各尽所能，按劳分配”的经济关系，劳动者的积极性与创造精神像火山一样喷发，社会生产力极大提高。但却从来没有问过，要实现这样的经济关系，在全体劳动者的信息沟通与行为协调中社会需要付出多少成本。列宁在十月革命之前曾经认为，社会主义条件下，劳动的计量、监督与“社会簿记工作”十分简单，每一个有正常智力与起码文化的人都能够胜任，因此“劳动平等关系”是能够实现的。他至少是假定了实现这种经济关系的交易成本非常小。奥斯卡·兰格的市场社会主义理论也是建立在零交易成本的新古典假定基础上的，只是在冯·哈耶克等人指出了这一假定的不合理不现实之后，兰格才想到借助于大功率计算机的作用①。显然，他立论的依据仍然是科学技术的发展必须使实现这种经济关系的交易成本足够小。

实现劳动平等关系的信息成本与交易成本比经典作者想象的要大得多。

公有制是这样一种产权制度安排，它有多少个劳动者参与就有多少个个人劳动力所有权主体，但无论公有产权的范围多大，只有一个公有产权主体拥有公共财产的完整所有权。全体劳动者都是公有产权主体的成员，他们通过集体决策对公有财产行使平等权利。从理论上说，全体劳动力个人所有者通过与这个公有产权主体的交易而形成的共同劳动关系必然是劳动平等关系，但这依赖于公产主体的决策能力，依赖于它对决策过程必需的信息资源的搜寻与处理能力。假如信息成本和交易成本为零，公产主体

① 奥斯卡·兰格：《社会主义经济理论》，王宏昌译，中国社会科学出版社，1981年版。

的决策能力就是无限的。劳动平等关系就能百分之百地实现，假如信息成本与交易成本不为零，公产主体就只能有有限理性，劳动平等关系的实现就必然打折扣。

为了实现劳动平等关系，由全体劳动者组成的公产主体需要掌握两方面的信息：一是每一个劳动者的劳动潜能，他所拥有的技术、知识与能力的体系，可以将此称作有关劳动的事前信息；二是每个劳动者在共同劳动中的实际表现，他劳动的数量与质量，他劳动潜能的发挥程度，他对共同体所做出的贡献，可以将此称作劳动的事后信息。现代经济学一般假定，每个劳动者个人充分掌握自己劳动的事前信息与事后信息，因此，公产主体全体成员所拥有的信息总和，恰好满足实现劳动平等关系的决策需要。遗憾的是，个人在向集体披露信息时难免出现失真，出于个人利益上的考虑，个人还可能故意隐瞒自己的信息。个人为了在劳动分工中谋取好处而隐瞒事前信息，为了在收益分配中谋取好处而隐瞒事后信息。集体为获取真实信息，提高决策质量，必须对个人劳动进行考核与监督。

有两个因素决定着这种监督与考核的成本，一个是公有产权的规模与范围，它可以用公产成员的人数来计量；一个是公产组织内部的劳动分工状况，一般而言，它随着公产规模的扩大而越来越深化、越来越复杂。实现劳动平等关系的信息成本与交易成本随公产主体人数增加、范围扩大以及劳动分工的深化而呈递增趋势。在小规模公产组织中，劳动者互相之间可以直接观察，而且这种观察大体上只是劳动过程的副产品，不需要额外地追加信息搜寻成本。随着公产规模的扩大、人数的增加，生产过程中空间距离拉开，劳动者之间的相互观察、相互监督成本越来越高。更重要的是，随着协作人数增加，组织内部分工越来越细化，不同的专业分工使得劳动者之间的信息交流越来越困难。同种专门职业的劳动者有基本相同的有关个人劳动能力的事前信息，差异主要表现为技能与熟练程度的量的差异，相互间知根知底，因此在对劳动贡献等事后信息的搜寻中大家也有较多共同语言。但是在不同的专业分工之间，由于专业知识与技能的质的差异，劳动者之间相互了解、相互沟通的难度加大，所谓“隔行如隔山”就是指这类现象，劳动的考核与监督成本必然大大增加。由于公产规模的扩大与劳动分工的深化，个人获取参与决策必需信息的成本呈递增趋势，其总和最终必然抵消劳动平等关系范围扩大所能带来的收益增量。

二、公产代理制与“搭便车”障碍

事实上，还在达到这一集体成本增量与收益增量相等的均衡状态之前很久，大多数个人的信息搜寻行为就已经停止，因为从个人成本——收益分析的角度看，为集体决策支付过多成本是不合算的。尽管通过公平合理的集体决策实现劳动平等是全体劳动者的共同愿望，但没有人愿意为了参与集体决策的需要而投入足够的信息成本，公产组织的决策过程因缺乏个人参与决策的足够动因而不可能实现劳动平等的目标，这就是经济学所谓的“搭便车”现象。根据曼瑟尔·奥尔森的分析，这是大规模利益集团集体决策的必然逻辑①。

公产代理制是克服大规模公产组织内部决策过程中“搭便车”现象的重要手段。

公产组织中专业的管理代理人的出现是专业化分工发展的必然趋势。分工提高劳动生产率，早在亚当·斯密的年代，经济学对此就有了充分认识。但是在零交易成本的假定前提下，管理分工的发展却合乎逻辑地不在经济学的视野之内。既然人们的交易过程不需要花费成本，指挥与协调生产者行为的管理活动也就无成本可计，不需要通过分工提高效率。只有承认正交易成本的存在，经济学才能理解管理分工时提高效率的作用。管理劳动从直接生产劳动中分离出来，成为一种专门职业，少数专业管理人员

① 曼瑟尔·奥尔森：《集体行动的逻辑》，陈郁等译，格致出版社、上海三联书店、上海人民出版社，1995年版。

从直接生产劳动中解脱出来，专门从事管理劳动，其知识与经验加速积累，管理效率因此而提高。这与直接生产者因专业化分工提高劳动熟练程度具有相似的效果。

公产代理制度又是节约决策成本，克服“搭便车”引起的集体决策障碍的需要。从节约成本的要求出发，与其每一个劳动者都承担对其他人劳动的考核与监督责任，不如让受大家信任的少数公产代理人（可以是一个人，也可以是一个委员会）承担起这一责任，集体决策的总成本肯定可以因此而降低。当然，公产代理人本身应该受到集体的监督，但多数劳动者从监督所有人到只监督少数代理人，其参与共同决策的个人成本都有明显下降。公产代理人当然也需要经济利益的驱动，但这毕竟比用经济利益驱动全体公产成员的成本要低。对公产代理人的有效激励机制应当是经济剩余的分享制，它既能刺激代理人的诚信与努力，又基本保证了全体公产成员的劳动平等利益。因此，公产代理人对于克服“搭便车”引起的集体决策障碍具有明显效果。

然而，公产代理制对公有制经济内部关系的“小小”修正也不应忽视。按照公有制内部分工平等的原则，专业的管理劳动岗位分配给了具有更多专业知识和技能的管理专家，但是，管理职能的专业化使得管理代理人拥有了比绝大多数公产成员更多的决策权利，这又是对公有制内部决策平等关系的“修正”。现在，劳动者之间的决策权利出现了差异，实现劳动平等的原本意义上的决策权，包括对直接生产者的劳动考核与监督权限，以及以此为根据在公产组织内部的劳动分工与收益分配权限，被全权委托给了少数公产代理人，而公产成员大多数则只保留了对代理人的最终委托权和监督权。少数公产代理人拥有了比其他公产成员更多的决策权力。与此相应的，公产代理人要求分享公产组织的经济剩余，其报酬形式和报酬数量也都不可能与大多数公产成员保持完全的平等关系。尽管公产代理人的特殊权力是以对集体利益的忠诚尽责为前提的，但二者之间脱节的可能性已经存在，少数人利用手中权力谋取一己私利的可能性已经存在。

全体公产成员对代理人行为的监督必不可少。可惜这种监督也需要成本，即经济学一般所称的代理成本。一方面，监督代理人工作，考核代理人业绩，并且按照契约规定给予其奖励与惩罚都需要成本；另一方面，由于监控不到位，代理人机会主义行为必然造成集体利益的损失，人们把这种损失也看作代理成本的一个组成部分。有一点非常明显，在这两类成本之间存在着一种权衡，当前者的边际增量等于后者的边际减少时，代理总成本实现最小化，集体对前一类成本的投入将会停止。这意味着全体劳动者的监督只能减弱，而不能最终消灭公产代理人的机会主义行为。因此，我们可以把公产代理制看作是这样一种制度安排，全体公产成员以允许少数管理代理人拥有比其他人更多权利与利益为代价，减少每个个人在集体决策中需要承担的信息费用和交易费用，从而使整个公产组织有可能绕过因“搭便车”引起的集体决策障碍。

但问题不仅仅如此。公产代理成本作为实现劳动平等关系的成本，同样具有随公产范围的继续扩大、劳动分工的继续深化而不断递增的趋势。为了减缓成本增长的趋势，内部结构复杂的大规模公产组织发展起多层代理关系。对公产代理人的最终委托权与监督权被授予一个代表大会，而代表们行使权利的行为则受全体公产成员的监督。按照这种间接授权的原则，单一层次的代表会议制度还可以发展成为多层代表会议制度。一般地说，有几十人规模的公产组织就有必要推举代理人来行使公产经营权，达到几百人规模的公产组织就可以实行有代表会议的间接代理制，而像国有制这样规模巨大的公有产权则必须通过多层代表会议制度来委任和监督公产代理人。代表会议和多层代表会议制度是双刃剑，它一方面进一步减轻公产组织绝大多数成员的决策责任和参与决策的成本投入，另一方面也使这些公产成员越来越远离决策中心，使他们对握有实权的公产代理人的监督和制约越来越间接、越来越困难。随着组织规模的扩大和内部结构的复杂化，不仅个人在组织总收益中所占份额越来越小，个人影响集体决策的能力也越来越小。因此，尽管多层代表会议制度有可能减缓公产代理成本的上升速度，却仍然不能从根本上克服广大公产成员对待公共决策的“搭便车”态度。事情总会有一个限度，当公产组织规模扩大到这一点，大多数公产成员从个人成本收益计算出发，不再愿意为选举和监督基层代表会议的代表们花费很少的但却必要的时间和精力，公产组织再一次因其多数成员的“搭便车”行为而陷入困境。这一次不是因为没有人对劳动分工与收入分配做出决策，而是因为集体对决策者失去了有效的监控。

面对越来越微弱的自下而上的群众监督，高高在上的公产代理人将如何行使职权呢？当然，这与他的选择偏好有关，与他的效用函数中个人利益与集体利益的权重有关。一个将集体利益置于个人利益之上的公产代理人不管有没有监督，都将遵守劳动平等的原则，努力实现公有产权的激励效率。但是，没有有效的选拔与监督机制，人们又如何把这样的人从人群中挑选出来，又如何把不符合德才兼备要求的代理人从高位上拉下马呢？何况按照制度决定个人偏好的理论，没有制约的权力肯定是一剂强腐蚀剂，公产代理人将无法长期保持“慎独”。

现代经济学根据委托—代理理论的分析，肯定地认为，大规模公产组织是不可能有效率的，原因是它无法克服广大公产成员在公共财产管理中的“搭便车”行为，而在委托人因利益动机不足以采取主动行动的情况下，他们当然也无法保证拥有绝对权力的公产代理人，像私有者对待自己的财产那样，对公共财产忠诚与尽责。[①]

---

① 张五常教授不知何处发表了如下高论，被人贴到网上：“国企为什么没得救呢？三岁的小孩都知道，用别人的钱无论如何都不如自己的钱来得小心，就是这么简单。假如这个哲理永远是对的话，国有企业永远都没的救，国有企业的钱是别人的钱，怎么有的救？”本章的讨论虽然还没有达到哲理的深层，但可以说主要是针对着张教授的结论的。

三、政治企业家与主动代理理论

然而，现代代理理论的这一武断结论未必正确。

曼瑟尔·奥尔森注意到美国社会许多大利益集团已经组织起来并且成功运作的事实，提出了“选择性激励”，或曰“副产品”理论假说，试图解决经济学理论与现实之间的矛盾。奥尔森把集团利益不能靠集团成员的主动行动自我实现的大集团称作潜在集团，这类“集团中的个人没有自愿牺牲自己的时间和金钱来帮助一个组织获得其集体物品的积极性；光凭他一个人是难以把握该集体物品是否得以获得的，但如果由于别人的努力而获得了集体利益，他无论如何能得以分享”①。因此集团的每个个人都有明显的“搭便车”愿望，却没有人愿意为实现集体的潜在利益采取主动行动。但奥尔森认为，集团的潜在力量能够通过所谓“选择性激励”被动员起来。“这些‘选择性激励’既可以是积极的，也可以是消极的，就是说，它们既可以通过惩罚那些没有承担集团行动成本的人来进行强制，或者也可以通过奖励那些为集团利益而出力的人来进行诱导。一个或者是通过对集团中的个人进行强制，或者是对那些个人进行积极的奖励，从而被引向为其集团利益而行动的潜在集团，这里称之为‘被动员起来的’潜在集团。”② 一个有能力实施选择性激励而将潜在集团动员起来的组织，同时也会承担起若干为集团谋利益的职能，奥尔森将此称作该组织动员潜在集团的“副产品”。以美国政治中的大型压力团体为例，奥尔森认为，这些压力团体在国会为特定的大集团利益的游说疏通活动，就是其强迫或诱导集团成员入会的“副产品”。

毫无疑问，这一理论通过在大利益集团之上建立一个有能力实行“选

① 曼瑟尔·奥尔森：《集体行动的逻辑》，陈郁等译，格致出版社、上海三联书店、上海人民出版社，1995年版。

② 曼瑟尔·奥尔森：《集体行动的逻辑》，陈郁等译，格致出版社、上海三联书店、上海人民出版社，1995年版。

择性激励”的相对较小规模组织，解决了大集团成员因“搭便车”倾向而不能为集团利益采取行动的问题。通过一个上层组织的强迫或诱导，对共同利益“无动于衷”的沉默的大多数现在开始行动了，尽管这是被动的参与，而不同于一般委托代理模型中全体委托人主动地行使最终委托权与监督权，但毕竟大家开始行动，并且集团利益因此而得以实现（奥尔森认为这是受到大多数成员支持的上层组织活动的“副产品”）。然而，奥尔森似乎没有解决这个上层组织采取行动的利益动因问题，特别没有解决上层组织在通过强迫与诱导而使大多数成员入会之后，还要为集团利益提供“副产品”的经济动因问题。而这个问题才真正是讨论大规模公产组织中代理人行为与集体利益关系的关键环节。

奥尔森在《集体决策的逻辑》一书1971年新增的附录中，对理查德·瓦格纳等人提出的“政治企业家”的思路表示有限度的赞同。按照他的理解，所谓政治企业家“指的是能够帮助一个集团获得其缺乏的集体物品的人”。“由于与最优程度差距之大，涉及人数之多，能从根据集体物品的要求而组织一个大型集团中得益常常也是巨大的。因此，企业家会努力奋斗去组织大型集团。”“思路开阔的企业家能够找到或创造选择性激励来支持一个能向大型集团提供集体物品的，有一定规模的稳定组织。因而，在大集团中成功的企业家首先是一个拥有选择性激励能力的创新者。”①

奥尔森的这一简单提示，事实上包含着或者说可以引申出，关于大集团利益之委托—代理关系的一般结论。当一个大集团的公共利益（一种公共物品）由于集团成员缺乏个人利益动因而不能实现，我们就称这样的集团为潜在集团，其未实现的潜在利益是集团最优状态与其现实状态之间的经济差额，其存在表明社会经济尚有改善余地。在集团规模极大、集团人数很多时，这个潜在收益的绝对额往往非常巨大，因而必然地会吸引集团

---

① 曼瑟尔·奥尔森：《集体行动的逻辑》，陈郁等译，格致出版社、上海三联书店、上海人民出版社，1995年版。

内或者集团外的“政治企业家”进行寻利性创新活动，将此潜在收益转化为现实收益。为实现这一目标，我们的政治企业家们除了必须具备敏锐的眼光，对潜在收益的价值有比别人更清晰的认识，具有冒险精神，敢于先期投入巨大的个人资本之外，还必须能够做到以下两点：①他们必须采取有效手段组织起一个先锋组织，并通过这支队伍将集团的大多数成员动员起来，为实现集团的公共利益奋斗。这意味着大多数集团成员承认他的代理人地位，在某种程度上服从他的号令。当然这并不意味着理性的经济人会改变“搭便车”倾向，因此，“选择性激励”是必要手段。②他们还要为自己乃至整个先锋组织的成本—收益函数找到一个均衡点，他们必须在经过努力而实现的集团收益中分享一个适当份额，以弥补包括前期投入在内的全部个人成本而有盈余。很明显，没有这后一点，政治企业家的创新行为就缺乏必要的经济动因，但同样明显的是，我们的政治企业家只要有能力做到前述第一点而成为自上而下的“号令者”，实现这第二点，事实上也就在他的掌握之中了。他仍然是一个缺乏自下而上有力监督的代理人，他有权为自己颁发奖励，直至将全部已实现的集团收益据为己有。真正的难题反倒是在这样的情况下，他为什么还有必要为集团利益提供“副产品”，或者说，他为什么只是满足于分享收益，而不是独占全部“胜利果实”。

答案首先在于，政治企业家对集团成员实施选择性激励的权力，是以其集团利益代理人的身份为根据的。在这种我们所称的自上而下的主动代理机制中，政治企业家的确可以不经委托人授权主动采取行动。但是，权力的行使以服从为前提，要使千百万群众服从少数人指挥，跟随先锋组织行动，必须使他们相信这些人是共同利益的代表者，而不是从一己私利出发的冒险家。因此，第一，这里存在着一个代理人身份的竞争过程。多个政治企业家（或政治企业家小组）为取得集团代理人资格展开竞争，他们通过公开宣言、政策主张与全部政治行为向潜在集团表明自己代理人的诚意。这是一个类似于拍卖竞价的机制，不同政治企业家（或政治企业家小组）提供公共产品（潜在集团利益）的“报价”水平，决定竞争胜负。而决定竞争者报价的一个重要因素（不考虑欺骗性报价）是不同政治企业家的个人效用函数，一个个人偏好与潜在集团利益一致程度较高的政治企业家（或政治企业家小组），在分享较少剩余份额时就能够实现自身成本与收益的均衡，因而有较强的竞争力。这意味竞争有利于信仰与情感更接近潜在集体整体利益的政治企业家获胜，竞争选择“道德优胜者”。第二，实现大集团潜在利益是千百万人的共同事业，仅仅靠少数人的努力是不可能成功的。政治企业家可以组织起一支队伍，动员起一个集团，却不可能越俎代庖，以少数人的力量去完成一个必须由千百万人共同努力才能完成的事业。为此，他必须以真正的经济利益回报集团全体成员，以兑现作为集团利益代理人的承诺。进一步的分析还显示，主动代理机制的正常运作依赖于集团利益的实现是一次性事件，还是连续不断的过程。假定数额巨大的集团潜在利益可以一次性实现，政治企业家的承诺也许是不可信的。但如果集团潜在利益是一个连续不断的收益流，那么，理性的政治企业家们就可能选择恪守诺言的行为，自觉地维护自己集团利益代理人的合法地位，维护自己在集团代理机制中的稳定权力与持续利益。在这样的条件下，成功的政治企业家们自觉地限制自己的以及自己所领导的先锋组织的分配份额，是可以理解的。显然，保证绝大多数集团群众能够真切感受到实惠，是这一代理机制正常运转的必要条件，即使在全体委托人的自觉监督难以发挥作用的情况下，这个限制条件仍然自发地发挥着很强的“监督作用”。

股权高度分散的现代公司就是按照主动代理机制运作的。少数具有经营管理专门知识的企业家主动发起和设立公司，然后通过“选择性激励”手段动员起规模巨大的、不愿积极参与管理（“搭便车”）的投资者（公司股东）集团，为他们的利益管理公司，并分享剩余。在股权分散条件下，企业经营代理人的诚信守责有其自身利益的动因，与公司股东对经营者的监控力度没有直接关系，与公司股权结构以公有制为主还是以私有制为主没有明显关联。这种机制对投资者参与管理、监督经营者的要求很低，事实上，绝大部分小股东从不参与公司决策，最多只是在股票市场上“用脚投票”，来表示他们对经理阶层的满意程度，但集团成员的这种“退出”压力对主动代理人行为仍然具有有效制约。

我们提出了一种区别于由委托人自觉推动、代理人被动受命的典型代理机制的新型委托—代理概念，它以代理人主动识别委托人利益、主动承担代理人职责为特征，因此可称作主动代理机制。这种代理机制的产生有两个必要前提：一是委托人集团中的所有个人因“搭便车”倾向而不能为集团利益采取行动；二是集团潜在利益大到足以吸引政治企业家为之付出巨大代价。显然，这样的条件只有在委托人作为一个集团规模巨大、人数众多时才有可能出现。在这样的场合，主动代理机制无疑是克服委托人机会主义行为（“搭便车”）所造成制度障碍的有效手段，但也不可否认，这一机制在防止代理人机会主义行为方面功能相对较弱，有它自身不可克服的缺点。现实的委托—代理关系也许并不像理论分析那样，要么采取纯粹的受动代理，要么采取纯粹的主动代理。很多情况下，两种代理机制其实是混合作用、互为补充的，只不过在一些场合以受动代理为主，在另一些场合以主动代理为主。

四、公有产权的主动代理与代理人行为的经济动因

公产代理制同样可以通过主动代理机制建立与运作。劳动平等关系是全体公产成员共同享有的“公共物品”，它不仅给每个成员提供了满意的制度环境，而且通过公产激励机制给集团带来一个额外的产出量。但是，除非集团成员全体感受到劳动平等关系的存在，任何劳动者个人都不可能独自享用这个“公共物品”。个人的“搭便车”倾向是难以避免的，运用主动代理机制实现大规模公产组织的集团利益是必要的。值得注意的是，公产代理人对劳动的监督与管理，关乎两种经济剩余的生产：一种是相对于个

体劳动之总和的协作劳动生产力，可以称作团队剩余；另一种是相对于私有制经济的公产激励效率，可以称作公产剩余。两者都需要通过专业化管理劳动者的努力才能实现，并且都要通过对劳动的准确计量与有效监督才能实现，只不过两者对经济剩余的分配有不同要求。阿尔钦和德姆赛茨最早讨论了团队生产的产权安排问题，认为一个经济剩余完全为监督管理者所有的团队（一个古典的私有制企业）将实现生产效率最优化，但他们忽略了剩余分配对直接生产者努力程度的进一步影响。事实上，经济剩余完全归管理者所有的产权安排，由于牺牲了劳动平等关系的激励效应，在许多情况下未必能实现效率的最优化。公产代理制度是一种兼顾了经济的团队剩余和公产剩余的制度安排，它的剩余分配方式也必须兼顾双重目标，兼顾管理者与生产者的两种积极性，剩余分享制是其必然选择。这是公产代理制的重要制度特征，也是其制度安排上的最大难点。一个通过主动代理机制建立的公产组织，能否始终坚持经济剩余的分享制，并且使分享比例保持一个适度范围，不仅影响制度效率的高低，而且直接关系到制度本身的存亡。这不仅是个理论问题，而且首先是实践问题。

20世纪中国的公有制经济是通过由共产党领导的一场艰苦卓绝的人民革命建立起来的。这是一个典型的主动代理关系的建立过程，中国共产党是一个由先进知识分子（奥尔森称为“政治企业家”）发起与组织的先锋组织，公开宣称以谋取全中国绝大多数人民的根本利益为宗旨，坚持以有组织的武装斗争夺取全国政权为实现这一目标的手段。共产党人的流血牺牲终于成功，特别是动员了占全国人口大多数的农民群众，得民心而得天下。到50年代后半叶，共产党利用政权的力量完成了生产资料的公有化，党领导的政权机构实际上成为各种公有制经济组织的主动代理人——不仅国有经济的代理人是政府，甚至农村人民公社的集体所有制，也是由农村基层政权组织代行权力的。党和政府告诉广大工人和农民群众，他们是国家的主人翁，因此也是生产资料的所有者。实际的管理权在代理人手中，但像在任何一种委托代理关系中一样，代理人应当为委托人的利益行使权力。党向人民许诺：它将领导国家发展经济，实现现代化，不断提高人民的生活水平，并且在全中国的范围内消灭剥削，保证社会公平。尽管在不同的历史阶段，我们听到过不同的政治术语，但邓小平后来用最简洁也是最通俗的语言概括的“共同富裕”，始终是党给全中国人民的基本承诺。

中国共产党人至今信守诺言：党的高层（包括三代领导集体）表现出实践诺言的强烈的主观意愿，千百万共产党人始终团结在党中央周围，坚持站在这一民族复兴事业的前列。人民认可了党作为他们根本利益代理人的地位。但事实上，通过多层代表会议的自下而上的制度化监督对此并未起主导作用，党的自我约束是中国内陆公产制度维持至今的主要原因，约束的“原动力”来自多层代理结构中的最终代理人——中央委员会。这是否违背了经济学的基本原理，违背了个人理性行为的基本假说？近年来，由于公权被侵蚀现象日益严重和表面化，由于人民群众反对腐败的呼声日益高涨，一些经济学家做出了极端的回应，从理论上根本否认公产代理人忠诚尽责的可能性。在我们看来，这一类结论至少存在着严重的片面性。

分析改革开放以来公有制经济多样化演变的若干趋势，对于理解这一问题有重要意义。

改革是中国共产党领导的对公有制经济的自我改造。改革实际上是从农村开始，并且自下而上进行，但除了在农业承包土地的集体所有制中，农民群众有较大的自主权之外，改革中大量涌现的乡镇集体企业，却大多表现为自上而下的主动代理，或用老百姓的语言，表现为由少数党员干部发动的“能人经济”。这类乡镇企业或者直接以乡镇政府的名义创办，或者以企业职工集体的名义注册，都有以下共同特点：①企业的经营管理权掌握在少数几个甚至一个“能人”手中，他（们）不是由法律规定的公有产权的最终委托人选择和聘任，而是通过自己企业家式的寻利行为创建企业开拓市场而确立代理人地位的；②企业内部没有规范的职工大会或代表大会制度，企业职工集体不能对其产权代理人实行有效的监督与控制；③在自下而上的机制不健全的同时，企业经营者自上而下的管理控制却是强有力的，管理者对职工的奖惩（包括解雇）往往不需经过职代会的同意。

这里不想讨论小规模公产组织中主动代理关系产生的历史原因（原因可能包括改革初期意识形态的惯性，但更多地可能与国家税收政策和国家银行贷款政策的诱导有关），只是强调这样一个事实，即这种公产代理制度随着市场经济的发育很快就暴露出制度弱点。一方面，这种小规模公产组织的代理结构过于简单，产权代理与经营代理尚未分离，少数代理人拥有的权力过于集中，在缺少自下而上监督压力的情况下，代理人很容易从一己私利出发为所欲为。代理人将尽可能多地扩大自己的经济剩余份额，直到将全部经济剩余窃为己有。这样做当然会挫伤职工群众的劳动积极性，使企业丧失公有产权激励效应所能带来的全部收益，但和与全体职工分享剩余相比，代理人个人利益仍然增加。代理人的理性行为将导致公有制关系名存实亡。另一方面，这种局限在企业范围之内的公产组织一旦采取了主动代理机制，丧失了主动委托权的公产委托人将理性地选择“退出”方式表达他们的不满。一般情况下主动代理下的委托人有两种方法表达对代理人的不满，一曰呼吁，二曰退出。但现在向直接的上级管理者表示不满的呼吁方式成本太高了，它很容易引来报复，具有“搭便车”倾向的公产成员不会做此选择；相反，由于经济剩余已经被代理人独占，劳动者选择退出企业另谋职业的机会成本很低。随着不满者的纷纷退出，自下而上的监督压力消失，篡权者的地位也就日益稳固。总之，这种委托代理关系天平严重失衡的产权制度最终是不会有效率的。这不仅仅是因为公有制的激励效应必然逐步消失，还因为在法律所有权与实际的剩余分配权完全背离的情况下，名义上的公产代理人不可能集中注意于企业的经营管理，他的主要精力将耗费在维护非分权力上，这使企业效率低于同等条件下的私营经济。

制度导致的低效率意味着制度变革的潜在需要，现实的乡镇企业发展道路似已经证实了这一判断，早期通过主动代理机制创建的乡镇集体企业现在正经历不可避免的改制过程。改制的备选方案可以有多种：首先，经营者可以脱掉集体经济“红帽子”的方法直接实现企业产权私有化，使企业的法定财产权与实际财产权相一致；其次，随着企业职工民主意识的逐步增强，他们可以团结起来争取行使法定的委托人权利，使企业向规范的职工合作制转化，通过职工大会或职工代表大会制度强化对公产代理人的监控，直至重新选聘代理人；再次，企业职工还可以要求对企业实现股份制改造，将产权量化到每个职工个人，并通过股东大会行使股东权益，强化对经营代理人的监控；最后，我们还可以设想建立起来自企业外部的产权约束，如乡镇政府真正履行其公产代理人的职责，对企业经营者行使有效的监督。但这最后一种选择可能会引出进一步的问题，乡镇干部的忠诚与责任如何保证。在我们看来，这只是将前述问题从企业层次转移到了农村社区层次，基本的矛盾仍然是相同的，特别当同级（无论是乡、镇，还是村级）产权的企业可以组建为一个企业集团，企业集团的领导班子事实上政企不分时，事情更是如此。基本的判断是：在市场经济条件下，依靠主动代理机制建立的小规模公产组织不仅不能保证其代理人忠诚与尽责，而且缺乏制度运行的稳定与效率，充其量只能是一种过渡性的制度安排。

然而，在像国有制这样的大规模公产组织中，情况却有很大差别。一方面，主动获取大规模公有产权的代理资格需要建立庞大的组织严密的先锋组织，公产代理结构必然是高度复杂的。我国国有资产的管理制度无论从纵向层级还是从横向分工看都涉及许多机构和更多个人，而公产代理人对国有资产的剩余分享方式则更加复杂，关系到更多的方面。这就形成一种公产代理结构内部的制衡机构，任何个人或者少数人想要过度摄取都极其困难。我国市场经济体制的发育中，国有企业经营者的权力不断扩张，自上而下的约束作用减弱，以至于出现了经济学所称的“恶意代理人”问题，但前述在乡镇集体企业中所发生的过程，在这里却遇到了强劲阻力。由于权力的划分，来自企业之外的产权约束不允许经营者独占公产剩余权；相应地，公产代理结构的下层对其“上级领导”也形成一定的制约。这种被我们称作民主集中制的制度安排，在优化先锋组织内部自我约束机制方面确有不可忽视的作用，它虽然不能等同于亿万委托人对少数代理人自下而上的全面监督，却是弥补主动代理制制度缺陷的有用工具。

另一方面，公产组织的范围越大，广大公产成员用退出方式表示不满的可能性就越小，因为另寻可替代选择的范围也越来越小了。在国有制经济中，任何一个公产成员的退出都几乎是不可能的。因此，在这样的场合，委托人对代理人行为表示不满的主要方式就转换为呼吁。请注意，这里所说的公产成员并不仅仅指国有企业职工，更多的国家主人翁不在国有经济中就业，但他们都同样有权利请求国有产权的代理人履行诺言；而所谓退出，也不应该理解为从国企就业岗位上退出，而应理解为从国家公民的合法身份退出，这对绝大多数老百姓来说几乎都是不可能的。由于呼吁成为表现不满的唯一渠道，它会被积累而不断高涨，除非代理人采取有效措施消除或者减弱委托人的不满，否则，呼吁产生的张力最终必然导致更激烈的政治行动。这是一个博弈双方均无退路的对策环境，要么把不满控制在有限的范围内，要么走向毁灭。理性的政治企业家们没有理由选择后一种结局。以忠诚尽责的代理行为维护自身道德形象，进而维护自身权利的合法性，至少对于公产代理结构的最高层来说，行为的合理性是无可怀疑的。

也许这里的分析仍然不能令具有形式化偏好的经济学家们满意，也不可能产生像数学原理那样的必然结论。事实上历史曾经给出过相反案例，这不能解释为像戈尔巴乔夫那样的政治企业家的非理性行为，倒是可以理解为苏联国有财产的产权代理人（政府官员）与经营代理人（国企经理）瓜分剩余权的一次合作博弈，一个针对全体公有财产委托人的串谋行为。这里的讨论只是想指出，事实上存在着一种区别于多层代表会议制度自下而上监督的不同的约束机制，它对规范大规模公产组织产权代理人行为确有实际意义，能够从另一个角度解释像国有制这样的公产组织中代理人忠诚尽职的经济动因。对于保证代理人行为的绝对善意来说，它可能是不充分的。但是忽视它的作用，人们对公有制经济委托—代理关系的现实，只会有更多的迷茫。

到目前为止，我们只是用经济学的方法讨论了用主动代理方式取得公产代理人地位的政治企业家所面临的决策环境，讨论了他们理性地选择履行诺言或者不履行诺言的原因。由此引出的结论有两点：①在小规模公产组织中，主动代理机制只是一种过渡性制度安排，除非向受动代理机制转化（如实行职工合作制），否则公有制将为其他所有制形式所取代。②在大规模公产组织中，主动代埋机制有可能产生出区别于受动代理的约束机制，将政治企业家集团（这里指公产代理组织的最高层）的代理行为限制在一个合理范围内，遵守诺言的主观动因是存在的。当然它并不完善，因此需要有自下而上的多层代表会议制度的补充，并且随着政治民主化的进程，后者的作用还应当逐步加强。

但是，有主观愿望是一回事，有实现愿望的手段与方法则是另一回事。在我国公有制经济五十年的发展历史中，真正的问题从来就不是出在高层决策者主观善意上。严重的问题主要在于实现愿望的手段，人们不知道如何运用手中的权力去提高公有经济的效率，在一个民族国家的范围内最大限度地实现劳动者之间分工平等、分配平等，充分调动千百万劳动群众的积极性与创造精神。历史表明，这的确是一个历史性的巨大难题。

第二章　资源配置与公有资本

一、资源配置方式与产权的配置效率

社会主义公有制与资源配置效率没有根本冲突，运用经济学传统的讨

论方式，假定经济运行的交易成本与信息成本为零，不难证明，劳动平等关系与资源配置效率具有内在的一致性。由此引出的推论是：公有制的激励效率与资源配置效率同样具有一致性。

首先，在只有劳动力这一种生产性资源的理论模型下，劳动的分工平等法则必然导致资源配置的帕累托最优状态。分工平等是以承认个人劳动能力的差异性为前提的，此处的平等建立在劳动能力不平等的基础上，不过是劳动者“各尽所能”“各显其才”的更加理论化的说法。用现代经济学的语言，这是在个人劳动能力既定、社会劳动岗位既定前提下的以产出最大化为基准的集体选择行为，选择的结果必然是社会劳动力资源配置的最优化。

其次，物质要素的合理配置与有效利用，全部可以还原为劳动投入问题。只要在科学劳动、经营管理劳动与直接生产劳动三个层次上投入必要的时间与精力，我们总是能够将既有的物质生产要素全部配置到合理的位置并且有效地加以利用。但集体必须对这些劳动投入进行分配、计量与监督，投入在物质资源配置与利用效率上的劳动力分配、劳动计量或者劳动成果评价问题，显然要比直接生产产品与劳务的劳动力分配、劳动计量与劳动成果评价问题复杂得多，也困难得多，但在忽略了交易成本与信息成本的经济分析中，这种差异是可以忽略的。

最后，在要素存量既定的前提下，劳动的分工平等原则不仅能够实现人力要素的合理配置，而且能通过合理分配“配置与利用物质资源的劳动”，间接实现对劳动者共同拥有的物质要素的合理配置与有效利用。从这个意义上说，劳动平等的公有制关系与私有制基础上的市场关系在资源配置功能上完全等价，它们同样能够导致帕累托最优的结果。

但是在有交易成本与信息成本的现实世界，资源配置的具体方式就必须给予充分考虑。不同的资源配置方式会有不同的交易成本，因而对资源配置效率有极不相同的影响。考虑到公有制与不同资源配置方式的不同关系，它与资源配置效率是否具有一致性，就需要具体问题具体分析了。

在单个公有制经济组织的范围之内，由于公产集体是唯一产权主体，劳动者一旦加入集体成为其成员，他的劳动力就归集体支配。公有制组织的资源配置自然要通过全体劳动者的集体决策有计划地进行。计划经济并不是马克思的凭空想象，而是在对资本主义经济的实际观察中发现的区别于市场配置的另一种现实的资源配置方式。马克思区分了资本主义经济中的两种分工形式（资源配置方式）：社会内部的分工是通过市场商品交换进行的，工场内部分工则是通过资本家的有计划的管理过程进行的。在马克思看来，前一种分工形式由于生产的盲目性与无政府状态，必然造成社会资源的巨大浪费，而后一种分工形式则由于生产在事前有计划的安排，可以提高资源利用效率，减少不必要的浪费。因此，有计划的工场内部分工比盲目的社会内部分工更有效率。只是因为资本主义私有制的障碍，有计划的分工方式不可能推广到工场外部，不可能形成全社会范围的有计划经济。一旦资本主义的私人占有方式为社会主义公有制取代，全部社会生产就有可能组织成为一个“大工厂”内部的计划经济，这将从根本上改变资本主义生产的无政府状态，极大地提高生产性资源在全社会范围内的配置效率①。

马克思的失误并不在于他完全忽视了交易成本的存在，用零交易成本的不现实假定展开其经济学的分析。恰恰相反，他比其他人更清楚地看到资本主义商品生产的巨大交易成本，希望找到一种能够节约交易成本的生产方式取而代之。马克思的失误在于，他没有正确估计工场内部分工推广到全社会所引起的成本变化，忽视了后来被列宁称作“国家大工厂”的资源配置方式巨大的运行成本。哈耶克在与兰格等人的辩论中主要强调的就是对手的这一疏忽，在哈耶克著述的年代，“国家大工厂”因交易成本过大而带来的运行问题，它所造成的社会资源的无谓的巨大的浪费，已经越来

① 马克思：《资本论》第1卷，人民出版社，1975年版。

越清晰可辨。在这一点上，哈耶克的批评是极有杀伤力的。但是哈耶克的逻辑并不严密，他在指出计划经济存在巨大交易成本的同时，并没有将它与市场经济的同样是巨大的交易成本进行有效的比较，至少他没有从经济学的理论上说明，为什么资源的市场配置方式从总体而言要比资源的计划配置方式耗费较少的成本。

罗纳德·科斯给出了一个简单明了的分析框架，以说明两种资源配置方式交易成本的差异。他首先假定，市场运行的交易成本既定，而小规模计划体系（他称为"命令服从体系"）运行的成本比市场交易成本要低。他认为，这就是企业能够在市场机制的"汪洋大海"中生存的原因。但他进一步指出，计划体系的运行成本会随着生产规模的扩大逐步递增，不仅是制度运转的成本总量会增加，而且产出的边际交易成本也呈递增趋势。这样，由于企业生产规模的扩大，计划体系的范围相应扩大，单位产出在计划体系中所耗费的交易成本就会逐步增加，直至与市场交易成本相等的那一点。那是决定企业规模的界限，也是计划体系与市场体系效率优势的转换点①。看来，资源配置的两种手段并没有绝对的优劣之分，它们各自适应不同的经济规模而具有不同的相对优势，因此，企业内部的计划体系与企业外部的市场体系同时并存，相互依赖。现代市场经济体制无非是由无数内部遵循命令服从原则的企业整合而成的"企业体制"。从整体而言，有效率的资源配置方式就是企业与市场的边界适当界定的方式，就是计划与市场各得其所的方式。当然，计划与市场的合理边界不是固定不变的，它随生产的技术手段、交易手段以及分工协作方式的变化而变化。在不同的产业与不同行业会有很大的差异，就是在同一行业内部，不同企业面对的具体环境也会有很大差异，合理的企业边界因此也各不相同。但在交易环境的特征结构既定的前提下，两种资源配置方式相结合的有效状态总是可以确定的。

---

① 罗纳德·科斯：《论生产的制度结构》，盛洪、陈郁译，上海三联书店，1994 年版。

现代经济中产权制度的配置效率必须在这样的背景下讨论。一种产权制度的资源配置效率，取决于它与两种资源配置方式有效结合状态的匹配程度，以及它对两种配置方式灵活转换、不断调整的适应程度。一种适应企业边界合理界定和有效变动的产权安排是有效率的，相反就是无效率或者低效率的。

二、公有制与资本主权的对立与统一

怎样的产权安排才能适应企业边界合理界定有效变动的需要呢？市场经济发展的历史事实表明，在大多数情况下，一种由资本与劳动两要素的市场合约构造的企业产权安排，是最有利于企业边界的灵活调整与两种资源配置方式的有效结合的。这是一种资本与劳动的剩余权让渡合约，通过合约，资本取得了对劳动力的剩余控制权和剩余索取权，从而成为企业产权的所有者。资本所有者，也即企业产权所有者，现在成为计划与市场两种配置方式在企业内外的交汇点与连接枢纽。对内，他是计划体系的中枢神经，是全部企业资源的控制者与支配者；对外，他又是市场体系中的一个独立单元，一个产品市场、资本市场与劳动力市场的平等交易者①。企业的资本主权，是保证两种资源配置方式灵活调整的最有效的制度安排。根本的原因在于，物质生产资料与劳动者的分离，是现代市场经济灵活调整资源配置的必要前提，当两种资源分别属于不同所有者，它们通过市场契约组合或者拆分就有灵活性。资本主权型合约产生的前提条件就是两大要素所有权的分离②，正是这样一种生产要素的产权分配的初始状态，使得物

① “企业产权的特殊功能给其人格代表，即企业所有者规定了特殊的社会地位。一方面，他是市场交换的平等参与者；另一方面，他又是企业内部高高在上的‘独裁统治者’。”“企业产权的这种性质使它具备了在市场与科层两种结构中发挥组织功能的可能性，使它成为市场与科层的结合部与连接点，成为企业制度的枢纽与核心。”（荣兆梓等，1992）

② 马克思认为，资本雇佣劳动的前提条件是“劳动者和劳动实现条件的所有权之间的分离”。“资本主义生产方式的基础就在于：物质的生产条件以资本和地产的形式掌握在非劳动者的手中，而人民大众则只有人身的生产条件，即劳动力。”

质生产过程只有在生产的两大要素通过市场结合到一起的时候才能进行。企业合约就是它们结合的必要途径。不仅如此，在这种合约形成之后，企业所有者对两大要素的占有关系仍然存在差异，所有者对资本价值的占有是永久的，而对劳动力的支配则只以契约规定的时间为限，调整随时可以进行。

相比之下，另一种可供选择的企业产权安排——企业劳动主权（由劳动力所有者拥有契约剩余权）——在资源配置方式变动、企业边界调整中，就没有那么明显的适应性与灵活性。劳动主权型合约的产生，要以劳动者对自身劳动实现条件的所有权为前提，无论产权的初始安排是生产资料的劳动者集体所有还是劳动者个人所有，两种要素最低限度的直接结合是前提。“自由得一无所有”的劳动者不可能通过自由的市场合约取得企业所有权。即使是通过贷款间接融资，至少也需要支付利息并且提供担保，正如相关学者指出的那样，人力资本没有抵押功能和承担风险能力，两大要素完全分离条件下不可能产生出劳动主权的企业合约。而这种合约一旦形成，作为企业所有者的劳动者就同时永久拥有了两种生产性资源，这不妨碍企业内部的计划协调，但对于企业外部的市场协调却无疑是严重障碍。

公有制本质上是劳动者的平等权利。劳动主权型企业天生与公有制不可分割。公有制的产权形式包含着保障劳动者主权的三重密切相关的规定性：①公有制只有唯一的产权主体，但它由多个劳动者成员构成；②公有制的产权客体是统一不可分的，它完整地属于集体所有，而非分别属于各个成员个人；③公产成员之间的财产权利是平等和无差异的，他们同等地享有集体决策的权利（或称社员权），在集体内部同等地享有“按能分工”“按劳分配”的权利。这些法权规定对于劳动平等关系的形成与稳定十分必要，但似乎与资本主权的企业合约不可兼容，因此也很难发挥市场机制的资源配置作用。公产成员的身份不可出售，产权客体也不能随个别成员的去留而任意分割，这不利于劳动力的自由流动；由于个人对资产权利的平等与无差异，公有制经济在内部清除了资本报酬的必要性与可能性，因此，企业内部的劳动平等关系不能与企业外部的资本市场衔接。公有制有利于提高劳动者的生产积极性，有利于提高生产的激励效率，但在资源配置效率上必须付出代价。

公有制在市场经济条件下的探索实践表明，对公有制经济的上述理解具有很大的片面性。社会主义公有制的历史特征，在劳动者的整体利益与个人利益的对立统一中展开，劳动者的生产资料公有制与个人劳动力私有制同时并存，劳动者的平等权利与建立在劳动能力不平等基础上的分工与分配差异性同时并存，公有产权对公产组织范围之外的其他经济主体的排他性（外排他性）与对公产组织内部成员的排他性（内排他性）同时并存。当代公有制经济的这种内在矛盾，蕴含着两大生产要素既相统一又相分离的双重可能性，其矛盾运动的逐步展开必然呈现出劳动主权型企业与资本主权型企业并存的更加形式多样的现实图景。

首先，公产关系中劳动者的双重身份是我们理解公有制内在矛盾的关键。公有制的产权主体具有唯一性，劳动集体作为一个整体是公有财产的唯一所有者。劳动者首先是公产主体的成员，作为公产成员而拥有决策平等、分工平等与分配平等的同等权利，但他们同时还是个人劳动力的所有者。作为公有产权唯一主体的劳动者集体与作为劳动力所有者的劳动者个人，产权上具有相互排他性。正是劳动者对两种生产性资源的不同占有方式以及在两种占有方式中的不同身份，决定了社会主义公有制条件下劳动者与其生产的物质条件相对分离的可能性。

其次，劳动者集体对公共产权的行使必须通过公产代理制，人们根据“能力主义”的原则选择公产代理人，赋予他比普通劳动者更多的决策权力，这是劳动的分工平等与决策平等的内在矛盾。在代表会议制度与多层代表会议制度中，这种矛盾进一步展开，使得单个的劳动者越来越远离公产主体的决策中心，其参与平等决策的能力逐步减弱。在极端情况下，自下而上的公产代理关系转化为自上而下的“主动代理”关系，基层劳动群众参与集体决策的功能进一步弱化，而劳动力个人所有者的身份单方面突现，以至于在公产组织的高层代理人与广大公产成员之间，委托人与代理人的关系发生颠倒，或者说自下而上的委托代理变得模糊与不清晰，而自上而下的命令服从关系却清晰可辨。

可见，劳动者的双重身份在公产代理制度中有可能裂变，劳动者的两种财产权利在复杂的代理制度中有可能分别地由两部分集体成员承担。据此我们有理由认为，公有制与两种生产性资源所有权的分离没有绝对冲突，社会主义公有制不仅可以与劳动主权型企业衔接，也可以与资本主权型企业接轨，其资源配置效率的优劣，更多地取决于特定交易环境结构下具体的公有制实现形式的选择。

三、合作制与股份合作制中的资本权益

假如公有产权规模恰好与资源配置方式的有效状态一致，即恰好与企业的有效规模一致，那么，公有制与市场机制大体上是能够协调的。公有产权的对外的排他性，决定了它在企业外部的市场上能够与其他经济主体，包括不同所有制性质的企业平等交易。特别是当公产组织摆脱自给自足状态，成为专业化的商品生产者，其独立的公有产权完全能够保障它在生产经营中的独立性。但这只是就产品市场层面而言的，一旦企业需要通过资本市场或者劳动力市场调整经营规模，问题立刻就复杂化了。

以一个典型的职工合作制企业为例，当企业需要扩大经营规模时，可以根据入社自由的原则，吸收新的合作社社员，但是新社员入社与老社员享有同等权利，这稀释每一个老社员对公有资产的权益，必然引起对新社员的排斥。一个合理的解决办法是新社员带资入社，保持新老社员资产权益上的平衡。但这样一来，合作制企业的规模扩张就受到限制，它必须在

资本与劳动同步扩张的情况下才能进行。当企业规模需要收缩，如需“减员增效”时，职工合作社的难题就更大，如何通过集体决策“解雇”无过失的拥有同等权利的伙伴？社员退社时能否带走部分公有资产？事实上大多数合作社在出现经营困难时不选择“减员增效”的办法，而选择减少劳动报酬共渡难关的办法。但这种办法只适用于临时性的经营困难，如果是技术进步所要求的永久性减员，在职工合作社的制度框架中协调难度极大。相应地，当企业发展要求扩大投入，提高“资本”技术构成时，公有制经济也会遇到困难的选择。企业的自我积累总是有限的，靠借贷发展受企业自有资金的局限，但普通企业利用外部投资扩大经营规模对于职工合作社来说却很难行得通。外部资金的投入会逐步改变企业产权结构，进而改变合作社内部劳动平等的经济关系，因而合作社规定“资本报酬适度”原则以保护内部生产关系的稳定性，强调社员在决策中“一人一票”原则以保障劳动者的平等权利，但这样一来，外部投资者的权益被削弱，合作社的外部融资不说不可能，至少也是极其困难的。①

观察现实的公有制组织如何在激励效率与配置效率间寻找平衡是有趣的。

以西班牙的蒙德拉贡工人合作社为例，他们在实践中创造了一种叫作“个人资金账户”的资金管理办法，每个工人从加入合作社第一天起就建立一个“个人资金账户”，账户上不仅有他带资入社的初始资金，而且还有每年度根据个人工作指数从企业盈余中分得的“个人资金账户”基金。这部分量化到个人的资金与集体准备金一起承担着企业经营的风险，在个人工

① 奥塔·锡克认为一种被称作“合作公司”的公有制模式能够解决劳动力转移的困难，其要点有三：①企业资本财产对个人“中立化”，即产权归生产集体全体成员共同共有，不得量化到人；②合作公司由受聘的专业经理人员按照资本原则经营管理；③公司利润在全体成员间按劳分配。（奥塔·锡克，1989）事实上这一方案并不能解决劳动力转移困难，既不能消除新工人进入的障碍，也不能消除生产集体成员非自愿退出的障碍。根本的原因是“中立化资本”对不同企业的生产集体并不中立，资本的经营收益事实上归企业职工共享，不同企业的资本人均收益会有很大差别，这种归不同生产集体拥有的不同资产权益，导致了劳动力在不同企业转移的困难。

作期间不得抽回，不能预支，只有到个人退休后的某一时间才允许由个人支取。尽管这部分资金在个人间分配的差异很大，但与股份资本不同，它既不是合作社盈利分配的依据，也不是社员大会上表决权的依据。可以这么看，蒙德拉贡的合作社工人除了得到工资报酬之外，还通过利息与"个人资金账户"两个渠道分享企业剩余，利息收入是依据按资分配原则，"个人资金账户"是依据按劳分配原则。实践中，后者的分配比例远远高于前者。但正如许多学者已指出的那样，"个人资金账户"中的那部分劳动报酬被"强迫储蓄"，为合作社所用，不仅如此，它实际上还被"强迫投资"了，按规定，"个人资金账户"的这部分资金在企业出现亏损时与集体准备金一起承担还款责任。① 由此不难理解蒙德拉贡的合作社组织者们的良苦用心：一方面，他们最大限度地挖掘合作社全体社员的储蓄潜力，尽可能利用内部力量解决合作社的融资困难，甚至不惜利用强制手段将收入转化为储蓄，将储蓄转化为"准投资"，以增强合作社的借贷能力，使合作社有可能利用外部资本市场；另一方面，他们尽最大努力维护合作社原则，阻止个人储蓄转化为股份资本，限制利息支付的数量和范围，将合作社的内部分配维持在"按劳分配"为主的限度内，最大限度地保障合作社经济的劳动主权与公有制性质。蒙德拉贡的发展表明，在对按资分配原则做有限让步的条件下，现代工人合作社可以与市场经济的资源配置方式衔接。

中国的股份合作制试验具有更强的典型意义。这一改革试验在 20 世纪 80 年代首先在乡镇企业的发展中崭露头角。当时它的产生主要满足两方面的制度需求，一方面是新老集体企业对适合市场经济要求的新型合作经济的制度要求；另一方面是各种所有制形式的企业对股份制、公司制改造的强烈要求。1990 年农业部出台的《农民股份合作企业暂行规定》以及 1992 年颁布的《关于推行和完善乡镇企业股份合作制的通知》，强调企业的股份

① 汉克·托马斯、克里斯·劳甘：《蒙德拉贡——对现代工人合作制的经济分析》，胡庄君等译，上海三联书店，1991 年版。

制构架，如股份资本的界定、股东权益的保障等等，而很少注意体现合作制原则。但在实际操作中，由于乡村集体股、职工集体股以及社员股、职工股在一部分企业中占有较大比重，这部分企业的合作制特征仍然比较明显，主要是：企业或社区外部投资比重较小，职工或社区居民个人持股相对平均，职工集体或社员集体在企业决策中占主导地位，职工或社员分享企业利润等。一句话，劳动者而不是投资者仍然在这些企业的权利与利益分配中占主导地位。1994 年初，国家体改委生产司提交一次会议讨论的《城镇股份合作制企业暂行规定》（讨论稿），提出“全员入股，资本与劳动结合”以及股东（职工）大会表决实行一人一票的原则，体现了将合作制原则明确载入股份合作制试点规范化文件的意图。1997 年 6 月，国家体改委《关于发展城市股份合作制企业的指导意见》正式出台，这是一个以改革实践为基础突出强调合作制原则的重要文件。文件强调：股份合作制是采取了股份制一些做法的合作经济，是社会主义市场经济中集体经济的一种新的组织形式。在股份合作制企业中，劳动合作和资本合作有机结合。劳动合作是基础，职工共同劳动，共同占有和使用生产资料，利益共享，风险共担，实行民主管理，企业决策体现多数职工的意愿；资本合作采取了股份的形式，是职工共同为劳动合作提供的条件，职工既是劳动者，又是出资人。在此文件指导下，1997 年以后我国城市股份合作制的发展较多地表现出以下特点：①企业集体股与职工个人股在企业全部股份中占多数；②职工持股相对平均；③企业决策实行一人一票原则，更多体现劳动者之间的平等权利。

当然，作为一种新的改革实验，股份合作制无论在理论还是实践上都仍然在探索中，表现出制度安排的多样性和不稳定性的特点。但现有的实践已经可以说明，利用股份制框架建立职工合作经济具有广阔的前景。股份公司制度框架的一个基本特点是，它把企业资本分解为虚拟资本与现实营运中资本两个层次，在虚拟资本（股份资本）层次上保持资本所有权的可分割、可让渡性，而在现实营运中资本（公司法人资本）层次上强调产权的唯一性与不可分性。这样，在虚拟层次上，股份资本可以通过资本市场灵活地进入与退出；在现实层次上，公司法人资本则直接与劳动力商品交换，通过市场机制实现劳动力的进入与退出。这个制度框架对资本所有者与劳动力所有者的身份没有特殊要求，在典型情况下，二者处于分离状态，股份制企业的剩余控制权与剩余索取权全都由资本所有者（股东）与其代理人拥有，企业职工不分享企业产权。股份合作制的关键在于，在股东与雇员身份分开的形式框架内，让两种角色由同一人群担当，构建企业劳动者主权的实质内容。很显然，在这样的形式框架中保持那样的实质内容并不容易，只有当企业全部股份恰好为全体职工持有，并且股权完全平等时，二者才能真正一致。而在允许资本与劳动力资源自由流动的条件下，这种状态既不可能完全实现，更不可能持久。股份合作制所要求的其实只是股东与职工范围大体吻合，以及股东持股大体均等。如全员持股条件下职工集体股与职工个人股占企业总股本的50%以上；职工个人最高持股份额与最低持股份额之比不得超过5:1，如此等等。在此基础上，股份合作制要求股东（社员）大会的表决实行“一人一票制”，企业收益分配贯彻以“按劳分配”为主的原则。

为了加强与外部要素市场的衔接，股份合作制事实上有限度地将资本关系内部化了，它允许企业的资本所有者与劳动者在一定程度上分离。这是在公有制前提下最大限度兼容了生产的激励效率与资源配置效率的制度安排。即使如此，二者的矛盾仍然不可能完全消除。一方面，由于向资本报酬原则较多让步，即使是规范的股份合作制企业，其外部投资者也必须按照资本市场价格分享企业利润，企业职工的股利分配也有较大差异，一些企业（特别是社区居民合作制企业）还大量雇用不拥有任何企业产权的外来打工者，其内部劳动平等关系的实现程度显然比规范的工人合作社更低（读者可比较我国改革中的股份合作制企业与蒙德拉贡的工人合作社），因而它已经牺牲了一部分公有制的激励效率。另一方面，企业经营发展引起的资源流动与重组完全可能突破劳动主权所要求的特殊股权结构，从而使企业由劳动主权向资本主权演变。现实经济中存在很大一批“股份合作制”企业，职工股、集体股份额过小，职工个人间持股差距过大，以至于企业不得不承认资本所有者在决策与分配中的主导地位，这类企业对资源配置效率的关注已经超过了对公有制激励效率的关注。也许这正是股份合作制的产权形式具有强大生命力的原因之一，它在产权的激励效率与配置效率之间给出更大的选择空间，从而能够适应不同交易环境结构的更广泛的要求。但这样一来，它同时也就跨越了公有制与私有制的界限。

四、公司制改革与国有资产的资本化

假如公有产权的范围远远超出企业有效规模的边界，以至可以将多个企业甚至许许多多个企业包含在内，那么它所遇到的麻烦就更多。公有经济产权主体的唯一性，决定了在它内部不可能有多个独立经营、自负盈亏的经济主体。要么保持公有产权的完整性及其内部的“计划经济”而牺牲资源配置效率，要么承认企业的独立性引进市场机制而使公有制经济瓦解。许多人认为，并且至今仍然认为，公有制在这个问题上没有出路。

中国改革的第一个成功经验偏偏就从这里突破。农村土地集体所有制虽然不是什么大规模的公有产权，但在社队一级的集体劳动、统一核算的“计划经济”中，资源的配置效率始终不高，土地的利用效率不高，劳动力的利用效率也不高。这与农业生产的特殊环境有关，土地自然条件的千差万别，农业劳动的非标准化，再加上我国农村地少人多的特殊国情，土地产出率成为农业生产的主要指标，特别地要求对每一块土地“因地制宜”，充分发挥其潜力。因此，即使在生产队一级的集中计划指挥也变得异常复杂。农业合作化以后，我们在集体劳动的框架内探索各种管理模式，结果屡试未果。农业联产承包责任制在保持土地集体所有制不变的前

提下，实现了以家庭为单位的农业生产经营，奇迹般地提高了农业生产率。随着农村商品经济的发展，承包农户逐渐成为独立自主、自负盈亏的商品生产主体，成为名副其实的经济学所称的“商号”。但它们所用的主要农业生产资料——土地仍然是公有的，是他们从集体承包的。农村改革的成功表明，在公有制的范围内使农户成为拥有独立产权的商品生产者是可能的。

当然，农村改革有其特殊性。农村土地公有制的必要性，一方面固然与组织农田水利基本建设的需要有关，但在我国工业化发展阶段“二元结构”的特殊国情下，农村土地公有制的另一方面重要原因是：以农民拥有土地作为一种基本的社会保障，防止土地向少数人手中里集中和大量丧失土地的农民丧失生存权利，保证社会安定与城市化过程的有序进行。在这里公有制其实还起着制止、至少是阻缓土地买卖和流动的作用。农村改革的经验不能照搬到国有经济。国有企业改革在使企业成为独立的商品生产者与经营者的同时，还必须实行资本与劳动力在市场上的自由流动，以实现社会范围内资源配置的优化。经过许多年的反复实验、反复探索之后，人们终于意识到，依靠经营承包责任制，国有企业的改革不可能达到预定目标。

建立现代企业制度的改革思路终于应运而生，其核心是大中型国有企业的公司制改造。

股份公司制度本来是为解决过于分散的私有产权与社会化生产的矛盾而发明的，它使统一的资本所有权分解为虚拟资本与现实营运中资本，使虚拟层次上的分散股权与现实营运层次上统一的法人财产权相得益彰。现在回过头来看，19 世纪下半叶到 20 世纪上半叶，资本主义私有制在组织社会资源方面确曾面临严重危机，它主要体现在两个方面：第一，私人占有的狭隘边界阻碍了生产力发展所要求的企业边界（也即资源有计划配置的边界）的扩张；第二，企业规模扩张导致的垄断妨碍了市场机制对资源的有效配置，这就是所谓市场失效现象。资本主义私有制并不天然与现代市场经济完全统一，它是在经过反复摸索与痛苦选择之后，才找到自己适应大规模生产与大规模销售结合条件下资源配置的新的实现形式的。公司法人制度对分散的私人资本实行整合，从而极大地扩展了私人占有的狭隘边界；政府对垄断企业的干预以及公营企业直接介入自然垄断领域，缓解了垄断对竞争的矛盾，维护了市场机制在资源配置中的主导地位。资本主义终于逃脱劫难，恢复自信。

具有讽刺意味的是，20 世纪的社会主义刚刚建立，就遭遇了与资本主义类似的困境，其产权制度与有效的资源配置方式之间的矛盾，最终导致了普遍的以市场取向为特征的经济体制改革。所不同的是，这里公有制过于扩张的产权规模阻碍企业边界的有效界定，改革要求减少政府干预，利用公司法人制度分解公有产权。现在公司的作用被颠倒过来了，一个虚拟层次上统一的国有产权将分解为许许多多现实营运中的企业法人财产权，或者将投向许许多多的不同企业而成为相互独立的法人资本的组成部分。与在私有经济中相同的是，资本在虚拟层次上保持了原生的产权分配状态，而通过现实营运中资本的产权重组实现了产权分配与企业边界的匹配。正因为如此，公司制在私有经济条件下优化资源配置的作用，对国有经济同样有效。这主要表现在两个方面：一方面，资本运动在两层次上的相对分离，使其转移与重组更加灵活，并且更少社会震荡与社会危机；另一方面，职业经理人不受自身财产权的限制而与资本所有者分享企业剩余，其人力资本被更加充分更加有效地利用。相应地，公司制在私有经济条件下的缺陷与不足，在公有制条件下也会以几乎相同的形式表现出来，如脱离现实经济的虚拟资本的泡沫化，摆脱产权有效约束的企业内部人控制等等。

但是，人们也许没有注意到，企业层面上的公司制改革过程正在改变国有资产的整体属性，使之具备了完整意义上的国有资本性质。

与其他公有制形式不同，生产资料的国家所有制一开始就表现出生产资料所有者与劳动者不能完全重合的特点，即使在高度集权的计划经济条件下也是如此。国有产权的主体成员范围远远超出国有企业职工的范围，其公有产权主体构成的类型属于 B2 型，因此即使是“国家大工厂”，全体雇员的共同决策也不能代表全民所有者的意志。由于公产组织的规模过于庞大，自下而上的公产代理成本过于庞大，国家所有制只能依靠少数政治企业家的主动代理行使公产权力，依靠政府机构管理公共财产。“国家大工厂”有选择地雇用全民所有制职工，通过工资形式支付劳动报酬；国有企业利用利润指标进行经济核算，其资产的增值与积累不可能仅仅为企业职工或者全体“国家大工厂”雇员谋利益，它承担着国民经济发展与全民福利的责任。根据这些特点，我们可以判定，国有资产已经具有了部分公有资本的性质。但在计划经济条件下，国有资产的资本性质是不完整的。由于国有经济在农业生产之外全部经济领域的绝对垄断地位，一方面，国有资产的配置与重新配置不是通过市场，而是通过覆盖全社会的计划体系，事实上在“国家大工厂”之外不存在能够与之在资本市场上平等交易的经济主体；另一方面，劳动者与国有资产不是在市场，而是在统分统配的计划体系中相遇，他们只有站出来让国家挑选的义务，而没有“双向选择”的权利，而一旦被选中成为全民所有制职工，却又取得了“不得解雇”的特权。没有产权多元化与竞争性市场的存在，没有生产的两大要素在市场上的交易与流动，完整意义上的资本关系就不可能产生，即使是公有资本也是如此。在市场化改革的过程中，由于多种经济成分的迅速成长，国有经济的垄断地位开始动摇，国有企业的自主权利与独立利益逐步确立，但是在很长一段时间里，统一的国有资产仍然不能分解为相互独立的企业法人产权，以企业为主体的资本市场与劳动力市场都不能健康发育，这不仅影响国有企业本身的效率，而且严重妨碍了全社会范围的资源优化配置。

公司制改革首先解决的就是这个企业产权独立问题。一方面，在虚拟资本层次上，虽然国家对国有资本产权主体的唯一性未曾动摇，但原来不可分割的国有资产产权客体已经在价值形态上被分割为许许多多股份，每一股份都能在资本市场上独立地买卖，通过市场自由地在企业间进退。另一方面，在现实营运中资本层次上，统一的国有资本已经被分解为许许多多公司法人资本的组成部分，公司法人作为独立的产权主体拥有自己独立的企业资产，它们通过市场交易增加或者减少自己占有的资本与劳动力，灵活调整企业边界，而不再受任何股东产权的限制。因此，公司制改革与公司法人独立产权的形成是国企改革的里程碑，至此，国有经济中资本与劳动分离的过程终于完成。尽管在虚拟资本层次上国有股权的产权主体并没有发生变化，但在现实营运中资本的层次上，公司法人财产已经与股东财产分开，不论股权结构如何，公司产权主体都是一个法律拟制的独立人格，它区别于任何股东人格，更区别于作为国有制产权成员的任何一位“国家公民”。公司法人作为千万资本所有者中的一员，通过劳动力市场与其潜在的雇员相遇，没有任何产权关系的牵挂，更不需要计划体系的安排。

当然，单纯的企业改制不能完全解决国有资产的资本化问题，其对资源配置效率的积极影响也不可能在短期内充分显示出来。所谓“一改就灵”的愿望，对于国企改革这样复杂的系统工程是根本不切实际的。至少有两方面的因素制约了改革进程。第一，旧体制下资源不可流动性所造成的大量积淀因素需要逐步消化。这些问题大多是在近二十年市场化改革过程中积累起来的，甚至是在国有经济五十年的长期发展中逐步积累起来的，因而不可能指望在公司制改革后短短几年时间内把它们全部消化。而这些问题不解决，新生的公司制机制就不可能正常地发挥其资源配置的积极作用。如国有企业的巨大数量的冗员，国有企业的不良资产与高额债务等等，这些问题如果是逐年地少量地发生，市场的自发机制是有能力消化的，即使需要政府干预，它也会在社会承受能力的限度之内。但要求市场用短短几年时间解决十几年甚至几十年积累的问题，其难度可想而知。第二，新体制建设中诸多配套环节相互制约，其完善需要一个较长的过程。如劳动力市场的发育，单纯靠企业产权制度的改革这一头还不够，社会保障体系的改革必须跟上，非国有经济的发展必须跟上，否则，光有国有企业大量冗员的退出，劳动力市场是不能运转的。又如，资本市场的发育当然要有国有企业的公司制改造为基础，要有证券市场的发育和完善为条件，这本身已经是相当复杂的制度创新工程，但资本市场的发育最终靠足够数量的资本在市场上的交易与流动，需要全体投资者的积极参与。在绝大多数国有资本不能流动、国家股东不积极参与交易的情况下，中国的资本市场不可能发育成熟，而在政府机构充当国有股权（包括竞争性领域的国有股权）代表人，上市公司国有股不得上市交易的“配套制度”下，我们又怎么能指望国家股东积极参与交易、国有资本在市场上充分流动呢？国有资本的管理体系必须进一步改革，国家股权需要由一些营利性的非政府系列的股权代理机构来管理与运作。公司制改造之后，国有经济的改革还有很长的路要走。

然而，国有大中型企业的公司制改革毕竟打开了航道上的坚冰，关键的一步是明确了企业资本主权的改革方向。

我国的企业改革理论向来有“劳动主权情结”，这是对社会主义公有制的历史特征、特别是它的内在矛盾缺乏全面理解的结果。这也不是中国的特有现象，南斯拉夫的“劳动自治”改革思路是这种尝试。撇开许多细枝末节，劳动自治改革的核心就是将“社会所有”的资产分别地交由各个企业的劳动者集体自治管理。这事实上是将国有资产的政府代理权转换为企业职工代理权，企业劳动主权的目标似乎实现了。但是，任何企业职工集体的利益与社会利益都不可能完全一致，在缺乏政府代理的情况下，“社会”又如何激励和监督企业职工正确行使代理权呢？职工集体的代理人机会主义行为是肯定存在的，它表现为忽视社会资金的利用效率，排斥新工人的进入，表现为分配中更多的个人劳动收入与更少的资金积累。美国经济学家芭芭拉·沃德用“伊利里亚”模型，简单明了地概括了这一体制的缺陷。事实上，我国学者在改革初期颇受南斯拉夫工人自治模式的影响，蒋一苇先生当年开创企业改革理论之先河的著名论文《企业本位论》[①]，提出了使企业成为独立自主、自负盈亏的商品生产者与商品经营者的改革目标，可以说影响了其后整整二十年的改革进程。但在这篇论文中，蒋先生自己并没有真正解决关于“企业主体究竟是什么”“谁是企业独立的产权所有者”这类关键问题。他主张企业民主管理，职工代表大会行使最高权力，事实上已经非常接近自治劳动的构想。改革虽然没有完全采纳这一主张，但在以放权让利为特征的整个前期改革过程中，这个问题始终是含糊不清的。因此说，国有企业的公司制改革无论从理论还是实践看都是一次重大突破。

现在我们知道，公有制与企业的资本主权没有根本冲突，事实上，国有制由于其巨大的产权规模，无论在任何情况下都不可能实现产权主权与企业劳动集体的同一，二者的相对分离是它与生俱有的特点。从这个意义上说，国有制与劳动主权型企业注定不能相容，南斯拉夫的实践已经证明了这一判断。但是在公司法人制度的框架内，国有资本与其他所有制形式的资本取得公司股份资本的相同权益却没有任何困难。当然这需要商品、货币关系的发展，需要充分竞争的市场机制。在成熟的市场经济条件下，国有资本投向任何一个资本主权型企业都不会有制度上的障碍。甚至在虚拟资本层次上，国有股权的转让和市场交易，它从股票转化为货币，再从货币转化为任何一种有价证券的过程都应当是畅通无阻的。国有资本的市场运作将与任何一种形式的资本一样，以营利为目的，它最终依靠雇佣劳动者的剩余价值“自行增殖”，在这里，资本与劳动的报酬分别由二者的市场价格决定。所有这些，保证了这种价值形态的国有资产的资本属性，但

---

① 见《中国社会科学》1980年第1期。

它是否能够与国有资本的公有制性质兼容呢？或者说，国有资本与私有资本的真正区别究竟在哪里呢？唯一的区别是资本报酬的归属，国有资本的收益归全民所有，它最终只能用于符合全民利益的用途。因此，国有资本的最终所有权必须由全民利益的代表机构行使，这是一种不属于资本家的资本财产①，它的存在有利于全社会范围内劳动平等关系的实现，它在社会资本中的份额也与全社会劳动平等实现程度有着密切的关联。一个没有资本家的市场报酬体系导致收入分配的劳动平等，我们对国有资本公平属性的理解就依据这样一个极其简化的推理。在此意义上，国有资本的公有制属性无可置疑。

五、公有制激励效率与配置效率的综合考察

现代经济学的企业理论将企业合约中剩余控制权与剩余索取权的拥有者视为企业产权主体。由于企业产权主体获取剩余权的依据不同，企业可以被划分为劳动主权型与资本主权型两大类。职工合作制是现代市场经济中主要的劳动主权型企业制度，企业职工依据其劳动者身份获取企业剩余权；业主制、合伙制与公司制则都是资本主权型企业制度，获取这些类型的企业产权，只能以资本价值量的投入为依据。

公有制企业并非一定是劳动主权型企业，相反，现实经济中的公有制

---

① 此处借用奥塔·锡克的“中立化资本”概念也许是恰当的。中立化资本是一种“对个人中立的资本”，作为一种财产形式，中立化资本不再同单个人发生联系，也不再能在单个人之间进行分配，“单个人对资本的占有权，以及个人的资本积累和与此相联系的影响不可能再发生”（奥塔·锡克，1989）。但是，锡克所说的中立化资本，与此处所说的对一国范围内全体公民个人来说中立化的资本不同，它只对企业范围全体职工个人来说是中立化的，而对于不同企业的不同生产集体来说则并不中立。锡克不仅强烈反对投资基金的国有化措施，而且一般地反对“超企业的财产基金的办法”，认为这种超企业的财产基金“完全是匿名的和异己的”，“个人对于‘自己的’资本的投放毫无所知”，因而对企业的经营不会有任何兴趣（同上）。锡克关于公有资本仍然存在“劳动异化”现象的观察基本准确，但他对现象背后隐含的公有产权的内在矛盾缺乏认识，甚至天真地认为，通过局限于企业范围之内的资本中立化，“可以找到克服工资收入者的资本异化，然而不会同必需的劳动力的转移发生冲突的形式”（同上）。正如我们已经看到的那样，作为一种思想实验的“合作公司”模式，在其所追求的主要目标上遭遇了失败。笔者相信，市场经济下公有产权的内在矛盾，作为一种客观存在，不可能由任何天才的制度安排消除，相反，公有制实现形式的全部探索必须建立在充分认识这一不以人的意志为转移的客观存在的基础之上。

企业甚至大多数都是实行业主制（国有国营）或公司制的资本主权型企业。一个完全的劳动主权型企业具有较高的公产激励效率，这是无可怀疑的，但在市场经济的资源配置方面存在诸多不便，职工合作社往往向资本原则做适当让步，谋求与市场资源配置机制的衔接。一个完全的资本主权型企业在资源配置方面相对于劳动主权型企业确实有诸多便利，特别是公司制企业，由于资本在虚拟资本与现实营运中资本两层次上的互动，其资源配置效率更加明显。但是，资本主权型企业在调动广大职工群众生产积极性方面有其不利因素，一个实行资本主权的公司制企业，其公产激励效率的发挥，由于劳动者与企业产权的分离，肯定会受到极大损害。[①] 为了弥补这一缺陷，我国公司法规定国家独资公司董事会以及两个以上国有企业或者其他国有投资主体设立的有限责任公司董事会，应当有职工代表参加，职工代表还可以进入股份有限公司监事会[②]。笔者以为，这绝不单纯是从公平目的出发的制度安排，它对于企业公产激励效率的发挥也有积极意义，这是一种在企业资本主权的制度构架基本不变的前提下，有限度引入劳动主权原则，以兼顾两种经济效率的合理安排。

值得注意的是，资本主义市场经济各国的企业制度最近几十年来在这方面也有重大进展，职工持股计划在美国公司中有相当普遍的发展，而西欧一些大公司的董事会也开始有职工代表参加。德国的法律甚至规定，大公司监事会必须有50%的工人代表，只不过法律同时规定在监事会“劳资双方”意见分歧、相持不下时，由资方代表充任的监事会主席有最终决定

---

① 我们假定资本主型企业的激励效率低，这是单纯从企业微观层次上考察的，对于国有资本的激励效率来说，这种认识并不全面。劳动平等关系，进而公产激励效率，要在微观与宏观两个层次上考察。“在宏观与微观两个层次上劳动平等关系的耦合，将使社会主义公有制的激励效应最大限度地释放。”这一点对于国有资本的公产激励效率来说具有重要意义。国有制的公产激励效率在企业微观层次上不明显。单个的劳动者或者企业劳动者集体全都远离公产主体的决策中心，这种情形是由其产权主体的巨大规模与巨大的决策成本决定的，不会因为国有经济的公司制改造而有所改变。但是，国有经济的存在提高全社会范围的劳动平等实现程度，在宏观层次上具有明显的公产激励效率。国有资本通过资本报酬的全民占有营造社会范围的劳动平等氛围，进而从整体上提升社会劳动者的生产积极性与创造精神。在全面考察国有资本的公产激励效率时，这个层次上的激励效应不应被忽视。

② 1993年及1999年《公司法》。（再刊补注）

权。看来这是现代大公司制度变革的共同方向：在企业资本主权的主导地位不受威胁的前提下，较大幅度引入合作制原则，提高企业激励效率。并非只是公有制企业在激励效率与配置效率之间做艰难的取舍，私有制企业在现代市场经济中其实也面对着相类似的问题。

一个有趣现象是，现代市场经济中的企业产权呈现出从完全劳动主权与完全资本主权的两极向中间状态转移的趋势，劳动主权型向资本原则让步而表现出非纯粹性，资本主权型企业向合作制原则让步也同样表现出非纯粹性。现实的企业产权形式表现为一个两极之间量变到质变的连续谱系。中国经济体制改革中出现的股份合作制，可以说填补了这个连续的“族谱”上最后一个空白，它处于连续谱系的中间位置，具有游移于劳动主权与资本主权之间的特殊地位。

本章提出的两种效率的代替关系对于解释这一现象具有重要意义。假定完全的劳动主权型企业产权形式有利于对全体职工的激励效率，不利于市场条件下的资源配置效率，完全的资本主权型企业产权形式则有利于资源配置效率而不利于对全体职工的激励效率，那么，在一个以企业产权形式的连续谱系为横轴，以包括激励效率与配置效率在内的企业效率为纵轴的二维空间中，大多数处于不同环境状态下的企业所面对的产权/效率曲线，就都是两头低、中间高的拱形曲线，它们与特定环境状态匹配的企业产权安排应当在两极之间的某一中间位置。

由此可引出关于在企业产权层次上选择公有制实现形式的重要结论：应根据特定环境状态决定的企业产权/效率曲线来选择企业产权形式，斜率为零的切线切点是效率最高点，这一点所对应的企业产权形式就是该环境状态下企业的最佳产权安排，它不仅决定了企业应当采取哪一种法律规定的经营形式，合作制、股份合作制还是公司制，而且决定了企业与劳动主权和资本主权相关联的一系列具体的制度安排；如合作制下向资本原则让步的幅度，公司制中职工持股的比重、职工参与决策的程度等等。下图给出了不同环境状态下三条企业产权/效率曲线，分别代表现代市场经济中适于采用职工合作制、股份合作制与公司制的三种典型情况。

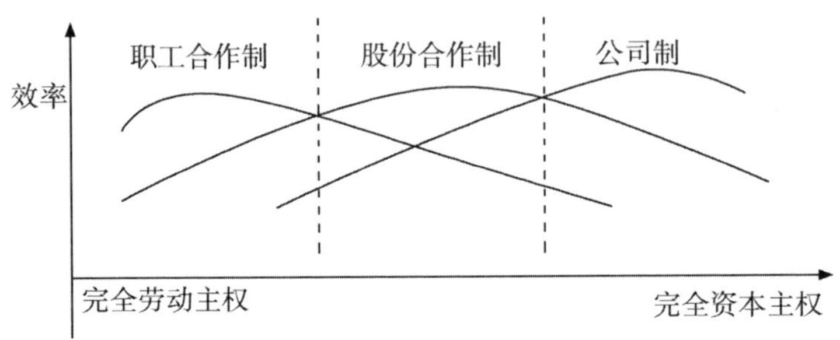

那么，决定曲线形状与位置的环境因素主要有哪些呢？

首先是企业职工人数和企业内部劳动分工的复杂程度。正如上一章指出的，这两个因素对一个公产组织的决策成本，进而对该组织内部的劳动平等实现程度有重要影响。企业规模越小，企业内部劳动分工越简单，则企业职工通过民主方式进行决策，以实现分工平等、分配平等的成本也就越小，利用合作制形式提高企业公产激励效率的效果就越明显。随着企业规模的扩大、劳动分工的复杂化，职工民主决策的成本就会提高，相应地，企业内部劳动平等实现程度就会降低。因此，从企业微观层次上考察，职工人数与劳动分工复杂程度对公产激励效率有很强的制约作用。对于内部分工复杂的大企业来说，职工合作制提高公产激励效率的作用不大，这类企业实行合作制弊大于利。[①] 美国学者亨利·汉斯曼曾经从企业决策成本的角度讨论过职工合作社与股份公司的差别，认为合作社只有在职工分工差异与等级差异都很小的情况下，才能正常运转。理由是，分工造成的劳动异质性不利于劳动者之间的沟通，等量劳动等量报酬的原则会因为异质劳动的计量与通约的困难，而无法实现。资本所有者在公司制下的集体决策

① 这是我们主张国有资本从小企业完全退出，集中投资于大中型企业的重要理由。当然，另一个纯粹从管理学角度提出的理由也同样是重要的：一个庞大的国有资产分散投资于千百个小企业，对于任何一个国有资产管理机构来说，都会导致管理跨度过大，管理效率降低的弊端。事实上，这也是现实的国有企业产权约束虚化的原因之一。

就没有这样的麻烦，货币是同质的，股东们在等量资本等量报酬原则的理解上不会有任何歧义①。应当说，汉斯曼的研究已经抓住了问题的一个重要方面。

其次，由特定生产领域技术特征决定的企业人力资源与物质资源的构成状况（此处可以用职工人均资金占用量计量），以及该领域技术变动的速率、技术变动引起的两种资源构成状况的变动趋势，对企业产权/效率曲线也有重大影响。一般来说，劳动主权型企业更适用于职工人均资金占用量较小的场合。在这种情况下，劳动者自筹解决企业资金总是相对来说要容易些。但这并不意味着企业的技术含量就一定低。在信息服务业中有许多高技术含量的企业，不需要太多固定资产与技术设备，企业的核心资源是人力资本，因此企业产权往往由企业职工或者企业的部分拥有核心技术的职工拥有。它虽然不一定采取职工合作社的形式，也可能采取股份合作制甚至合伙制的形式，但职工拥有较多企业产权的实质仍然依稀可辨。在职工人人均资金占用较高的行业，由于筹措资金的困难，劳动主权型企业很难创立，更难维持。特别在行业的技术变动速率较快，企业的人力资源与物质资源经常性地处于调整和变动中，资本主权型企业相对于劳动主权型企业的优越性更为明显。这一领域的公有制经济更多地表现为公有资本，采取公司制的经营形式，不仅国有经济是这样，许多社区所有制经济也是这样。

此外，企业自身的经营状况对产权形式的选择也有影响。经济学将此称为相机抉择理论：企业经营状况良好时，适合经理控制型公司制度；经营状况一般，则可采取大股东控制型公司制度；当企业经营不善，危及债权人利益时，大债权人就会要求介入，掌握公司控制权；当企业长期亏损，经营难以为继时，企业职工就成为企业产权主体的最佳候选人。理由是，

① Henry Hansmann："*Ownership of the Firm*", Journal of Law, Economies and Organization, Vol. 4, No. 2 Fall 1988.

不同经营状态下企业边际效益的最大相关利益集团不同，而这个最大相关利益集团才是特定企业经营状态下对企业经营绩效最关心、最愿意为之付出努力的人，由这样的集体掌握企业控制权最有利于企业绩效的提高。从图示曲线可以看出，即随着企业经营效率的下降，产权/效率曲线并不沿垂直方向下移，而是向左下方移动，企业产权形式的最佳选择由资本主权型逐步向劳动主权型过渡。在企业长期亏损、经营难以为继的情况下，企业合约规定的剩余索取者（经营者与投资者）已经无利可图，而企业职工却要为维护自己的契约特定权（工资报酬）以及就业权而努力，职工的工资与就业在企业经营状况的“边际变动”中首当其冲，因而职工成为领导企业摆脱困境的“合理人选”。[①] 因此说，由职工控制企业“解困”过程是合乎经济学原理的。一些市场经济国家的工会组织在经济衰退时期，也主张发展工人合作社渡过难关。（汉克·托马斯、克里斯·劳甘，1991）

企业产权/效率曲线是由多维环境空间中许许多多因素共同决定的，下一章还将讨论与创新、积累相关的其他一些因素。这里需要指出的是，社会文化、法律制度这些被现代制度经济学称作制度背景的东西，对产权/效率曲线的形成也有重要影响。欧洲的某些左翼理论家坚持认为，工人合作制在发达资本主义国家的步履艰难，是有政府政策方面原因的。“如果缺乏强有力的支持性政策，严峻的环境将使合作组织无法取得成功。”（汉克·托马斯、克里斯·劳甘，1991）这一判断并非毫无根据。笔者相信，在热情支持工人合作运动的社会主义政策下，合作制企业将有更加广阔的发展空间。在这方面，我们应当有更明确的指导方针，有关合作社特别是职工合作社的法制建设也要加快步伐。社会主义市场经济没有合作社制度的充分发展是不可能健全的。

---

① 弗鲁博顿和威全斯在《工厂关闭、工人再配置成本和董事会中的工人参与》（1998）一文中用工厂出现经营困难时劳资谈判中的信息不对称、互不信任及其造成的效率损失，来说明董事会中工人参与的必要性。这与此处提出的思路也有相当密切的联系。

第三章　经济增长与公有制企业创新效率

一、国家大工厂的“赶超”使命，积累与消费的矛盾

20 世纪的社会主义是从集权的计划经济体制起步的，这种经济体制在其建立初期曾经在短期内创造了辉煌的成就。尽管公有制的激励效率对于说明这一成就可能有一定作用，但经济学家们更多的还是以“赶超经济”的特殊使命来解释这一现象①。这就涉及经济增长与创新效率的理论问题。

经济增长指社会总产出量的逐年增长，马克思称之为扩大的再生产。现代经济学将导致经济增长的因素区分为两个，一是要素投入量的增加，二是要素生产率的提高。可以将此简单地理解为要素的量的增长与质的改善。很明显，从效率分析的角度看，后者才是问题的中心。这里所谓生产的物质要素与人身要素的质量，是以其单位产出量为标准定义的，要素单位产出的数量越多，其质量也就越高。决定生产要素单位产出量的基本因素也可以区分为两个方面，一是它的技术水平或曰科技含量，二是它的组织程度或曰制度特征。概括地说，二者都不过是人类关于自身物质生活的生产知识（关于改造物质世界的知识以及关于协调人类生产组织的知识）在生产要素中的体现。因此，在一个更抽象的层次上，要素生产率的提高可以被理解为要素内含信息量的累积增长。

但是，知识的增长不等于经济的增长，要提高要素生产率，知识必须在生产中被运用。经济学所说的创新，就是指新知识被运用到生产过程中（之所以被称为新知识，只是因为它未曾被运用到生产过程中）。约瑟夫·熊彼特从企业家功能的角度去定义创新，认为创新是实行生产要素的新组合。它包括以下五种情况：①采用一种新产品或一种产品的新的特性；②

① 林毅夫等：《充分信息与国有企业改革》，上海三联书店、上海人民出版社，1997 年版。

采用一种新的生产方法，它可以建立在科学发明的基础上，但更多情况下存在于商业上处理一种产品的新方式上；③开辟一个新的市场；④控制一种原材料或半制成品的新的供应来源；⑤实现任何一种工业的新的组织。[①]按照定义，新的组合只有在第一次被采用时才可以称作创新，此后的模仿和推广都只能是企业经营中的例行公事。但创新成果的模仿与推广对要素生产率的提高并不是不重要的。严格意义上的创新只是使一个企业的要素质量提高（技术含量增加和组织程度提高），而创新的模仿与推广可以使许许多多企业的更多数量的生产要素提高质量。事实上在一种创新成果从一个企业向许许多多企业推广的过程中，纯粹的模仿往往是不够的。新技术的引进需要根据企业的实际情况调整工业组织；新产品的开发需要从实际出发组织新的原材料来源。创新的推广会引申出更多的创新。因此创新过程与其模仿与推广过程不可能决然分开。由此再引申一步，要素的质的提高与要素的量的变动也不可能相互完全独立。要素生产率的提高过程必须在要素再生产的循环过程中进行，并且外延的扩大再生产（要素投入量的增加）与内含的扩大再生产（要素生产率的提高）总是相伴而行的，这就是积累与创新会成为经济增长研究中两个核心范畴的原因。

近现代经济的增长是以分工深化和劳动手段的机械化为两翼的创新加速过程，即一般所说的工业化过程，资本积累不过是这一过程的外在形式。阿林·杨格的迂回生产概念对于理解经济增长的这一本质具有重要意义（阿林·杨格，1996.2）。分工深化导致生产迂回程度的提高，但它同时也必须增加由越来越多的迂回劳动所“积累”起来的资本物品，提高资本货物的技术含量。古典经济学家用资本积累和资本的扩大再生产来描述经济增长不是没有道理的，因为资本积累集中表现了生产的组织创新与技术创新的结合。但是，这一理解与崇尚新古典主义教条的现代经济学有很大区别，在这里，资本不能单纯地理解为物或生产的物质要素，它同时还是生

① 约瑟夫·熊彼特：《经济发展理论》，何畏等译，商务印书馆，1990 年版。

产中人与人的关系，至少包含了劳动分工深化的含义。因此把资本积累单纯地看作生产物质手段量的增长就不够了。不仅在内涵扩大再生产的场合，而且在纯粹外延扩大再生产的场合，事情也不是如此。资本外延的扩张意味着资本统治的劳动大军的扩大，意味着更多农业人口向工业的转移，手工业工人向大机器生产的转移，它是资本主义生产创新过程的持续的推广。在工业革命后很长时间内，资本积累始终是经济增长的火车头。

因此，马克思总结道，“一方面生产过程从简单的劳动过程向科学过程的转化，也就是向驱使自然力为自己服务并使它为人类的需要服务的过程的转化，表现为同活劳动相对立的固定资本的属性”，“另一方面，一个生产部门的劳动由另一个生产部门的并存劳动来维持，则表现为流动资本的属性”，“于是，劳动的一切力量都化为资本的力量。在固定资本中体现着劳动的生产力，这种生产力存在于劳动之外，并且（客观地）不以劳动为转移而存在着。而在流动资本中，一方面工人本身有了重复自己劳动的前提条件，另一方面，工人的这种劳动的交换以其他工人的并存劳动为媒介”。总之，资本的积累代表着知识与经验的进步，“这种进步，这种社会的进步属于资本，并为资本所利用”。资本的历史使命就在于生产剩余价值并且年复一年地将其转化成为资本，由于资本积累的内在冲动，社会生产力在短短几百年时间内以空前的速度提高。

然而，资本积累是社会生产力发展的特殊历史形式，它只是在生产力发展的这样一个特定历史阶段上才显示出经济合理性。首先，社会生产力依靠专业化分工的不断深化而提高，这种将劳动者固定在越来越细分化的职业岗位上的分工形式，在提高人类社会整体多样化生产能力的同时，必然会牺牲劳动者个人全面能力的发展，而且专业化分工下的大部分工作具有枯燥重复的特征；劳动是谋生的代价，而不是生活的需要。其次，科学技术的迅速发展提供了用机械化体系代替人类劳动的巨大可能性，而可能性的实现需要将巨大规模的剩余劳动沉淀到生产过程中，这就要求劳动者超出必要劳动时间之外继续延长工作时间。由于社会生产力相对低下，绝大多数生产劳动者的工作时间相对于个人能力的全面发展实在是太长了。个人利益与社会发展的利益长时间地处于矛盾冲突之中。因此，经济增长对于劳动者个人必须表现为外在的强制。资本的历史使命就是创造剩余劳动，即“从单纯生存的观点来看的多余劳动”。只有当生产力的发展使工作时间普遍缩短，生产自动化的发展最终导致“人不再从事那种可以让物来替人来从事的劳动”，并且职业专门化的分工不再成为经济增长的必要途径，而人的个性全面发展成为社会财富的一般形式，“一旦到了那样的时候，资本的历史使命就完成了”。

资本作为一种制度安排首先依据这一历史使命的要求。生产的物质要素与人的要素相分离，不仅是两大要素在市场交易中灵活有效配置的需要，更重要的，资本与劳动的市场合约规定了资本对劳动的支配权，资本在生产过程中强制劳动者最大限度地提供剩余劳动，资本在分配过程中占有劳动者创造的全部剩余价值。这个合约形成的资本的剩余控制权与剩余索取权，正是资本行使其历史使命的制度保障。在典型的资本主义私有制条件下，生产的物质要素与人的要素的对立，表现为资产阶级与工人阶级两大阶级的利益冲突，表现为生产与分配过程中两大阶级的“零和博弈”。假定资产阶级对于全部经济增长过程具有绝对的控制权，假定工人阶级由于缺乏起码的“动员”而没有力量要求自身权益，那么，完全“自由”的资本主义经济将按照如下规律发展：工人的工资水平将始终控制在其自身劳动力再生产与繁衍后代（后继的劳动力的再生产）所必然的限度内，资本剩余价值将通过绝对剩余价值与相对剩余价值的形式被最大限度地生产出来，资本因为资本之间的竞争而高速积累，资本积累进而社会进步的好处将全部为资产阶级拥有。假定资本积累与社会进步的目标完全一致，那么，资本主义经济的这种两极分化的发展就无可厚非，至少工人阶级的贫困化是社会进步的必要代价，其道德的不合理是以经济的合理性为前提的。但是，马克思认为，资本主义制度的这种经济合理性具有历史的暂时的性质，资本积累最终必然地会与社会生产力的发展产生矛盾，并且导致这一制度的死亡。

马克思在《资本论》中用大量篇幅讨论了资本主义积累的一般规律，一方面是社会劳动生产率的增进中劳动人口的相对过剩，是与财富积累同时发展的劳动人口贫困化规律（主要在《资本论》第一卷中阐明）；另一方面是资本构成中与劳动者所得的可变资本对应的不变资本比例不断增大，是资本利润率趋于下降的规律（主要在《资本论》第三卷中阐明）。前一个规律决定了资本主义经济中占人口绝大多数的工人阶级消费不足，后一个规律则决定了作为资本主义经济内在推动力的资本投入不足，二者加起来就是市场有效需求不足，或者说资本的生产过剩，它导致社会再生产条件的破坏和资本主义的周期性经济危机。马克思认为这些规律的存在表明，资本主义经济制度最终必然成为生产力的桎梏，因而必然为生产力的发展所摧毁，一个以劳动者阶级集体支配自身生产条件的新的社会制度必然在资本主义的废墟上崛起。

20 世纪的社会主义运动是以马克思主义理论为指导的，但社会主义革命却在资本主义经济不发达甚至很不发达的国家首先取得成功，其经济上的首要任务是实现国家工业化，即推动国家进入以分工深化和劳动手段的机械化为两翼的创新加速过程。不利的因素是，它处于国际帝国主义敌对势力的包围之中，落后就要被动挨打，而要摆脱被动局面，它就必须在比较短的时间内赶上并超过先进的资本主义国家，赶超目标对于新生的社会主义国家是一个巨大的压力。有利的因素是，它在社会生产力的发展方面有明确的学习对象，有可以“拿来”的现成经验，因此对它来说，工业化更多的是创新模仿与创新推广，不需要太多的摸索，可以大大缩短技术革新与组织创新的时间。这就是不发达国家实现工业化过程中的所谓“后发优势”。在有现成的机械化技术与工厂组织知识可以学习、借鉴、为我所用的情况下，国家工业化所缺少的唯一要素就是资本，加速资本积累是所有后发展国家面临的基本任务。集权的计划经济体制其实就是为完成这一基本任务而设计的。

20世纪20年代后期，联共（布）党内围绕发展战略与经济体制出现两种意见的争论。托洛斯基与普列奥布拉任斯基等人主张，用非市场的超常规手段在尽可能短的时间内实现“社会主义的原始积累”，运用扭曲的价格（工农业产品剪刀差）迫使农民为国家工业化，特别是为重工业的发展提供资金积累，从而最大限度地提升国家工业化的初始速度。尼古拉·伊万诺维奇·布哈林等人则认为，工人阶级的国家只能利用商品交换的方式保持与农民的经济联系，因此有限度地利用市场原则刺激城乡经济的发展，耐心等待工业经济自身积累能力的提高和经济增长速度的均衡稳步提升，是有利于经济长期发展的最佳选择。[1] 尽管争论主要集中在工农业关系及其相关问题上，但有关政策的出台以其内在必然的逻辑，引申出两种截然相反的体制，前者指向高度集权的计划经济体制，后者指向一种接近于奥斯卡·兰格的市场社会主义模式——一种较多运用市场手段实现计划的经济体制。争论中布哈林等人的意见曾一度占上风，但是，到20年代末30年代初，前一种意见最终还是取得了胜利。随着农业集体化运动与第一个五年计划的实施，斯大林领导的苏联共产党坚定而无情地引导国家走上了集权式计划经济的道路。这时候托洛斯基等人已经离开国家政治生活许多年了。

尽管后来的历史表明，集权式计划体制存在诸多弊端，但它在最初的一二十年时间里的确创造了国家工业化高速发展的经济奇迹。基本的原因是，这一体制具有高积累、低消费的超常的资本积累功能。如前所述，计划体制下的国有经济由于缺乏市场竞争与企业独立产权，并不具备完整意义上的公有资本性质，但是国家所有权对于劳动者个人的明确的“内外排他”性质，以及作为国家主人翁的广大劳动群众远离公产决策中心的事实，

① 尼古拉·伊万诺维奇·布哈林：《布哈林文选》，郑异凡等译，东方出版社，1988年版。

使得公有产权的代理人有可能利用政权力量实行背离市场规律的更加强制性的劳动管理与报酬分配。强制不仅局限在国家大工厂内部，而且通过国家控制的垄断价格体系，延伸到整个国民经济的范围。特别当这种高积累、低消费的非市场强制借助人民群众长远利益的名义，要求劳动者牺牲眼前利益就有道义上很强的感召力。当然另一个原因可能也是重要的：当经济增长主要是既有创新成果的模仿与推广，所需要做的一切都已经事先设定，一个目标明确、组织严明的计划经济应当比盲目的市场经济更有效率。

如果集权的计划经济体制在效率上的优势可以成立，那么，公有制加计划经济的增长道路相对于私有制经济的优越性应当是确定无疑的。毕竟公有制经济在加速积累的同时，不会产生社会阶级的对抗和社会财富的两极分化，因此也不应当产生周期性的商业危机。社会主义者的理想正是这样一条更少冲突与磨难的现代化之路。

二、增长方式的转变与公有制的再分配优势

然而，20 世纪社会主义的经济增长并不那么一帆风顺。经过短期的高速增长之后，社会主义各国的赶超战略都遇到了难以克服的困难。

看来，单纯的高积累不能保证社会经济的持续高增长。经济学用低效率来解释高积累的失败，肯定是有道理的，但注意计划经济的配置低效率和分配大锅饭的激励低效率只是抓住了问题的静态方面，增长战略的失败最终还需要从经济增长的动态中考察，世界经济增长方式的某些重大转变对于说明这个问题也许具有更强的说服力。

近现代经济的分工深化与生产机械化以资本积累为第一推动力，这个过程一直到 19 世纪中叶马克思著述的时代也没有重大变化。但在此后的大约一百年时间里，世界经济的增长方式，主要是各发达市场经济国家的经济增长方式，逐步地发生了某些变化，其中有些变化对于说明这里的问题具有重要意义。

第一个变化是自主创新的重要性超过了模仿与移植。创新能力先是成为大企业之间竞争的关键因素，以后逐步地扩展成为一国经济在国际竞争中的核心竞争力。导致这一变化的主要原因是创新速率的加快。创新引发的生产过程变革必须在再生产循环中螺旋式推进，因此创新速率受固定资产更新周期的制约。但是，早期资本主义经济增长从总体而言，创新周期明显要比固定资产更新周期更长。以蒸汽动力机械的使用为核心的工业革命在各主要资本主义国家的推广经历了上百年的时间，从蒸汽机到电动机的飞跃又经历了近百年时间。尽管技术创新与组织创新始终是这一增长过程的重要因素，但是创新并不在每一次因物质磨损导致的固定资产更新中都会发生，新资本的投入也即资本主义生产方式的扩张，在多数情况下是既有的机器体系的复制与数量增加。对于后发展国家来说，这个特点则更加明显。但是，随着创新周期的逐步缩短，情况开始发生变化。当技术创新周期接近固定资产物质磨损周期时，复制已不再是更新与投资的主要形式，而当创新周期缩短到固定资产磨损周期之内，固定资产的所谓精神磨损就成为磨损的主要形式，成为制约固定资产更新的主因，更新周期开始由数十年为单位缩短为以数年为单位。对于后发展国家的赶超经济来说，这是一个可怕的变化，一次性的引进与模仿不再能保证此后数十年的推广，依靠模仿推动的“赶超经济”成为永无止境的“跟随经济”。除非拥有自主创新能力，否则赶超就是空话。资本积累仍然是必需的，但它不再是经济增长的主引擎，至少增长需要创新与积累双引擎推动，并且越往后去创新的主导作用就越明显。

创新并非仅仅是固定资产的技术创新，熊彼特把它归纳为新产品开发、新方法使用、新市场开拓、新原材料渠道和新工业组织五个方面，创新速率加快是这五个方面的同时加快。尽管不及固定资产创新那样与资本积累有直截了当的关系，但实际上五个方面都与资本积累有着类似的关系，创新成为带动资本积累的火车头，这使后来的模仿与移植者仿不胜仿、移不胜移。现代国家强调对引进技术的“消化吸收”，为此而组织专门队伍、投入巨额经费。真正强大的“消化吸收”能力，事实上离自主创新已经只有一步之遥了。

第二个变化是生产过程对直接生产劳动者的知识与技能要求提高。社会生产力发展要求追加劳动力再生产费用，高积累低消费不再是增长的适当模式。这一变化可以从前一个变化中逻辑地演绎出来。当创新周期缩短到传统的资本更新周期之内，缩短到以十几年或者几年为周期的范围之内时，生产者在其短短几十年的职业生涯中就必须经常性地更新知识与技能，以适应劳动手段的改变、生产工艺的改变、工业组织的改变等。那种掌握一门熟练技术就能保证一辈子饭碗的情形已经成为历史。社会生产力的发展要求劳动者有较宽的知识口径，更灵活的适应能力，能够在新产品层出不穷、新市场不断开拓、产业结构不断调整、产业组织不断更新的现代经济中，迅速适应变化，及时调整自我。社会生产力的发展需要具有更高综合素质的劳动大军，他们不仅要能适应环境的变化，而且还要能够推动创新的加速。因此，一方面，知识劳动者在总劳动人员中的比重必须增加，白领工人，即符合技术创新要求的工程技术人员与符合管理创新要求的经营管理人员必须增加；另一方面，创新过程必须从少数知识创造者与创新管理者的圈子里走出来，调动全体劳动者的聪明才智和创造能力。这一点可以在日本企业的全面质量管理与合理化建议运动中看得最清楚。参与创新比适应创新要求更高的知识与能力。劳动者必须摆脱贫困与羸弱、愚昧与无知，不仅受教育水平必须提高，而且休息与娱乐时间、居住条件与营养水平也应当有相应保障。总之，劳动者的实际工资水平必须提高，那种在国民收入分配中将工资压低到最低限度，将剩余（资本利润）抬高到最大限度以保证积累最大化的分配模式已经过时。现代生产力的发展要求生产的人的要素与物的要素同时提高质量，劳动与资本必须分享经济增长的实际利益。

可以用一个经济增长中生产二要素质量的替代性模型（见下图）来说明这一变化。说生产的物质要素与人的要素数量上的替代性，经济学是容易理解的，在一个静态的资源配置模型中要素之间的数量替代关系表现得淋漓尽致；但是说要素质量的相互替代，经济学似乎就比较陌生。事实上，以创新与积累为核心的经济增长一刻也离不开要素质量的变动，两大要素质量变化的差异是可观察的历史事实，考察这种差异对经济增长的影响，人们不难观察到二要素质量的相互替代关系。在资本主义前期发展的几百年时间里，剔除人口增长因素，经济增长几乎完全是资本积累的结果，尽管在这里生产的物质要素是以资本价值量计算的，因此很难说积累是其量的增加还是质的提高，但是，科学技术的发展与劳动组织的改善所包含的

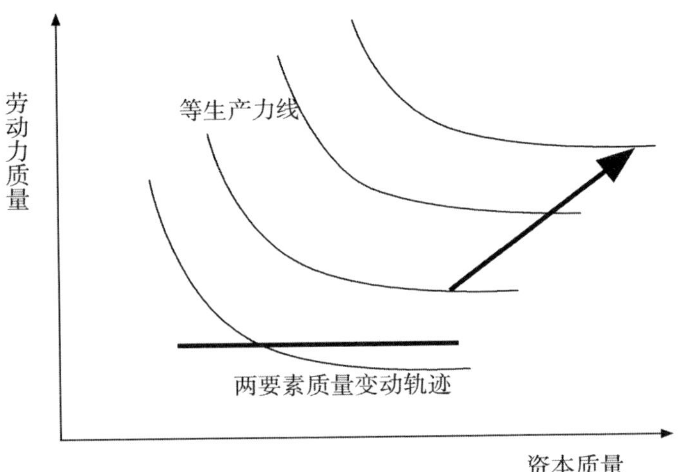

巨大信息量不断地被“物化”到资本物品中，却总归是不可否认的事实。与此同时，劳动者阶级的素质，他们的知识与技能，甚至包括他们的体质，都没有得到相应提高。许多观察者甚至认为劳动者阶级的整体素质还有所下降，这就是马克思所说的“贫困的积累”。剔除要素数量增长，要素生产率的提高完全是物质要素质量提高的结果（见上图中粗黑线的水平段）。但是历史表明，这样一种要素质量的单边提高是有限度的，这类似于新古典理论中所谓在其他要素状态不变条件下单个要素规模收益递减规律。在劳

动者素质难以提高的情况下，劳动物质条件的单边改善对社会生产力的积极作用逐渐减弱。这其实可以从另一个侧面解释资本利润率趋于下降的规律。马克思是从资本价值量的角度，用资本有机构成提高来解释这一规律的。假如这里所说的二要素质量互替关系存在，我们就可以从资本物品物质形态的投入产出比的角度，即从社会生产力的角度来补充说明这一规律。一支总体低素质的劳动大军是不可能推动现代生产力持续增长的。而目前发达市场经济国家的较高的工资报酬率则是生产力发展的客观要求，可以看作二要素质量互替条件下的“博弈均衡”（见上图中粗黑线的斜线段）。它不仅有利于提高社会生产力，而且因为缓解了资本主义分配方式与社会生产力的矛盾，最终也有利于资本主义经济制度的稳定。事实表明，由于新一轮科技革命的有力推动，发达市场经济国家的劳动生产率一直在迅速提高，尽管工人的实际工资明显增加，但其必要劳动时间一直在下降，资本利润率被维持在一个可接受的水平上。资本所有者阶级由于维持了自己在社会经济中的主导地位，而仍然是社会生产力发展的最大受益者。

需要强调的是，变动是在将近一百年的时间内逐步实现的，资本主义经济在经过了长时间的对抗、抵制与反复之后，才逐步地承认、接受和适应这种变化。当19世纪下半叶变化开始出现，周期性商业危机变得日益频繁，财富积累与贫困积累的矛盾显得越来越尖锐的时候，资本主义经济并没有及时做出相应调整。也许正是生产关系调整的迟缓，使得经济增长方式的转变进展缓慢，并且二者长时间地处于紧张状态。20世纪上半叶是资本主义经济矛盾高度尖锐的时期，阶级对抗的加剧、全世界工人运动的不断高涨、30年代席卷整个资本主义世界的大危机以及危机前后的两次世界大战，都是这一矛盾高度尖锐化的表现。要么老老实实做出让步，放弃对经济增长全部利益的独占权，局部地调整生产与分配关系，维持资本主义经济制度在社会生产力发展新格局下的生存，要么无可挽回地走向死亡。社会主义革命在俄国的胜利以及二次大战后世界社会主义阵营的出现，将资本主义制度的这种生存危机现实地提上日程。改革终于在资本主义经济内部渐渐取得进展。一方面，由像福特汽车公司那样的独占创新利润的垄断企业带头实行高工资政策，并且逐步地推广开来；另一方面，由受社会民主主义思潮深刻影响的北欧各国率先实行福利国家政策，通过国民收入的再分配使一部分劳动力再生产费用社会化，资本主义两极分化的矛盾得以缓解。二次大战之后世界资本主义近二十年的平稳增长，可以看作资本主义经济适应增长方式变化所进行的调整基本完成。尽管深层次的矛盾依然存在，但资本主义私有制总算暂时渡过难关，恢复了起码的自信。

社会主义制度是20世纪上半叶资本主义矛盾尖锐化的产物，但由于革命首先在经济落后国家取得胜利，社会主义建设的首要任务还不是适应先进市场经济各国社会生产力发展的新变化，而是缩短与先进国家经济的差距，首先走完别人几十年前已经走过的路。对于这样一个赶超任务来说，资本积累是关键，高积累低消费是合理的战略选择。问题在于，当人们集中注意力解决自己面临的迫切任务时，对于资本主义各国正在发生的增长方式变化缺少深刻理解，没有认识到：加速国家工业化的赶超战略越是成功，增长方式的转变以及新旧增长方式的矛盾冲突就将越早在赶超中国家的视野内展开。集权的计划经济体制的惯性很快就成为社会主义经济继续发展的障碍，这应当是在意料之中的。

单纯从要素报酬分配的角度看，计划经济体制与新的增长方式并没有根本冲突，公有制条件下的计划体制甚至更加适合这一新的经济增长阶段，至少是更适合于这一增长新阶段中资本报酬与劳动报酬协调增长的要求。因为在公有制条件下，阶级利益的冲突已经转化为劳动者阶级自身利益的协调，转化为劳动者局部利益与整体利益、眼前利益与长远利益的协调关系。一个能够代表全体劳动者长远利益的中央计划者理应理性地妥善地处理好这些关系。计划经济体制事实上就是为了剩余价值最大限度地集中而设计的，国家集中了社会剩余产品的绝大部分。但是这并不妨碍国家对集中的剩余产品进行有利于发展生产力的合理分配：在经济赶超的前期阶段实行高积累低消费，而在经济发展到一定阶段之后适时调整分配，实行积累与消费同步增长。至少从理论上说这样的可能性是存在的。实践中也有许多迹象表明这种推测的合理性，如苏联较高水平的国民教育，又如我国改革开放初期顺利实现从重工业优先发展战略向轻重工业协调发展的转化。国家集中的剩余价值可以被看作一个巨大的可调节的蓄水池，它的流向是由中央计划者理性地加以调控的。事实上，有一些市场社会主义的理论家（如奥塔·锡克），就曾经从积累与消费比例的合理调整这个角度论证了社会主义对于资本主义的优越性（奥塔·锡克，1989）。

计划体制与世界经济新的增长方式的主要矛盾在于创新速率低。社会主义各国在计划经济时代技术落后、创新缓慢是众所周知的事实：产品几十年一贯制，固定资产投资只求外延扩张，以至于被称作“复制古董”，企业缺少研发功能，官僚习气扼杀创新精神，等等。赶超经济在进入或超越工业化中期以后，这一矛盾就越来越尖锐化，与创新过程严重脱节的高额投资从经济增长的推动力逐步转化为增长的阻力，过低的投资效率与过长的投资周期使得高积累越来越多地成为社会负担与资源浪费，再也起不到经济增长火车头的作用。这又是一个效率问题，但却是区别于资源配置效率与生产过程的激励效率的动态增长效率，我们称之为创新效率。这是相对于配置效率与激励效率更为重要的效率问题，并且是新古典经济学讨论较少的问题。

三、市场机制的创新激励与资本增值冲动

计划经济的致命弱点在于缺少创新激励，缺少将知识创新的成果运用至生产过程的激励机制。①

---

①“社会主义体制的失败不仅在于缺乏创新能力”，“它的失败还在于缺乏激励，缺乏竞争，缺乏创新者与创新使用者之间的交流”。（斯蒂格利茨，1998）

就概念的本义而言，创新是不间断地向未知领域的探索，每一个具体的过程都是充满风险并且独一无二的。创新当然需要付出艰辛努力，但是创新成本与创新成果之间并没有确定的比例关系，创新成果的不确定与不可事先描述是其概念内含的规定性，这就决定了创新活动不能简单搬用传统的经济学方法加以研究。新古典主义的经济学传统，在资源禀赋既定前提下讨论各种已知的产出物品的数量组合问题，研究在什么情况下实现既定投入的产出最大化，或者说最优化。一种被称作边际替代的分析方法贯穿研究的始终（近年来有人运用超越边际分析的求“角点解”方法拓展经济学研究领域，但尚不能动摇边际分析在经济学的主导地位①）。在经济增长研究中，也有人试图运用边际分析方法讨论资源在现在与未来之间的优化配置，形成动态的增长模型。但是这种将增长问题纳入资源配置框架的理论尝试注定是不能成功的。因为它忽略了增长的最本质特征：创新。创新，无论是技术的创新还是制度的创新，都是对资源质量的提升和资源禀赋的改善，现在与未来之间的资源禀赋不可能是一成不变的。更重要的是，由于世代更迭的创新，未来生产对于现在来说充满未知，从现在求解未来，可以有无数个“最优解”，每一个都针对着完全不同的未来。从资源配置意义上求解未来是没有意义的。事实上，本章上一节讨论的积累与消费的配置，进而资本与人力资本质量的配置，就直接针对着现在，是以当前生产力的最大限度提升为标准的。我们相信，在大时间跨度的经济学研究中，只有创新才能充当真正的主角。市场经济在过去的几个世纪里之所以能够支撑世界经济的高速增长，首要原因还不是它的资源配置效率，而是它空前强大的创新激励机制。新古典经济学作为资本主义市场经济的忠诚辩护士，却未能把握住市场经济最本质的优越性，这一理论现象是颇为耐人寻味的。

首先在理论上系统论证资本主义市场经济创新激励功能的经济学家，

---

① 杨小凯、黄有光：《专业化与经济组织——一种新兴古典微观经济学框架》，经济科学出版社，1999 年版。

是资本主义制度的死敌——卡尔·马克思。马克思指出，资本主义生产是以占有剩余价值为目的的，剩余价值的生产可以分为绝对剩余价值的生产与相对剩余价值的生产。后者必须通过全社会劳动生产率的普遍提高来实现，它依赖于一种普遍追求资本利润最大化的市场竞争机制。首先是个别企业由于新的发明创造、新的工艺流程、新的劳动组织或者新的原材料来源等等，而提高了个别劳动生产率，节约了生产成本，取得了超额利润。此后，这种创新的成果通过竞争的压力或迟或早地被推广到同行业的其他企业，行业劳动生产率提高，单位产品价格下降，个别企业的超额利润消失。但是对超额利润的无休止的追求会不断地重复这一过程，只要资本对利润的追逐没有停止，企业的创新活动就永远没有止境。一个行业劳动生产力的提高不一定会增加资本的相对剩余价值，但是，所有生产部门劳动生产力的交替上升必然会降低生活必需品的生产成本，减少其生产的社会必要劳动时间进而缩短工人生产自身生活资料的必要劳动时间，增加剩余劳动时间，增加资本的相对剩余价值。这正是资本本身具有的“超越出发点”① 性质的一个重要表现。

熊彼特是第一个试图在新古典均衡理论的框架内重新突显市场竞争创新激励机制的经济学家。他首先在经济学理论中定义了创新范畴并确立其重要地位，直接用创新机制解释了资本利润的来源。由于在新古典的均衡状态下边际成本等于边际效用，“每一产品的最后增量，将在除了成本之外不会得到更多效用的情况下生产出来”。因此，“在生产中，一般不能得到超出生产货物的价值的剩余价值。生产只能实现在生产计划中预先见到的价值，它是预先潜存于生产资料的价值之中的”。从这个意义上说，“生产不创造‘价值’，就是说，在生产过程进行中不发生价值的增加”（熊彼特，

①“尽管按照资本的本性来说，它是狭隘的，但它力求全面地发展生产力，这样就成为新的生产方式的前提。这种生产方式的基础，不是为了再生产一定的状态或者最多是扩大这种状态而发展生产力，相反，在这里生产力的自由的、毫无阻碍的、不断进步的和全面的发展本身就是社会的前提，因而是社会再生产的前提；在这里唯一的前提是超越出发点。”（马克思）

1990）。那么资本利润从哪里来呢？没有利润，资本主义经济的原动力又在哪里呢？熊彼特认为关键在于生产要素的新组合，即创新。每一次创新都会提高企业的生产力，而当新的要素组合方法刚刚使用，还尚未被其他企业模仿时，创新企业就会因为“垄断”其独创的生产方式而享有垄断收入。“企业家没有竞争对手，新产品的价格完全是，或者在某种范围内，按照垄断价格的原则来确定的。为此，在资本主义经济内，利润中包含有垄断成分。”（熊彼特，1990）当然创新造成的垄断在多数情况下不可能持久，随着竞争的展开，垄断价格最终会复归为竞争价格，利润也因此而消失。但是熊彼特认为，资本主义经济的创新速率已经达到这样的程度：连续不断的创新过程连续不断地创造出短暂的“垄断收入”，企业家们你方唱罢我登台，不断地创造新的要素组合方式推动着社会经济的发展。利润“附着于新事物的创造，附着于未来的价值体系。它既是发展的产物，也是发展的牺牲品”（熊彼特，1990）。在一个连续不断的动态过程中，利润成为资本主义经济的常态。

尽管马克思与熊彼特在价值理论方面存在着根本差异，但两人对资本、利润、创新、发展的相互关系的理解，仍然有高度的相似性。创新是发展的火车头，利润是创新的原动力，而市场竞争下的资本关系则是维持企业家永不衰竭的利润冲动的制度根源。市场经济的强大创新激励功能，是由企业之间围绕资本利润的竞争维系的。人类至今还没有找到第二种制度安排能取代市场竞争中的资本利润关系，对创新活动有如此强烈的激励功能。

当然二者的理论也存在一个重要区别。在马克思那里，主角是笼统的资本，是个别资本之间的竞争导致了利润的不断出现与劳动生产力的提高。而在熊彼特那里，主角是以创新活动为己任的企业家。资本被从概念上分解了，资本所有者只是一个单纯的要素所有者，而企业家则是利用市场机制实施要素新组合的人。这一区别在很大程度上反映了两位经济学巨匠著述年代的差异。到20世纪上半叶，发达资本主义各国基本完成了从传统企业制度向现代企业制度的转化，公司制已经成为大中型企业的主体。因此，在熊彼特的著作中，一个独立于资本所有者的企业家角色出现了：它一方面是所有者与经营者分离的现实在理论上的反映；另一方面又是创新功能在经济增长中的重要性突显的反映。熊彼特的企业家概念强调的是企业经营者的创新职能，他甚至认为，企业家仅仅就是因为创新才有存在的价值。事实上，社会经济创新效率的提高仍然离不开资本积累，无论怎样的生产要素新组合，总是需要资本投入才能推动，因此，资本积累仍然是社会经济增长不可缺少的因素。但在创新速率日益加快的条件下，积累的主题已经从数量转变为质量，转变为投资与创新的耦合。资本所有者与创新企业家的分离是现代经济的一大特点，它使得拥有创新才能的企业家资源可以被更充分地利用。但企业家也必须与资本结合才能发挥作用。现代公司制度为这种结合提供了保障。在公司制度中，具有创新才能的企业家不一定要自己拥有资本，但他们在公司治理结构中与资本所有者分享剩余，因而也分享创新成果。在股权高度分散的所谓经理型企业中，经营者而不是所有者分享企业剩余权的更大份额。离开对企业家的创新激励机制，单纯用代理成本理论解释这一现象是不够的。现代企业的自主创新过程在典型情况下分区分为两个途径：一是大企业建立自己的研发机构，集中大量人力财力进行自主创新；二是高技术创业型企业利用风险投资基金完成创业过程。二者都是以企业为主体的自主创新活动，两种途径下，资本所有者与创新组织者如何分享企业剩余，都是制度安排的关键环节。

当然，市场经济的创新激励机制也不是十全十美的。创新是一种非常复杂的人类活动，从本来意义上说，知识的积累及其在生产过程中的运用是全人类共同努力的结晶。尽管不同个人在此过程中的努力与贡献极不相同，但由于每一步创新活动的唯一性与独特性，几乎没有任何方法能够确定各个个人在创新过程中的贡献份额。市场用其特有的简化方式处理这个难题，它奖励结果，而不奖励过程；奖励新知识的产业化，而不奖励新知识本身；奖励超出常规的额外收益，而不管这个额外收益在多大程度上是创新活动的产物。无论是超额利润还是垄断收入，巨额创新成果都以契约剩余权的形式体现，在传统企业中它归资本所有者所有，而在现代公司制企业中则主要归掌握企业控制权的高层经理人员拥有。于是，市场创造出一个自身利益与创新成果休戚相关的社会阶层，依靠它的不懈努力从总体上拉动创新过程的不断加速。与此同时，现代市场经济还从以下几个方面进行了制度调整，弥补自身创新激励机制的不足。第一，建立专利制度和其他知识产权保护制度，延长企业家创新成果的“收获期”，增强创新激励的力度。第二，利用国家干预加强基础性研究，弥补整个社会在知识创新源头上的动力不足与资源不足。

如果以上关于市场经济创新激励机制的理解大体合理，那么，公有制与创新效率的关系就有以下几点推论。

第一，公有制与计划经济的结合在创新速率日益提高的现代经济中是低效率的。计划经济的根本缺陷在于，企业之间没有以利润为目的的市场竞争，因此也没有对企业家创新活动的永不枯竭的激励源泉。计划经济对于创新成果的模仿与推广来说也许是一种有效的制度安排，它能够集中一国的财力与人力在确定的目标与方向上不间断地努力，使新的生产方式迅速推广。但对于以不确定性为特征的创新活动来说，这种强调命令服从关系的经济体制，就弊大于利了。创新是向未知领域的探索，不可能有真正意义上的明确目标与严密计划，它依靠大量探索者的自主参与自由竞争，在无数可能性中寻找成功的出路，成功往往借助于直觉、产生于偶然。计划体制自上而下的控制模式，不鼓励绝大多数中下层成员的独立思考与自主活动，一切都必须在中央计划者的监督与控制之中，而计划者又不可能理解丰富多彩并且新颖独特的创新过程，不可能对此做出正确评价，更不用说合理地给予奖惩了。从这个意义说，计划经济体系从一开始就背离了公有制的初衷，它禁锢与窒息劳动者的创新精神，因而表现出明显的僵化特征。随着经济增长的创新速率提高，计划经济迟早会从实现赶超战略的体制保障转化为障碍。

第二，在市场经济条件下，假如公有制采取完整的公有资本形式，它与市场经济的创新效率没有任何矛盾。尽管市场经济的创新激励机制建立在资本对超额利润无休止追求的基础上，但在现代企业制度下，创新过程是依靠区别于资本所有者的企业家推动的，创新型企业在公司制企业中与资本所有者分享剩余，而不论资本属于公有还是私有。一个在激烈市场竞争旋涡中的公司制企业，不论股本结构怎样，不论公有资本在公司股本中占多少份额，都必须依靠自己的竞争实力求生存，求发展。创新是提高竞争实力的有效途径，越是在大规模经营领域，越是在发育完善的市场体系中，情况就越是这样。资本固有的生产性、社会性和超越出发点的性质，应当在社会主义公有制经济中得到更加充分的发挥。对公有资本创新效率的怀疑主要是其利润冲动强度，说到底还是公产代理人忠诚尽责的经济动因问题。这一点我们已经在有关主动代理机制的讨论中做了分析。需要补充的是，由于企业家分享创新收入，企业资本职能的执行者（经营者、创新者，但不是资本所有者）的收入方式与收入水平更加远离普通工薪阶层，这是发育完善的市场经济的普遍现象，而不以企业资本中公有资本的比重为转移，至少在竞争性产业领域，情况就是这样。但这一现象的经济学含义是耐人寻味的。它既区别于公有制的劳动平等逻辑，又区别于私有制的资本平等逻辑，也许这种非此非彼的中性特点，正是其最重要的理论和现实意义所在。

第三，劳动主权型企业在创新效率上有其局限性。一方面，由于资源流动性的障碍，在劳动主权型企业下，要素组合的选择空间较小，企业家施展才能的舞台比较窄小；另一方面，劳动主权型企业的目标函数不在利润或资本价值，而在于劳动收入的最大化，尽管提高劳动生产率也是实现目标的重要手段，但相对于利润目标来说，对企业家的创新激励较弱。因此，在多数情况下，劳动主权型企业出现在创新频率较低的传统行业，出现在以技术模仿与推广为主的发展领域。但是，事情也不能一概而论，创新高频率行业企业的职工构成可以区分为两种类型。一种类型是少数高科技人才与大多数操作工人的结合，创新活动局限于少数人，因此全体劳动者分享剩余的公有制关系只会使创新激励减弱，不是一种有效的制度安排。另一种类型是高科技创新人才占多数的企业，这是一种创新团队型企业，创新人才以及他们的少数辅助人员构成企业职工主体，团队内部的劳动平等关系对于团结奋进、协作攻关具有促进作用。对于这类企业来说，全体职工持股的股份制或者股份合作制，不失为一种合理的选择。团队成员间的持股份额可以根据个人贡献的差异而有所区别，但当差异被限制在一定限度内时，企业内部的劳动平等关系是存在的。不仅如此，由于产权安排与企业核心竞争力高度吻合，在知识经济的发展中，这类企业还将显示出越来越强劲的生命力。①

四、消费负担与国有资本在市场竞争中的生存空间

无论从资源配置还是创新激励机制看，公有资本都是一种与市场经济衔接的有效的公有制实现形式。至少在大规模经营领域，公有资本的配置效率与创新效率都与私有资本大体相当，因此完全有资格与私有资本以及其他任何形式的资本平等竞争。但是从经济增长，即扩大再生产的层次考察，公有资本仍然有其自身的问题。

由于采取了公有资本的实现形式，市场竞争的外在压力使公有制在收入分配中的自由度缩小，不仅适应社会生产力发展的自我调节能力减弱，而且自身生存也有可能受到威胁。

① "当人工智能成为战略竞争优势的唯一来源时，公司就应当把自己的技术职工更紧密地和公司的组织结合起来。但是由于公司裁员，他们反其道而行之，不同技术级别的职工都被告知，公司对职工无忠诚可言，同时也默认，职工对公司也不需要忠诚。持有这样的价值观，人工智能公司怎能保留住并增加他们唯一的战略财富呢？"（莱斯特·瑟罗，1998）

之前我们已经讨论了公有制在处理积累与消费关系，进而保障生产的物质要素与人的要素协调发展方面的优越性。从公有资本的本质关系看，它理应也具有这方面的优越性，因为它所体现的经济关系同样是劳动者整体利益与个人利益、长远利益与眼前利益的矛盾，而不是两大阶级的利益对抗。但是，公有资本的运行机制，却与体现这一本质关系有冲突。公有资本必须在市场竞争中运作，必须与其他形式的资本平等竞争求得生存与发展。从再生产的连续过程看，决定竞争胜负的不仅是资本的产出效率，更重要的还是资本的增殖与扩张能力，是资本积累率。即使在两种资本的利润率完全相同的情况下，由于利润转化为资本的比例不同，不同资本的扩张能力也会表现出明显差异。一种占有形式的资本在社会资本中的份额，取决于它的净积累率与其他形式资本的比较，长时间保持较高积累率的资本在社会资本中的份额必然逐步提高，而相反情况下，资本份额就会持续下降，甚至逐步萎缩。这一现象制约着公有资本的收入分配，并且对公有资本在市场经济中的生存与发展构成严峻考验。

一般以为，同等利润下公有资本的积累能力比私有资本强，原因是私有资本的利润收入在转化为资本之前，必须满足资本家的消费需要，包括奢侈与挥霍的需要，这是资本积累的一个限制因素。马克思将满足积累要求与满足资本家消费需求的冲突，称作资本两个灵魂的冲突。公有制解除了对资本家阶级奢侈消费的额外负担，因而有利于积累率的提高。但我国市场经济发育的实践表明，情形并非如此简单。我们认为公有资本要在市场竞争中长期保持较高的积累率，甚至比私有资本更为困难。

公有资本的利润同样要满足其所有者的一部分消费需求，至少迄今为止所看到的事实就是如此。投入资本市场的各种养老基金、保险基金以及特殊劳动者集团（各种社会团体或职业团体）拥有的基金财产，无一例外地承担着其产权主体成员的特定的消费需要。尽管此类消费远非奢侈挥霍，且大多属于最低限度消费保障的性质，但由于享有者人数众多，它在资本利润中所占份额始终很高，对此类资本的积累功能构成根本性的限制。

当然，典型意义上的公有资本不是这种承担着特殊消费需要的基金，而是由一定地域全体居民拥有的资本，国有资本，省、市、县有资本，以及各种社区居民公有资本，这类公有资本的利润并不承担特殊的消费需要，但却承担着全体居民的公共消费：第一，和生产没有直接关系的一般管理费用；第二，学校、医院等的公共消费支出；第三，赡养丧失劳动能力者的费用。这是任何社会经济都必须承担的费用，但在不同的生产关系中解决问题的方式不同。在地域全体居民公有制的场合，这一问题理所当然地会在公有制经济内部解决，公有资本的利润应当满足其资本所有者的消费需要，特别是他们的公共消费需要，这是公有资本的题中应有之义。假如公有制是社会经济的唯一形式，公有制的这一“额外负担”不构成任何问题，但如果社会上存在着多种经济成分并且相互间激烈竞争，公有资本的这一负担就使它自己处于明显的竞争劣势。

举例来说，一个农村社区全体居民都是集体经济的成员，凡有劳动能力者无例外地参加集体劳动，按劳分配，不劳动者不得食。集体经济是社区内唯一的经济实体，承担社区全部公共消费就是集体经济无可推卸的责任。但如果集体经济没有能力吸纳社区内全部劳动人口，如果一部分青壮劳力外出打工，社区内的个体、私营经济又有所发展，那么，情况就会发生变化。集体经济职工只占社区劳动人口的一部分，甚至一小部分，但集体经济却仍然要承担全部社区公共消费，包括社区管理费用、社区承担的教育费用和合作医疗补贴，社区基础建设与居民公共福利，困难户的补贴与救济等。按照社区居民集体经济的所有制属性，它承担这些公共消费支出是合理的。只要其经济实力允许，对于社会经济的发展来说也是有益的。但事情还存在另一面。与其他所有制形式的经济组织相比，公有制由于“额外负担”而降低了积累能力，在长远竞争中可能成为失败者。假设现在这个农村社区办起了两个在技术与管理上完全相同的企业，从业人员各占社区劳动人口的50%，其中一个是社区全体居民公有的企业，一个是个别社区居民的私营企业，两个企业的赢利在转化为资本积累之前都要满足一种消费需要：前者满足社区公共消费，由于社区人口众多，这是一笔庞大开支；后者满足企业主及其家庭消费，尽管一切都豪华高档，毕竟人数少，开支有限。同等利润下私有资本比公有资本有更强的积累能力，要不了多少年，这个私营企业的规模就会远远超出竞争对手，两者的胜负是“命中注定”的。一个戏剧性情节是，公有资本在将其利润用于公共福利或公共设施时，私营企业主及其雇工（假定他们都是社区居民）全都同等受益，它不仅削弱自己的竞争实力，而且还实实在在地帮助竞争对手。在这样的“平等竞争”中，公有资本几乎没有胜算。

更大地域范围的全体居民公有制，如国有制，问题更加突出。国有制是承担全民利益的公有制，国有资本的利润理应首先满足国家管理、全民福利和其他与全民利益有关的公共开支。但在市场经济条件下，多种经济成分并存是必然趋势，如果全部公共开支由国有资本单独承担，它在与其他所有制成分的竞争中就注定处于劣势。负担了公共支出的公有资本是过度负担的资本，其积累与消费的双重灵魂，比起在资本家的胸膛里更加充满矛盾。与任何形式的资本一样，增殖与扩张，为生产而生产，是市场竞争的外在强制，是其在市场环境中的生存之道。但最大限度地满足全体人民的物质与文化生活需要，总归是公有制经济的终极目的，公有制若不满足公共消费，那谁来满足？公有资本的社会责任和社会效益，与其自身的经济效率甚至生存条件直接冲突，这样的公有资本还能与市场经济长期共存吗？

现代经济庞大的公共开支其实是由财政预算支付的，财政收入的来源主要是国家税收，而不是国有企业的利润上交。在私有制为主体的资本主义市场经济中，这也是解决公共开支问题的唯一有效途径。资本主义国家的公共开支比重曾经较小，作为市场经济的“守夜人”，国家的经济职能被限制在绝对必要的最小限度内。但是，19 世纪后半叶开始情况发生变化，随着经济增长方式的逐步转变，国家不仅加强了调节经济周期的宏观管理职能，而且收入分配职能也逐步加强。国家机器变得越来越庞大，其管理开支不断上升；社会保障的功能越来越全面，而且覆盖面也越来越宽；一个“从摇篮到坟墓”的全民福利计划使财政背上了沉重包袱。如前所述，资本主义国家的分配职能，是现代生产力提高劳动者整体素质内在要求强制性作用的结果，它缓和资本主义制度在财富分配上两极分化的尖锐矛盾，有利于社会生产力在资本主义构架内的继续拓展。现代国家的公共支出占国民收入一半以上，如此庞大的费用当然不是只占国民经济 10% ~30% 这样较小比重的国有经济所能负担的。一个建立在公平税负基础上的健全的税收制度，是解决市场经济下公共支出来源的唯一合理选择。

这也是社会主义市场经济解决其公共支出来源的合理选择。改革其实也是循着这一思路发展的。计划经济下的国有企业利润由国家统收统支，国有企业上交的利润几乎承担了全部国家的公共支出。国企改革初期，我们就经历了“利改税”，即国有企业由上缴利润改为税收，这关键性的一步，解决了利润统收问题。此后又通过“拨改贷”从正规制度上切断了国家向企业无偿拨款的渠道，但是国有企业税负过重的问题始终没有真正解决。一方面，这与我们的税收征管制度不健全有关；另一方面，也与计划经济遗留的大量企业“暗负”有关。许多国家承诺的社会福利，事实上一直是由企业直接向职工支付的，如表现为在职闲暇的失业保险以及医疗保险和养老保险等。它们没有进入上缴利润或者企业税负的盘子，却是国有企业实实在在的公共负担。另外，像目前难度很大的费改税的改革也表明，企业承担的一般管理费用和其他公共开支，还有很大一部分没有进入预算内收入的盘子，这部分企业负担的不公平性更加难以解决。

在体制转轨过程中，国有企业税负暂时偏重是正常的，但由此引出的两个理论问题值得注意。

首先，人们在利用改革开放以来的实证数据研究国有制企业经济效益时，企业“暗负”问题必须充分考虑。在没有剔除这一因素的影响之前，许多结论值得怀疑，说实践已经证明国有经济低效率或者公有制经济低效率是有失公允的。在这方面，张军等人近年来的研究思路值得称道。①

其次，认为国有资本天生应当负担或者必须负担更多社会责任，包括更多公益性开支，因此注定低效率的思维定式值得商榷。

国外经济学关于国有企业必要性的论证，是建立在私有制市场经济天生有效率的微观理论基础上的，除非在提供公共产品时市场失效，或者市场无法有效解决信息不对称造成的代理问题，国有企业才有其存在的理由。按此理论，国有经济只能被限制在绝对必要的最小限度内。它提供市场无法有效供给的公共产品，因此天生具有满足特定社会偏好的非市场目标。为保证企业担负起这些额外负担，政府的管制是必要的，企业与政府的分离是相对的，事实上许多国有企业直接由政府机构管理，因此成为名副其实的国营企业。一些国有企业虽然有独立的公司法人地位，但由于生产经营中与政府行政千丝万缕的联系，其国有资本的性质与我们在计划经济中的国有企业一样，是不完整的。从这个意义上说，国有经济必须承担更多社会责任，其社会效益与经济效率存在固有矛盾，至少在逻辑上是可以成立的。即便如此，资本主义经济中的国有经济仍然有超出这一最低限度的可能，个别企业在竞争性领域的成功仍然备受世人瞩目。

我们关于公有制经济主体地位，以及国有经济主导地位必要性的论证，有着与此完全不同的理由，因此，社会主义市场经济中公有制经济的比重虽然不能说越大越好，但也绝不是越小越好。只要国有资本在平等的市场竞争中具有与其他经济成分同等的竞争力，超出资本主义经济中国有经济的最小容量，保持国有资本在竞争性领域的适当份额，应当是合乎情理的。而在竞争性领域中，国有资本要想与私有资本保持大体相当的竞争力，一

① 见董辅等主编《国有企业，你的路在何方》，经济出版社，1997 年版。

个重要前提是，它不应当年复一年地承担比私有资本更为沉重的社会负担[①]。既然一个税负公平的有效的税收体系能够满足现代经济庞大的公共开支，社会主义者为什么一定要让自己的国有资本承担更多社会责任，以至于严重伤害它的积累能力与竞争能力呢？笔者相信，竞争性领域国有资本的过度负担问题，随着我国市场经济体制的发育，最终是能够解决的，一个与其他经济成分平等赋税的国有资本，将放开手脚在市场竞争中一显身手，它有能力成为竞争的优胜者。

这样，我们理解的社会主义市场经济中的国有制，事实上包括两种实现形式，一种是主要在自然垄断领域生产经营的，由政府机构直接管理的国有官营经济，这类企业即使成为独立的法人实体，它与政府财政间的产权边界也不可能是完全明确的，所谓政企分开只有相对意义。政府管制着企业的经营决策、经营范围、产品（或者服务）价格、劳动工资政策等。国有资产在这类企业中不具备完整的资本性质。根据国际经验，这种类型的国有经济可以被压缩到占国民经济的10%到15%的较小比例。另一种是进入竞争性领域的国有经济，它一般不以纯粹国有企业的形式出现，而是表现为投入大型股份制企业的参股的或者相对控股的国有股份资本。由于这类国有资产具有完整的资本性质，它们不适于通过任何一种形式的政府机构进行管理。国家股权管理机构最终应当建设成为完全脱离政府行政系列、直接向社会负责的资本经营机构，一个适用于《信托法》与《信托业法》调整的社会信托投资基金。这类国有经济的比重（按资本量计算）应当可以超出前一类国有经济的比重，达到20%甚至更高的水平。

竞争性领域的国有资本是纯粹营利性资本，纯粹为增殖而增殖的资本。它没有利润上交任务，却有通过资本积累最大限度自我扩张的责任。国家在设立社会信托投资基金时除像一般公司制企业章程所规定的那样，赋予

① “转变政府以国有经济为主要收入来源的格局，是进一步深化国有经济改革的前提。”（王全斌，1999）

营利性目标之外，不应赋予它任何其他社会责任，相应地也不应当赋予它超出一般营利性企业的任何特权。在这一点上，它甚至比私有制经济中的资本范畴更加彻底，它的利润不需要满足资本家及其家庭的消费需要，在它体内只有一个灵魂，那就是增殖与扩张的灵魂，为生产而生产的灵魂。由于产权上与国家财政完全分开，治理上与政府机构真正脱钩，国有资本将与约瑟夫·斯蒂格利茨讨论的政府经济不同，既不会因为公平压力与道义压力而削弱管理者的判断力，又不会因为组织目标的多重化而模糊对绩效的评价（斯蒂格利茨，1998）。大规模公司制企业中国有资本的进入或者退出，不会对其效率造成重大影响。

那么，公有资本的社会功能究竟是什么呢？根据以上的讨论，至少有两点已经明确：第一，为了公有制的激励效率，即激发劳动者的生产积极性与创造精神，我们需要一种劳动平等的制度环境，适当比重的国有经济的存在，有利于在一国范围内营造一种劳动平等的社会氛围，从宏观层面上提高公有制的激励效率；第二，为了适应现代经济增长中生产的物的要素与人的要素协调发展的要求，我们有必要限制社会范围内资本与劳动的阶级矛盾与阶级对抗，使积累与消费的矛盾更多地在劳动者阶级自身利益的范围内解决。没有资本家的资本关系的扩展，有利于社会更好处理资本报酬与劳动报酬的关系，保证生产的物的要素与人的要素随着社会生产力的发展而同步发展。以上两点正是我们所理解的公有制经济中公平与效率同一性的含义，因而也是公有资本的公平与效率同一性的体现。但是，这里还要特别强调公有资本的另一种社会责任，即通过资本增值与扩张推动社会经济的持续增长。我们是发展中国家，经济赶超战略是我们在很长时期内满足人民需要、实现国家利益的基本手段。资本短缺正是落后国家实现经济赶超的瓶颈，没有资本的持续高比例的积累，没有资本竞争机制所蕴含的连续不断的创新过程，实现国家现代化就是空话。增殖、积累、扩张，为生产而生产，这正是植入国有资本躯干内的全民意志，表现在国有资本行为中的社会偏好，它本身就构成社会主义市场经济中国有资本最重要的社会职能。由于与激励效率、配置效率、创新效率的高度统一，它应当有能力担负起自己的使命。

（原载于《政治经济学报》第 8 卷，2017 年版）

公有资本主导的市场经济体制

美国激进经济学派代表人物霍华德·谢尔曼，20世纪70年代在回答资本主义向何处去时，曾经描述在发达市场经济基础上建立的社会主义经济蓝图：“激进派的长期目标是建立一个民主的社会主义制度。在美国，把1000家最大的公司收归国家所有，就可以在很大程度上实现社会主义。这些大企业大约占全部公司财产、销售额和利润的三分之二（近期内中国经济的集中程度还达不到这一水平——引者注）。没有必要把街头的杂货店收归国有，如果它是家庭经营的话。”“对于这1000家最大的美国公司来说，它们的董事会成员要有50%或51%由地方政府、州政府或联邦政府任命。其余49%或50%的董事会成员可以由每个企业的工人选举产生。”① 显然，他在设计社会主义蓝图时主要考虑了两方面问题：国有经济的控制力与工人民主管理。

英国经济学家亚历克·诺夫在80年代出版的《可行的社会主义经济》一书中，提出一个可行的社会主义允许的“法律结构”：①中央控制与管理的国营企业；②充分自治的、管理部门向职工负责的国有（或社会所有）企业；③合作社企业；④按明确规定界线经营的小规模私人企业；⑤个体。② 除了对私有制的限制似乎比我们更为严格之外，这个“法律结构”与中国的改革实践已经颇为接近。诺夫设想，在可行的社会主义经济中，“国

---

① 霍华德·J. 谢尔曼：《停滞膨胀》，厉以平、厉放译，商务印书馆，1984年版，第248页。

② 亚历克·诺夫：《可行的社会主义经济》，唐雪葆等译，中国社会科学出版社，1988年版，第274页。

家、社会和合作社所有制占主导地位，没有大规模的生产资料私有制”。由于“某种程度的物质不平等”仍然存在，“管理者与被管理者之间的分别”仍然存在，“不平等现象应有意识地加以限制”，“应大力注意防止滥用权力和尽最大可能进行民主咨询”。诺夫特别强调企业的小规模，以便于扩大工人参与，加强职工“隶属感”。最后，为了防止无节制的市场经济必然产生的难以容忍的社会不平等，国家应发挥重大作用来决定收入政策、征收赋税（以及级差地租）等。[①] 可以肯定，诺夫在设计这一蓝图时所考虑的主要问题与谢尔曼相近，但他对这种可行的社会主义是否能够称作真正的社会主义，似乎没有把握。

美国经济学家约翰·罗默在1994年出版的新著《社会主义的未来》中，汇集了七种主要由美国学者提出的关于市场社会主义模式的新建议，他把它们归纳为三个类型：其一是“以工人管理的思想为基础的建议”；其二是“保留传统的管理形式（意指公司制企业的利润最大化目标与经理控制权），但考虑收入分配更平等的建议”；其三是“不把改变财产权想象为新制度重要特征的建议”（通过限制富人权力的方式逐步实现社会财富的平等化）。[②] 虽然细节上存在很多差别，这些建议还是具有一系列共同点。首先，所有建议都是建立在市场经济的微观基础上，不仅运用了各种市场经济的物质激励与约束手段，而且利用了包括资本市场在内的要素市场运作。同时，这些建议又假定人们在经济活动中具有在资本主义市场经济中相同的行为特征，试图通过精心设计的“社会主义制度”，使“新的经济的结果（尤其是收入与权力的分配）”与发达资本主义制度下看到的情况不一样。这些美国经济学家在设计新经济时的“终极关怀”，明确地指向收入与权力分配的“劳动平等”。但是，人们也不难发现，这些大洋彼岸的理论家们对

① 亚历克·诺夫：《可行的社会主义经济》，唐雪葆等译，中国社会科学出版社，1988年版，第308、309页。

② 约翰·罗默：《社会主义的未来》，余文烈等译，重庆出版社，1997年版，第42页。

市场经济条件下公有产权的内在矛盾缺乏理解，对公有产权代理结构设计面对的两难处境缺乏理解，对市场经济中劳动主权型企业与资本主权型企业的基本分野的必要性缺乏理解，对公有资本这种在劳动异化中实现劳动平等的蕴含着深刻矛盾的经济现象缺乏理解。他们感觉到矛盾的存在，但不理解矛盾的性质。尽管建议中不乏有益的思想实验，但是根据中国二十年的改革实践，试图用一种模式去解决全部矛盾的理论企图，肯定是行不通的。把不同的理论建议当作可供选择的、可相互替代的方案，事实上不可能做出合理的选择。但是，如果能够将罗默的分类当作三种相互补充的设计思路而加以综合利用，对中国的改革实践倒有相当的启发意义。

我们所理解的发育完善的社会主义市场经济体制中的公有产权，至少应该从两个侧面描述：其一是多样化公有资本的投资与控制体系，其二是劳动者合作经济的分布与渗透格局。

在关系国计民生的基础产业、主导产业、自然垄断性产业中，政府控制的国有资本占据绝对控制地位。在此领域中，国有独资与国有控股企业占绝大多数，它们或是依据特别法设立的“公法人”，或是依据公司法成立的公司法人，其最终的产权代理人都由相关的政府机构承担。相应地，企业经营采取国有公营的方式，政府直接委派企业经营者，直接管制企业的产品（服务）价格与工资水平；企业除了完成资本保值增值目标之外，还要承担政府赋予的其他公益目标。这是一个政企不能完全分开的领域，然而又恰恰是在企业产权制度与组织结构上与资本主义市场经济差别最小的领域。在市场经济的发展中，这一国有公营经济的比重可能会逐步压缩到全部国民经济的百分之十几，但在此领域内，国有资本的份额很可能始终保持三分之二的绝对多数。

竞争性领域最顶层的是数量不到企业总数百分之一而资本与产出超过社会总资本与国民生产总值一半以上的大型与特大型企业，这是一个实力雄厚、技术先进、管理科学并且经营国际化的大公司体系，是整个国民经济的主导力量。这是一个国有资本拥有相对控制权的领域，国有资本采取社会信托投资基金的形式，表现为几十只社会信托投资基金分别持有的公司股权。在我国市场经济发展的今后十几年内，这种形式的国有资本比重不会低于该领域资本总量的三分之一（但从全社会资本总量的角度看，投资这一领域的国有资本份额可能还不足20%）。与此同时，以社会保障基金为主的其他公有资本，包括一部分劳动集体投资基金，也将在这一领域占有相当比重。总体上说，这一领域的公有资本份额很可能与包括外国资本投资在内的私有资本旗鼓相当。但由于公有资本的集中度较高，它在大规模经营领域总体上仍然可以保持相对控制权。这意味着在多数情况下，几只甚至十几只社会信托投资基金同时持有一家大公司的股票，由于单个基金的持股份额不超过5%，没有一只基金具有能直接插手公司事务的控股地位，在企业经营正常情况下它们对公司业务都采取不干预态度，满足于充当“消极持股人”的角色，我们的大公司仍然是“经理控制型”企业。但是，基金在公司决策中并不是毫无发言权，它们所拥有的股票份额能够保证其“相机抉择权”，在企业经营显露败绩、公司经理层出现问题时，投资于同一大公司的社会信托投资基金很容易达成一致，并且与其他大股东采取联合行动，扭转公司局面，减少资本损失，直至改组公司董事会，推动与实施必要的兼并与重组措施。我们把处在这一水平上的控制力度称作相对控制力，并且认为，它可能是社会信托投资基金对受控公司效率最高的“控制”方式。当然这只是从总体水平而言的，不排除由境外跨国公司控股的大公司在此领域占有一定席位。

占企业总数不足5%的中型企业是产权形式最为多样化的领域，各种企业形式：业主制、合伙制、合作制与股份合作制都会占有一席之地，但这一领域企业形式的主体仍然是包括股份有限公司和有限责任公司的公司制。由于社会信托投资基金的投向逐步向大公司倾斜，它在中型公司制企业中的直接投资比例应该是比较低的。单纯从直接投资的比重看，以社会信托投资基金与社会保障基金为主体的公有资本，在中等规模的公司制企业中的总体份额，可能将低于甚至明显低于包括外国资本在内的私人资本。但考虑到以下两方面因素，国有资本在这一领域的实际影响力并不低。首先，很大一部分中型企业的控股权实际掌握在最大的千余家大型或特大型公司手里，社会信托投资基金通过对大公司的相对控制权，间接影响这些中型企业；其次，社会信托投资基金通过在证券市场上购买共同基金受益权证，间接投资于中小规模的股份公司。因此，公有资本对中型企业的间接控制力仍然不会太小。正是通过“集中优势兵力”抢占国民经济“制高点”的投资策略，通过间接控制的管理方式，占全社会资本总额30%国有资本，仍然可以将自己的影响力延伸到直接投资很少甚至完全没有投资的中小企业范围，在整个国民经济中保持主导地位。

作为市场经济基础的是占企业总数95%以上的小企业，尽管它在社会经济的投入与产出两个方面的比重都明显低于大企业，但是在就业人数方面，却比大企业甚至比大中型企业的总和都多。对于我国这样有大量待业劳动人口的发展中大国来说，这一点特别地决定了小企业在国民经济中的重要地位。随着国有资本从这一领域逐步退出，小企业将成为几乎纯粹非国有经济的天地（也许县级小城市中的供水、供气等公用设施是一个例外）。这一领域的更多企业会采取私人业主制或合伙制的经营形式；虽然也会有小型公司，但其股本主要来源于私人投资；即使是合作社或者股份合作制，有相当一批企业的劳动平等程度也很低，其公有制性质并不显著。这是一个私人投资具有更大灵活性的经营领域，因此私人资本总量上占多数。

但这一领域仍将活跃着多种多样的公有制实现形式，包括三种产权主体类型：企业职工所有制、社区居民所有制和其他劳动者群体所有制，其企业经营形式主要采取合作制与股份合作制。以企业职工为产权主体的合作制与股份合作制，不仅适合于劳动密集的传统产业，随着知识经济的迅速发展，它在技术密集型产业也将发挥越来越重要的作用。由于农业土地的社区居民集体所有制将长期存在，估计各种类型的社区合作经济以及建立在农民家庭经营基础上的提供农业产前、产中、产后服务的合作社，在我国市场经济的发育中也会有巨大的发展空间，这是在小规模经营领域发展公有制经济的最深厚基础，其基本特征是劳动合作。各种不同类型的劳动者合作经济在产权代理结构上会有许多区别，但有一个变化趋势是共同的，那就是各级政府机构包括其基层组织从公产代理人的位置上逐步隐退，公产主体成员的全体大会或者代表大会将真正拥有合作经济的民主决策权。

由于劳动平等的社会价值观念以及有利的法律与政策环境，合作经济在我国社会主义市场经济中的发展应当比资本主义市场经济有更为广阔的天地，其市场份额也应该更大。但是，由于配置低效率的原因，合作制包括股份合作制企业在中型企业中的份额可能很小，而在大型企业中则几乎不可能生存。劳动合作原则在大中型企业的发展，是通过其强大的渗透力，以一种变形的方式实现的。尽管大中型企业不采取合作制的企业形式，但在大中型公司制企业中，通过企业职工的参与决策和分享利润，劳动合作原则仍然能够发挥作用。在不动摇公司制资本主权的前提下，企业职工在现代大公司中已经具有了越来越多的发言权。这种趋势在我国社会主义市场经济的发育中将表现得更加明显。职工参与决策的规定事实上从一开始就被写进了我国《公司法》，随着市场经济的发育、经济民主化的成长，它将在越来越多的大中型公司制企业中成为现实。

公有资本的相对控制权加上劳动合作原则的全面渗透，这就是社会主义市场经济中的公有产权。为了在理论上表述得更为完整，也许还应当补充一句：运用公共政策对市场经济可能产生的不平等实行必要的限制，包括累进所得税、遗产税和庞大的社会保障制度等，也是提高全社会范围内劳动平等程度的一个重要因素。

根据本书[1]全部研究的一贯逻辑，我们关于未来社会主义的设计蓝图，建立在有效率的现代市场经济的基础之上。基本的设计思路是：在不损害甚至进一步提高现代市场经济的包括激励效率、配置效率和创新效率在内的全面经济效率基础上，最大限度地贯彻与体现我们所理解的“劳动平等”的社会主义原则。研究的结果表明，符合这一设计思路的社会主义经济体制与资本主义市场经济的本质区别是由产权结构上的一系列量的变化构成的：比资本主义市场经济份额更大些的国有资本（我们假设的30%的比重，不过是全球发展中国家国有经济的平均数）；份额较大的社会保障基金和其他公有资本；份额较大的职工合作经济和其他劳动者合作经济；最后是大中型企业中发育更为充分的经济民主（职工持股、职工参与制与职工分享制等）。与现有的发达市场经济体制相比，也许真正可以称为制度创新的只有两点。第一，我们为竞争性领域的国有资本设计了一个“政资分开”的社会信托制度，希望新的制度安排对提高公有资本的市场竞争力，进而保障其对社会经济的相对控制力会有益处。第二，有中国特色的农村土地公有制以及与之密切关联的各种类型的社区合作经济。这类公有制实现形式有明显的东方色彩，不是从西方市场经济中移植，而是我们自己土生土长的东西。但这些新设计的制度资源，无论是信托制度、财团法人，还是合作社制度，都还是现代市场经济中现成法律制度的运用。按照某些人的标准看，这样的社会主义实在是太不纯粹了。那么，能否有更加纯粹的社会主义呢？根据对公有产权内在矛盾的分析，除非牺牲市场经济的全面效率，更加纯粹的社会主义是不可能的。就像市场经济中公有产权与私有产权的本质区别产生于一个量变到质变的过程，社会主义经济制度与资本主义经济制度的区别，恐怕也只能产生于由数量差异决定的性质差异。

（原载于《公有制实现形式多样化通论》，经济科学出版社，2001年版）

---

① 指荣兆梓等：《公有制实现形式多样化通论》，经济科学出版社，2001年版。

推进公有制经济在新形势下的新发展

科学发展观，是马克思主义关于发展的世界观和方法论的集中体现，是发展中国特色社会主义必须坚持和贯彻的重大战略思想。科学发展观为我们深入理解社会主义基本经济制度拓开了全新的视野，对巩固和完善社会主义基本经济制度提出了更高的要求。

作为全世界劳动者共同理想的社会主义经济制度，本来就应当能够全面协调永续发展，一直把人类带进更加美好的共产主义社会。科学发展是社会主义的题中应有之义。反观20世纪社会主义的历史，我们对社会主义基本经济制度的理解存在太多的误解和曲解。开始的时候最基本的误解是把社会主义和市场经济相对立，我们模仿苏联模式，建立了一个集中计划经济体制，追求所有制结构的一大二公三升级。这个体制最初曾发挥短暂的积极作用，但是它不能保障社会主义经济的持续快速和稳定发展，特别是由于体制缺乏创新激励，其技术进步的缓慢甚至停滞最终导致了以苏联为首的社会主义阵营在“和平竞赛”中失利。

中国共产党人在一场把社会主义基本经济制度和市场经济相结合的社会实验中摸索前行了30年，形成了社会主义初级阶段以公有制为主体、多种所有制经济共同发展的基本经济制度，取得了举世瞩目的成就。我们的经济发展方式已经并且正在发生巨大的变化，但是我们在新世纪新阶段面临的一系列新问题表明，经济发展方式仍然存在问题，社会主义经济的可持续发展仍然受到各种因素的威胁，经济、社会存在的诸多矛盾还需要我们更加充分地发挥社会主义基本经济制度的优势，经过切实努力逐步加以解决。我们的基本经济制度还不够完善，许多方面体制改革还面临深层次矛盾，还不足以保障经济、社会的科学发展。

本文针对我国发展新阶段的新特征，对完善社会主义基本经济制度提出如下意见和建议。

第一，应当更加有力地推进公有制经济在新形势下的新发展。

改革开放以来，我们放弃了计划经济时代的重工业优先战略，而实施效率优先战略。市场经济体制成为适应发展模式转化的必然选择。在市场化改革过程中，我们对所有制结构的调整，基本取向是产权多元化。这是市场经济的要求，也是提高效率的要求。经过 30 年的改革，原先在现代经济中国营企业一统天下的局面根本改观，一个以国有制经济为主体、多种经济形式共同发展的所有制格局已经形成。这一进程的动态特征客观地表现为数量上的“国退民进”（国有经济在工业产出中的份额从 90% 退到 30%），而在科学发展观提出之前的一段时间里，“国退民进”甚至演变为地方政府的政策取向。“公有制为主体”事实上成为一种防御性策略，它在组织撤退中的作用有二：一是稳定军心的旗帜，二是设定撤退的底线。因此在公有制经济的实践中，人们越来越关注“巩固”而忽视“发展”。由于理论滞后于实践，当经济制度的最后一道防线不断在理论上后撤，当人们对公有制为主体的理论解释多次做防御性调整，甚至有人主张国有制经济的主体地位只需要表现在垄断领域的时候，其稳定军心的作用也就渐次减弱了。这就是近年来不断有人对公有制为主体的必要性与可能性提出质疑的原因①。

随着科学发展观的提出与贯彻，情况不可避免地将发生变化。现在新的发展模式对产权结构已经不是简单地要求多元化，而是多种所有制经济

① 参见胡承槐：《政治、经济双重视角下的公有制主体地位再审视——兼评李长征、崔伟华、宗寒的理论争论》，《中共浙江省委党校学报》2006 年第 4 期。

的协调发展和功能互补。随着公平与效率并重方针的确立，公有制为主体必将重新回到完善基本经济制度的改革实践的中心，从一个防御性策略转变成为积极进取的主导性政策。发展公有制经济，而不仅仅是巩固公有制经济，在新的发展阶段以其新的阶段性特征提上决策者的日程。作为基本经济制度主体的公有制的发展，需要更强有力的推进。

第二，公有制主体功能应当得到更加完整的理解、更加充分的发挥。

怎样理解公有制的主体地位？一般从公有制经济在国民经济中的数量和质量，以及公有制经济在社会经济中的作用与功能定位两方面来解释。事实上两个观察视角是统一的。正是为了发挥社会经济中的某些主体功能，公有制经济才需要在数量和质量上达到某种高度，离开功能与作用的讨论，剩下的就只是为主体而主体的“意识形态”命题，丧失了任何理论讨论的意义。

那么，公有制经济在社会主义市场经济中应当发挥哪些主体功能呢？按照中国特色社会主义理论体系，问题可以从生产力和生产关系两个层面讨论[①]：从发展生产力的层面，公有制经济应当具有多种市场环境下的适应性和竞争力，具有持续的自我成长能力和再投资能力，能够支撑和带动整个社会经济持续、稳定、高速发展；同时，国有经济还应当具有控制力，国有资本要在涉及国家安全的行业、自然垄断的行业、提供重要公共品的行业握有控制权，以保障国家的宏观调控能力（广义地说，宏观调控本身的任务也是双重的，既涉及经济的稳定增长，也涉及收入的公平分配[②]）。从生产关系的层面，公有制经济应当在促进共同富裕、促进社会和谐方面

---

① 深层次上二者是统一的，因为好的生产关系能促进生产力发展，反映这种生产关系特征的公平提高效率。参见李太淼《坚持以公有制为主体的合理性辨析》，《河南社会科学》2007 年第 1 期。

② 早在四十多年前，詹姆斯·E·米德在全世界尚无社会主义市场经济成功经验的情况下，就对“财产社会化”在公平与效率双重目标下的宏观调控功能进行了深入的剖析。（《效率、公平与产权》，施仁译，北京经济学院出版社，1992 版，第 54 ~ 58 页）

发挥引导、推进和示范作用①。各种公有制经济应当能够在微观经济层面带头推进基层劳动民主，改善劳动关系，提高初次分配的公平性；国有垄断企业应当在服从国家规制方面起模范带头作用；劳动者集体经济与合作经济应当在开辟多种生产门路、把分散落后的生产力组织起来、实现劳动者脱贫致富方面发挥积极作用。同时，公有制经济还应当以自身的模范行为影响其他所有制经济，促进整个社会的公正与和谐。

以往关于公有制为主体的理解存在两个明显的不足：一是对主体功能的理解不充分，重公有制在发展生产力和保障宏观调控方面的作用，而较少讨论公有制在社会主义生产关系形成和发展中的主导作用，特别是不重视公有制经济在微观经济领域的生产关系和国民收入初次分配中的决定性作用。由此导致公有制经济质量评价标准的片面性，只强调国有制经济的控制力、竞争力及其在产业布局中的合理性，而忽视了多种公有制实现形式在改善社会公正、促进社会和谐方面的优越性及其对整个社会价值体系的影响力。二是对公有制经济的市场竞争力，由一开始的期望过高，到实践中屡遭挫折之后的逐步退却，理论上怀疑之风日盛②，实践中渐渐放弃努力。这对公有制主体地位的巩固和发展构成潜在威胁。公有制经济在市场经济中的竞争力不仅是其制度主体的表现方式，而且是其发挥主体功能的基础。一个不能在市场竞争中自我发展、自我增值的公有资本，一个只能在政府权力的羽翼下存活的公有制经济，不可能与市场经济充分融合，更不用说成为社会主义市场经济的主体。无论遇到什么样的困难和挫折，提高公有制经济市场竞争力的目标不能动摇。

第三，为发挥公有制主体功能，多种形式的国有制经济与多种形式的劳动者合作经济必须相互支撑、协调发展。

公有制主体功能的多元化，要求其实现形式的多样化。由于市场经济

① 袁国祯：《国有经济与社会和谐》，《上海国资》2005 年第 9 期。

② 参见李济广：《公有制经济的高效率研究述评》，《马克思主义研究》2006 年第 2 期。

下公有产权的内在矛盾，任何单一形式的公有制都不可能独立实现多元化的主体功能。从公有制的效率功能看，没有一种公有制实现形式能够在复杂多样的市场环境下获得全能冠军的荣耀，各种公有制实现形式都只有它有限的适应范围，因此也只能在有限的领域实现相对的高效率，各种不同的公有制实现形式在效率上是互补的。从公有制的公平功能看，公平的覆盖范围和公平的实现深度具有相互替代关系。公有制经济的规模越大、范围越广，它保证全体成员劳动平等的制度成本就越高，其内部实现平等的程度也就越低，这是公有制内在矛盾的必须表现[①]。因此，要充分发挥公有制主体功能，单靠国有经济不行，当然，单靠劳动自治组织或者劳动者合作经济组织也不行。自上而下的国家所有制（它是全民所有制的一种形式）必须和自下而上的多种多样的劳动者合作经济组织协调发展，相互补充[②]，才能够承担起公有制在发展生产力与改善生产关系两方面的主体功能。

现实的情形是：国有企业的改革相对而言较有成效，不仅完成了大中型国有企业的公司化改造，完成了公有资本向大规模生产经营领域的收缩、集结和重组，而且公司制企业产权多元化的改革正在顺利推进，国有资本在社会总资本中的比重从90%以上调整到50%以下，效率提高，控制力增强，已经基本能够发挥对国民经济的主导作用；但是多种形式的劳动者合作经济组织发展滞后，所能发挥的公有制主体功能十分有限。

首先，计划经济下形成的政社合一的集体经济，在改革中没有被顺利地导向以劳动者民主决策为特征的合作经济组织。一方面，农村土地集体所有制在联产承包责任制成功推行之后始终没有找到进一步改革的明确方向，各种改革方案无法达成一致，各种改革试验未见满意结果，农地产权管理仍然由农村基层政权组织代理，农地产权制度仍然与市场经济的要求有较大差距。另一方面，传统意义上的城乡集体企业，包括改革初期发展

① 荣兆梓：《论公有产权的内在矛盾》，《经济研究》1996年第9期。

② 荣兆梓等：《公有制实现形式多样化通论》，经济科学出版社，2001版，第472页。

起来的乡镇集体企业，通过20世纪90年代的两轮改制，多数已经转变为经营者持大股的股份制企业，虽然其中一部分仍然沿用股份合作制的名称，但其劳动联合的性质早已经让位于资本主权的性质。一小部分传统的集体所有制企业还坚持公有制的旗帜，但其改革的未来走向不明确，产权制度很不稳定。

其次，市场经济中自发发展起来的各种形式的劳动者合作经济组织，又由于法制环境的不健全、各级政府合作社政策的思路不清晰和政策引导、政策扶持不力，始终处于步履艰难的摸索阶段，走走停停，自生自灭。其中发展相对较快的专业农户合作社刚刚有了一部农民专业合作社法，但是，与许多资本主义市场经济国家（包括一些合作经济发育良好的发展中国家）相比，无论从对相关领域的覆盖范围还是从市场相对份额看，我们的专业农户合作社都显得弱小和发育不足①。以农地集体所有制为基础的社区居民合作社只是在少数城郊范围内发展，农用地合作经营的经济组织发展缓慢，存在着比较多的制度不确定性。农村合作金融组织的发展同样迟缓，它所面对的制度障碍甚至更多。总体上看，我国市场经济中发展起来的农民合作组织，与我们巨大的农村人口和经济总量相比，显得分散、弱小，缺乏制度的稳定性，与各种发展阶段的市场经济国家相比，存在明显的发展滞后现象。有人估计，全国参加各种合作社的农户仅占2.5%，这与发达国家80%的农户参加合作经济组织的情形反差巨大。另外一种类型的合作经济组织是企业职工合作社，或者叫工人合作工厂，在多数市场经济国家也都有相当程度的发展，但是我国目前此类经济组织却没有随着市场经济的发育而发育，除了一小部分从传统集体企业（包括乡镇企业）改制而来的股份合作制企业仍具有劳动民主性质，新组建的职工合作制企业极为少见。由于缺乏法律的保障和政策的引导，此类经济组织今后能否有一个稳定的发

① 傅晨：《农民专业合作经济组织的现状及问题》，《经济学家》2004年第5期；张晓山：《有关中国农民专业合作组织发展的几个问题》，《农村经济》2005年第1期。

展，前景堪忧。

总而言之，我国目前的社会主义市场经济是一个合作社发展相对滞后的市场经济，我们的社会主义公有制经济至今仍然是依靠国有经济一根柱子支撑的主体经济。这种发展不协调的现象需要改变。多种形式的劳动者合作经济必须在更明确的社会主义政策引导下花更大力气推进，这一点应当作为最重要的改革方针之一提上决策者日程。要有更加完备的合作社立法，要有更加积极的支持和引导合作社发展的政策措施，包括政府采取更加有效的措施推进各个层次的合作社教育，等等。

第四，要把提高市场竞争力当作国有经济改革的首要任务，继续大力推进。

作为基本经济制度的重要组成部分，我们的国有经济首先植根于市场，它是社会主义市场经济微观基础的重要组成部分，而并非单纯是政府应对市场失灵的“调控手段”。从这个意义上说，我们的国有经济不仅应当比一般市场经济中的国有经济有更大的规模和更强的实力，而且我们的国有经济还应当有更加丰富多彩的实现形式，以便于在垄断与竞争两个领域有效运营，在生产力与生产关系两个层面积极发挥主导作用。只有这样，公有制为主体在市场经济中才是可持续的。国有经济分类管理的思路正确[①]，它应当在立法层面和组织层面得到更加切实的贯彻。

实际的情形是，国有经济的改革在经历了二十余年的多样化探索之后，近年来在项层制度设计上渐渐收敛到一种模式。这就是2003年以后逐步形成的“国资委”加控股公司模式。这一模式的最大缺陷是，没有考虑到竞争性领域的国有资本和垄断性领域的国有资本在立法与组织构架的顶层设计层面相区别的必要性。我国国有经济在竞争性领域至今仍然保有数万亿元资本的庞大规模，只要公有制为主体的基本经济制度不变，国有经济在竞争性领域的支撑和带动作用就是题中应有之义。但是，竞争性领域的国

① 杨瑞龙：《国有企业治理结构创新的经济学分析》，中国人民大学出版社，2001版，第220～223页。

有资本有着与垄断性领域不同的经济功能，它以自己的保值、增殖和对经济发展的带动作用，体现全民利益。为了保证这部分国有资本在平等的市场竞争中自我增殖、自我发展，不应当赋予它更多的社会责任，尤其是不应当赋予它与垄断性领域的国有资本相同的社会责任。相应地，竞争性领域的资本运营完全可以由市场调节，政府对企业微观层次的规制是不必要的。政府不必要的规制将损害企业竞争力和资本竞争力。因此，在竞争性领域，由各级政府充当国有资本的所有权代理人也不是必要的制度安排。事实上，正是这一制度安排，成为妨碍国有经济提高市场竞争力的症结。充当国有股股东的各级政府，以其多元化社会目标影响国有及国有控股公司的经营目标，以其行政性行为方式影响公司治理的有效性。因此，竞争性领域国有资本管理的“去政府化”，是进一步提高国有资本市场竞争力的必由之路[①]。国有资本的分类管理首先应当从立法层面上将二者严格区分开来。在此基础上，目前管理职权过于集中的大国资委体制，也需要重新定位。

具体的制度设计可以利用信托基金法，将竞争性领域的国有资本设立为若干只“社会信托投资基金”，以政府为信托人，专业的基金管理机构为受托人，而作为国有资本最终所有者的全体人民为基金受益人[②]。这样的制度设计有望使得政府机构（国有资产监督管理委员会）从直接的资本管理者角色淡出，成为单纯的基金监督者。这就为市场在这部分国有资本的运营中发挥更多调节作用腾出了空间。这是一种与已有的国有资产管理体制不同的制度设计，但它也不是一点没有前人的经验可以借鉴。香港政府在东南亚金融危机中设立的“盈富基金”就是一个现成的例子；当下一些国家“主权财产基金”的法律框架，也有许多值得借鉴的地方。总之，提高

① 荣兆梓：《国有资本管理“去政府化”》，《经济理论与经济管理》2006年第10期。

② 笔者和崔之元都主张国有资产的基金化管理，但我不赞成全民分红，认为这徒然增加改革成本，并不能保证公平目标。社会信托投资基金的良好发展本身就能促进经济增长、社会繁荣，就让它在市场竞争中自我发展好了，这有利于保证公有制经济的主体地位。

国有资本市场竞争力的改革并没有走到尽头，坚定信心，拓展思路，我们前面的路还很宽。

第五，国有资本的主导作用应当在改善企业劳动关系中得到充分体现。

一部分西方马克思主义者始终认为，现实的社会主义制度（包括中国的社会主义市场经济）在企业内部实行对劳动的管理性强制，未能超越资本的逻辑，因此不是真正的社会主义①。国内也有学者认为，国有经济的改革要走劳动自治的道路，企业要由职工代表大会管理②。这些主张不符合市场经济的规律，也未能真正理解公有制的内在矛盾。在社会主义市场经济条件下，在大规模生产、经营领域，直接的劳动者自治组织（或者工人合作工厂）反而是低效率的。我国的国企改革最终选择了公司制的方向，这是实事求是的选择，因此就成长起一个以资本主权型企业为主体的市场经济微观基础③。股份公司是典型的资本主权型企业，以资本盈利为经营目的，按出资额分配权力与利益，企业劳动者是资本所有者的雇员，劳动合同构成企业关系的基础。按照马克思的剩余价值理论，此类企业的劳资双方存在着利益矛盾。要在市场经济下建立比较宽松的劳资关系，需要较高的生产力发展水平，有一个比较长的发展过程。要在我国目前的经济社会发展阶段实现社会范围的劳资和谐，必须充分发挥社会主义市场经济的制度优势。我们希望国有经济在这方面发挥主导作用有两点理由：首先，公有资本（包括国有资本）是没有资本家的资本关系，没有两个阶级之间的矛盾与冲突，而是劳动者阶级内部整体利益对个人利益的控制机制，理论上存在着和谐劳动关系的可能性；其次，国有经济已经实现了向大规模生

① I·梅扎罗斯：《超越资本——关于一种过渡理论》，郑一明等译，中国人民大学出版社，2003 版，第 953 ~955 页。

② 李炳炎新近出版的《中国企改新谭》（民主与建设出版社，2005）中，一如既往地主张：“按‘劳动雇佣资本’的逻辑让工人参与国有企业治理”。

③ 刘永佶主张市场经济下的劳动民主（《公有制经济新论：主体、性质、目的、原则、机制》，《中国特色社会主义研究》2004 年第 3 期），但他似乎对公有产权的内在矛盾关注不够，对公司制企业的资本主权并不认同，因而对全部问题的复杂性以及解决问题的艰巨性认识不足。

产经营领域集中的战略重组，国有资本的投资领域总体上生产力水平较高，管理水平较高，理应在企业劳动民主建设中走在前面，起引领作用。如果居主体地位的公有制经济能够以自己更加和谐的劳动关系影响其他所有制经济，如马克思所说，以其“普照之光”照亮全社会，那么，改革目标的达成就有了坚实的基础。

但是，现实的发展与理论的期望有差距。20世纪90年代的国有企业公司制改革单纯强调效率目标，重点是形成市场经济下企业制度的共性特征，而无暇顾及国有经济在促进和谐劳动关系方面的特殊功能。改革完成了两项重要任务：一是构建公司制度的资本权力，实现股份资本所有权与公司法人所有权的分离，通过健全公司治理，调整资本所有者与资本代理人（高层经理人员）的权责利关系；二是打破计划经济遗留的固定就业制度，推进劳动工资制度和福利保障制度的改革。市场经济的劳动关系在包括国有经济在内的多种所有制经济中普遍形成，但改革的惯性却使得作为国有资本代理人的企业高层管理者权力和利益过度膨胀。一方面，政府作为资本所有者的监控职能尚未充分到位，经营者往往自行其是，各种形式的管理腐败难以抑制；另一方面，基层劳动民主滞后于改革和发展的进程，企业工会和职代会的行政色彩没有改变，很难形成对高层管理者自下而上的监督。企业高层管理者与企业广大职工的权利差异一直在扩大，国有及国有控股企业的劳动关系趋紧。国有经济在建设和谐劳动关系中的领先和示范作用始终没有充分发挥。这种情况应当受到决策者的高度重视。推进国有企业的劳动民主，提高国有经济的劳工标准，加强对垄断企业的规制力度，抑制国有垄断企业内部人控制及其造成的分配不公对全社会劳资关系的毒化，仍然是国有企业改革的重要任务，其重要性比以往任何时候都更加突出。

发展劳动民主不应牺牲企业市场竞争力。事实上二者不仅没有矛盾，而且是相辅相成的。现代生产力的发展越来越要求生产的人的要素与物的要素同步提高科技含量，即要求人力资源的综合素质随生产力的发展而提高，这必然会提升劳动者在企业生产经营中的地位和作用。现代管理科学的文献越来越多地将注意力转向企业内部协调劳资关系、提高经济效率的主题，人力资源管理理论盛行。西方主流经济学文献关注劳资合作和雇员参与促进生产率增长；关注不同维度上的劳资冲突对生产率增长的不同影响。此类文献的大量涌现表明，通过改善劳动关系提高企业效率，至少在发达市场经济国家已经成为潮流。无论从发挥公有制经济主体功能还是从管理现代化的要求出发，我们的国有及国有控股企业都应当在改善劳动关系方面先走一步，而占有社会资本极大份额的国有资本及其代理机构，也应当在这一进程中发挥更加重要的作用。

（原载于《中国经济问题》，2008 年第 4 期）

从建立和谐劳资关系的角度看公有制经济的进一步改革

一、 社会主义市场经济下劳资和谐的可能性

社会主义是公有制为主体的市场经济，资本主义则是私有制为主体的市场经济。两种市场经济的微观基础具有共性特征：企业组织同样为资本所有者与劳动力所有者之间的市场合约，一种劳动力商品的买卖合约；资本所有者成为生产过程的控制者，直接对劳动者实行管理，同时资本所有者也成为企业产品的所有者，直接占有劳动者创造的全部商品价值扣除劳动力价值之后的剩余。但是由于基本经济制度不同，理论上可以推断，社会主义市场经济下的劳资关系会有很多与资本主义经济中劳资关系不同的特点。

1. 公有制经济中的劳资关系不是阶级压迫和阶级剥削关系

社会主义是公有制为主体的市场经济，公有制经济中的劳资关系首先表现为公有资本为主体的公司制企业的劳资关系。公有资本是全体劳动者所有的资本，它代表劳动者的整体利益与作为劳动力所有者的个人签订劳动合约，形成劳资关系。这同样是一种资本对劳动的强制性管理关系，却不是阶级统治和阶级压迫关系，而体现为劳动者整体利益对个人利益的制

约。在这种企业的等级制关系中，管理者和被管理者在对生产资料的占有关系上是平等的，在根据自己的劳动贡献获取劳动报酬的权利方面同样是平等的。企业内部的等级制根源于个人劳动能力的差异以及建立在能力主义基础之上的劳动分工，一些人在管理劳动的岗位上，而另一些人则在操作劳动的岗位上；这种管理劳动与操作劳动的分工，进一步导致两类劳动者在决策权上的差别。公有资本同样追求剩余价值，剩余价值同样由企业劳动者创造，并且为资本所有者所拥有。只是这里剩余价值的占有关系不再体现为阶级剥削关系，而是表现为劳动者个人为社会无偿提供剩余劳动的关系。由于社会劳动生产力的局限和与之相适应的法权意识，劳动者个人还不会自觉地超出必要劳动时间为社会提供剩余劳动，劳动关系仍然具有外在的强制性质。但由于剩余价值最终为劳动者的整体利益和长期利益服务，这种强制更加易于为劳动者理解和服从，更加具有文明的特性。

2. 社会主义公有制经济将更加全面更加充分地体现劳动民主

一方面，社会主义市场经济中的公有制并非单纯地表现为公司制企业中的公有资本，在小规模经济中，公有制更多地表现为多种形式的劳动者合作经济。马克思曾经说过，在工人合作工厂中，劳动者成为自己的资本家。市场经济中的劳动者合作组织尽管形式多样，但大多数具有这一共同特点：劳动者同时也是合作组织的资本所有者和经营管理者。因此，在这样的企业里原本意义上的劳资关系不复存在，合作社实行民主决策、民主管理，劳动民主是此类企业的本质特征。合作经济在资本主义经济中已经有较大发展，在社会主义经济中由于一系列有利于合作社发展的社会立法、公共政策和文化氛围，合作社应有更加充分的发展，合作社的劳动民主制度将对社会经济产生全面的影响。另一方面，公有资本为主体的公司制企业也将率先推行劳动民主的管理制度，这是公有资本代表劳动者整体利益和长远利益的本质使然。公有资本主导的大公司将在坚持资本主权的制度前提下，广泛开展各种形式的劳动民主，包括市场经济中已经普遍存在的职工参与制和职工分享制，充分调动企业劳动者的生产积极性、管理积极性和创新积极性。在这方面，公有制企业理应比非公经济做得更好，因此企业内部应当有更加和谐的劳资关系。

3. 公有制经济的“普照之光”对整个社会经济产生主导作用，使得整个社会的劳资关系表现出相对和谐的特征

在社会经济中占有相当份额的公有制经济的劳资和谐，首先表现为一种强大的道义力量，直接影响到社会舆论和商业文化，形成一种善待劳工、互利共赢的社会文化氛围，对所有非公经济的企业主形成道义压力，影响民营企业的所有从业人员的行为取向。按照制度经济学的话语，这是一个对所有人行为潜移默化的制度背景，它可以导致许多非正式的制度安排。其次，处于主导地位的公有资本在整个公、私混合的大公司体系中具有强势的话语权和影响力，可以通过公司治理结构的正式制度安排，将自己的制度原则和管理理念渗透到控股和参股的企业中。因此我们可以在各种类型的大公司更加广泛地推行劳动民主，推行职工参加公司董事会制度，推行企业各个管理层次的各种形式的职工参与制，实行各种符合公司股东利益的职工持股计划和职工分享制，等等。最后，一个越来越统一的城乡劳动力市场是相对和谐劳资关系的最好的传递机制。随着劳动生产率的发展和产业结构的提升，劳资和谐对企业效率的正面作用将日益明显。因此在劳动力市场的人才竞争中，公有制经济将形成对其他所有制经济的竞争压力；能够有效改善企业劳资关系的人力资源管理策略将在竞争中胜出，并且通过市场竞争扩散到更多的企业。社会主义市场经济的微观基础将形成一种劳资和谐的自我增进体制。

4. 公有资本在大规模经济领域的主体地位，极大地弱化了私有资本在社会经济中的话语权和影响力，从经济基础上保证了执政党为广大劳

动群众利益服务的政治取向

从人民群众的长远利益和社会生产力发展方向出发，党和政府推行一系列保护劳动者权益、改善企业劳资关系的社会主义政策。党和政府致力于社会保障制度的建立和完善，尽最大的努力推进与我国经济发展阶段相适应的劳动保险、失业保险、医疗保险和养老保险制度，推行有利于广大劳动群众的社会福利制度。所有这些将从社会层面上极大地改善企业劳动者的生存状态，提高劳动者的生活水平，缓解整个社会的劳资矛盾，提升社会和谐程度，保证社会经济的快速、稳定和可持续发展。

综上，我们有充分的理由认为，社会主义市场经济下的劳资关系与资本主义市场经济中的劳资关系相比会有很大差异。在改善整个社会劳动和资本的关系方面，社会主义有与资本主义根本不同的基本制度，有比资本主义更为有利的基础条件，因此也有更大的空间和更多的机会。拒绝对抗，我们有充分的理由，走向和谐，我们有优越的条件。社会主义的劳资关系将比资本主义更为和谐。

二、影响劳资和谐的体制因素

劳资关系的现实显然与以上理论分析存在差距，劳资关系的发展显然与建设和谐社会的要求不相适应，这主要有两方面原因。一是发展问题，我国经济社会发展正处于矛盾突显期，劳工境遇波动和劳资争议频繁是这一时期的主要特点。特别地，因为我国是经济落后、人口众多的发展中大国，不得不在资本主导的国际经济秩序下求发展，面临的内外部环境更加复杂艰难。二是改革问题，社会主义基本经济制度还很不完善，公有制经济改善劳资关系的潜在优势还没有充分发挥，而市场化进程中已经形成的各种利益关系开始对改革发生越来越强烈的影响，进一步加大了改革任务的复杂性。

那么，是哪些制度因素影响了劳资和谐的实现呢？

1. 国有及国有控股企业管理中未能充分体现劳动民主，没有有效发挥对全社会劳资和谐的带动作用

20 世纪 90 年代开始的现代企业制度改革，重点强调效率目标，它以现代市场经济各国企业制度的共性特征为参照系，推进大中型国有企业的公司制改造，而没有把发挥国有经济促进和谐劳动关系的特殊功能提上日程。改革完成了两项重要任务：一是构建公司制度的资本权力，实现股份资本所有权与公司法人所有权的分离；二是打破计划经济遗留的固定就业制度，推进市场条件下的劳动工资制度和福利保障制度的改革。市场经济的劳动关系在包括国有经济在内的多种所有制经济中普遍形成，但改革的惯性却使得作为国有资本代理人的企业高层管理者权力和利益过度膨胀。企业高层管理者与企业广大职工的权利差异一直在扩大，国有及国有控股企业的劳资关系并不和谐。

在这样的制度氛围下，企业的管理模式更多地倾向于照搬美国式的管理资本主义经验。不断地深化管理劳动与操作劳动的分工，努力把技术工人整合到一个管理结构中，使之成为生产线监督员或者技术干部。一方面是白领的增加和技术工人转化为监督员；另一方面是实际的生产任务越来越多地由专门化的蓝领操作工来承担。通过这样的劳动分工，管理层能够更加有效地控制工资激励和严密地监管劳动，实现更加复杂的劳动组织并进行有效的规划和协调。福特汽车的流水线生产方式及其速度，就是建立在这样的管理模式之上的。中国制造业学习和借鉴这样的管理模式，明显提高了劳动生产率。但是，这样的管理模式，造成白领管理阶层与蓝领操作工人在权力和利益方面的分化，显然有利于资本及其代理人对劳动队伍的控制，而不利于企业劳动民主的发展。

尽管管理模式的演化与生产力自身的发展规律有关，但威廉·拉佐尼克等人的研究表明，即使在同样的生产技术条件下，不同社会关系的传统

也会带来完全不同的企业劳动管理方式。19 世纪后半叶的英国纺织业与美国纺织业面对着相同的技术条件，却选择了不同的管理方式，前者是技术工人持续控制生产，后者是福特式的管理资本主义。20 世纪的美国制造业与日本制造业几乎演绎了相同的故事：在同样的柔性生产技术下，美国人发展的是劳资对抗的大生产工团主义，日本企业却发展了具有更多组织感召力的日本车间优势[①]。现代管理科学的文献越来越多地将注意力转向企业内部协调劳资关系、提高经济效率的主题。此类文献的大量涌现表明，通过改善劳动关系提高企业效率，至少在发达市场经济国家已经成为潮流。

中国企业管理的文化背景与日本企业相近，同属于崇尚集体主义的东方文化，但由于三十年经济体制改革的特殊路径，我们更多引进了美国的管理经验，生产一线工人权利较少，从企业管理模式和生产的技术进步的长期发展看，这样的管理发展路径是不利的。要鼓励企业学习日本大企业的管理模式，通过年功序列增强企业的就业保障，把车间工人整合到企业科层管理体制中，加强组织的感召力，提升员工的忠诚度，从而实现企业组织与技术的更有效结合。但是当前大多数国有大中型企业未能在这一管理模式的变革中起表率作用，美国式的科学管理仍然是主流。这并不完全是技术发展层次所限。国有大中型企业在这方面的发展滞后，在很大程度上是改革路径以及由此形成的企业内部权力结构所致。一个最显见的例证是，一部分国有企业的内部分配差距越来越大，企业高管的报酬水平几十倍、几百倍于普通工人，甚至远远超出了日本资本主义企业的报酬差距。这与追求组织感召力的现代人力资源管理模式背道而驰，有谁能够证明这样的分配制度是提高企业效率和竞争力的科学管理的需要？

由于上述原因，国有经济在建设和谐劳动关系中的领先和示范作用没有充分发挥。

---

① 威廉·拉佐尼克：《车间的竞争优势》，徐华、黄虹译，中国人民大学出版社，2007 年版。

2. 对国有垄断企业人事与分配制度尚未形成有效的政府规制，职工工资福利待遇过高不利于社会范围内劳资关系的改善

统计数据清楚地表明，我国行业间职工工资存在明显的不平等，而且不平等呈逐年上升趋势。从 1992 年到 2004 年，行业间职工平均工资的基尼系数，从 0.073 扩大到 0.175，泰尔指数从 0.01 上升到 0.052。[①] 从具体的行业看，平均工资最高的行业主要是证券业、软件业、计算机服务业、其他金融服务业、航空运输业、烟草制造业、电信和其他信息传输服务业，其平均工资水平分别高出全国平均工资的 3.15 倍到 2.01 倍[②]。这其中除少数高新技术产业外，其余大多为垄断性行业。剥离垄断性行业中某些市场竞争程度较高的部分，一部分垄断企业的职工工资福利水平畸高现象更加突出，如电信服务业中的网络营运商，电力行业中的电网营运商，市场准入门槛很高的各类金融企业等。垄断企业的工资福利过高，已经成为收入分配不公的主要研究内容之一；"深化收入分配制度改革"，"打破经营垄断，创造机会公平"，也已经写进了中共十七大报告。

垄断企业的工资福利待遇过高，当然与垄断行业的市场特征有关系。高额的垄断利润使得企业有可能拿出一部分利润与职工分享，从而逐步抬高了企业的工资福利水平。但这肯定不是唯一原因，也不是主要原因。市场经济各国早已经有成熟的经验，通过政府的价格规制控制垄断企业的超额利润，并且用相配套的人事与工资制度的规制，来控制垄断企业的劳动成本。这不仅对于国有垄断企业是适用的，而且对于私人资本投资的垄断企业同样适用。但是，我国国有垄断企业的价格规制却没有配以相应的强有力的劳动成本规制，制度上的漏洞显而易见。企业管理者有充分的利益刺激，用工资与价格的轮番上涨来与政府规制者博弈，以减轻自己的经营管理难度，同时也提高自己的工资福利水平。这是我国垄断性国企普遍存

① 参见罗楚亮和李实《人力资本、行业特征与收入差距》，《管理世界》2007 年第 10 期。

② 参见国家统计局：《中国统计年鉴 2005》，中国统计出版社，2005 年版。

在的"内部人控制"现象，其实质是国有垄断企业的高层管理者与企业职工针对政府规制者的共谋①，而垄断企业职工的利益增长，最终则通过消费品价格的上涨，由广大消费者"买单"。

按理说，政府对国有垄断企业的规制是顺理成章的，由于政府对企业的最终所有权或者控股权，这类规制措施应该能够得到有效的实行，至少应该比对私有制垄断的规制实行得更加顺利。但中国改革的"路径依赖"又一次表现出负面性，30 多年的企业改革一直以政企分开为目标，改革的思维惯性是：政府向企业放权有利于改革，政府加强对企业内部事务的管理则有倒退之嫌。事实上，人们混淆了市场经济条件下两种不同类型的企业与政府的关系，竞争性领域的企业应当与政府完全分开，不仅在企业的日常经营管理中、资本投资决策中，甚至也包括国有资本的产权管理中；垄断性领域的企业则不可能与政府完全分开，政企分开的改革目标对此类企业是有限度的，垄断企业的市场价格必须得到规制，相应地，政府的规制措施还应当深入企业的成本管理。我们的国有企业改革从来没有认真区分过竞争性企业与垄断企业，没有从根本上对这两类企业进行改革的分类指导，没有建立对两种企业分开管理的组织框架，更没有从立法层面上区分这两类企业的法律地位。因此，目前形成的大国资委为出资人代表的国有企业管理模式，从竞争性企业的角度看，市场化改革的措施仍然不到位，至少是此类企业的国有资本管理体制仍然没有最终实现政企分开、政资分开，国资委对公司股份资本的管理仍然没有摆脱政府管理的阴影，公司治理结构的完善仍然是一个难以解决的问题；而从垄断性企业的角度看，某些管理环节的市场化已经过度。比如说垄断企业的人事制度和工资福利制度，由于缺乏政府规制，企业已经不满足于一般意义上的高工资高福利，他们上下勾结钻国家政策的空子，巧立名目，化公为私。在这场旷日持久

① 内部人控制的一个必然结果是企业工资水平总体偏高和内部分配的平均化。罗楚亮在《垄断企业内部的工资收入分配》（《中国人口科学》2006 年第 1 期）一文中，对此有很好的实证研究。

的博弈中，政府无论是作为国有资产的所有者还是作为规制者，面对企业内部人的步步紧逼，往往显得迟钝和软弱。

人们也许要问：垄断企业的高工资高福利，难道不是有利于企业职工，因而也有利于改善劳资关系？为什么要对此耿耿于怀，揪住不放？

这种理解显然是错误的，我们有以下三点理由可以认定，垄断企业的高工资高福利对于建设和谐劳资关系是一个刺耳的干扰音，有必要认真加以解决。首先，和谐是以劳动力所有者和资本所有者利益平衡为前提的，并不是职工利益越多越和谐。在大多数企业关系中，企业劳动者是弱者，是利益受损害方，因此强调保护劳动者利益，改善劳动者生存状况，有利和谐劳动关系的建立。但是在我国垄断企业中，由于内部人控制，劳资双方的平衡出现了某些不利于资本所有者的情况，这不符合和谐的本意，需要纠正。其次，我们追求的是全社会范围的劳资和谐，特殊劳动者阶层的利益受到垄断性保护不利于社会范围的劳资和谐。社会生产力的发展有自身规律，可分配的社会财富有一定限度，少数人集团分配了较多的社会财富，如果这种分配并未与生产力发展挂钩，而只是表现为对财富非生产性的侵占，那它必然是零和博弈，必然是以损害多数人利益为代价的。垄断企业的高工资高福利是垄断企业市场控制力的实现，与企业经济绩效没有直接联系，它的存在肯定于社会整体有害。最后，也是最重要的一点，垄断性国有企业特殊的劳资关系和工资福利状况，破坏了国有企业的形象，弱化了国有企业在改善劳资关系中可能发挥的作用，使得我们在这方面所做的本来就有限的工作，变得更少说服力。人们会说国有企业职工福利是好，但它靠的是市场垄断地位，这是其他企业学不到的。要解决这个问题，国有垄断企业必须受到更加严格的政府规制，它的高工资高福利必须得到有效遏制，以减少社会舆论的诟病及社会公众的反感。在此前提下，竞争性企业通过劳动民主、利润分享、劳资双赢的制度演进，逐步形成命运共同体，其劳资和谐的表率作用才能得到社会的承认。

3. 劳动者合作经济组织发展滞后不利于提升劳动民主的社会氛围，也不利于提升劳动者在中小企业劳动力市场上的议价能力

从理论上说，社会主义市场经济应当建立发达的多种多样的劳动者合作经济组织，这是社会主义公有制经济的重要组成部分，与多种实现形式的国有经济相互支撑，形成基本经济制度的主体。但事实却是，改革开放30多年来，劳动者合作经济组织发展滞后，所能发挥的公有制主体功能十分有限。

首先，计划经济下形成的政社合一的集体经济，在改革中没有被顺利地导向以劳动者民主决策为特征的合作经济组织。农村土地集体所有制缺乏健全的民主管理基础，农地产权制度仍然与市场经济下土地流转的要求不相适应。传统意义的城乡集体企业，通过20世纪90年代的两轮改制，多数已经转变为经营者持大股的股份制企业。一小部分传统的集体所有制企业还坚持公有制的旗帜，但其改革的未来走向不明确，产权制度很不稳定。

其次，市场经济中自发发展起来的各种形式的劳动者合作经济组织，又由于法制环境的不健全，各级政府引导与扶持不力，始终处于步履艰难的摸索阶段。其中发展相对较快的专业农户合作社刚刚有了一部农民专业合作社法，但是，与许多资本主义市场经济国家（包括一些合作经济发育良好的发展中国家）相比，无论从覆盖范围还是从市场份额看，我们的专业农户合作社都显得弱小和发育不足①。工人合作工厂在许多市场经济国家都有相当程度的发展，但在我国却没有随着市场经济的发育而发育。由于缺乏法律的保障和政策的引导，此类经济组织今后能否有一个稳定的发展，前景堪忧。

总而言之，我国目前的社会主义市场经济，是一个劳动者合作经济组织发展相对滞后的市场经济，我们的社会主义公有制经济，至今仍然是依

---

① 傅晨：《农民专业合作经济组织的现状及问题》，《经济学家》2004年第5期；张晓山：《有关中国农民专业合作组织发展的几个问题》，《农村经济》2005年第1期。

靠国有经济一根柱子支撑的主体经济。这种发展不协调于和谐劳资关系的建设有极大的妨碍。从公有制经济的宏观布局看，我们的公有制绝大部分是自上而下地组织起来的国有经济，公有制的规模大，但劳动者民主管理的成本也大，其基本特点是集中有余而民主不足。公有经济总体上显得官气十足，与老百姓离得比较远。公有制企业经营形式基本是资本主权型，而很少劳动主权型，这不利于公有制经济中劳资关系的协调与完善。由于缺少自下而上组织起来的劳动主权型企业参照，国有企业劳动民主管理模式的推进孤掌难鸣，步履维艰。从公有制经济在小规模生产经营领域的发展看，由于劳动者合作经济组织的发育不足，随着传统的公有制企业逐步退出，公有制经济在这一领域的影响力正在消退。一方面，国有大中型企业改善劳资关系的全部努力对中小企业内部管理模式缺乏影响，由于企业技术层次的差异和经营环境的不同，大企业与小企业缺乏起码的可比性，即使我们在国有企业的劳动民主方面做出明显成效，民营中小企业也很难模仿。另一方面，在小规模生产经营领域，成功经营的合作经济组织较少，特别是工人合作工厂或者职工拥有的股份合作制企业更少，这一领域缺少能够与私营企业互为参照的另外一种可供选择的制度安排。因此，在这一领域就业的劳动者选择余地小，谈判实力弱，更加处于不利的市场竞争地位。从总体上看，劳动者合作经济组织发育不足，对我国当前劳资关系的改善是重大负面因素。

三、进一步推进公有经济改革，发挥基本经济制度促进劳资和谐的优势

按照科学发展观，公有制经济的主体功能应当得到更加完整的理解、

更加充分的发挥[①]。一方面，公有制经济应当具有多种市场环境下的适应性和竞争力，具有持续的自我成长能力和再投资能力，能够支撑和带动整个社会经济持续、稳定、高速发展；另一方面，公有制经济应当在促进共同富裕、促进社会和谐方面发挥引导、推进和示范作用。公有制经济的改革需要在以下几个方面继续大力推进：

1. 把提高市场竞争力当作国有经济改革的首要任务，继续大力推进

国有经济分类管理的思路正确，它应当在立法层面和组织层面得到更加切实的贯彻。

竞争性领域的国有资本管理体制应当“去政府化”，管理职权过于集中的大国资委体制需要重新定位[②]。具体的制度设计可以利用信托基金法，将竞争性领域的国有资本设立为若干只“社会信托投资基金”，以政府为信托人，专业的基金管理机构为受托人，而作为国有资本最终所有者的全体人民为基金受益人。这样的制度设计有望使得政府机构（国有资产监督管理委员会）从直接的资本管理者角色淡出，成为单纯的基金监督者。这就为市场在这部分国有资本的运营中发挥更多调节作用腾出了空间。提高国有资本市场竞争力的改革并没有走到尽头，坚定信心，拓展思路，我们前面的路还很宽。

2. 强化政府规制，改革国有垄断企业的分配制度

垄断企业的改革必须政府主导，并且坚定不移地贯彻“缩小规模”和“强化规制”两个原则。

缩小规模是指垄断企业的规模必须缩小，现有垄断企业中包含了大量竞争性或可竞争因素，需要彻底“剥离”，使得“垄断企业”可以完全地适

① 荣兆梓：《推进公有制经济在新形势下的新发展》，《中国经济问题》2008 年第 4 期。

② 荣兆梓：《国有资本管理“去政府化”》，《经济理论与经济管理》2006 年第 10 期。

用垄断企业的治理模式。剥离不仅要在企业层面完成，使得企业的竞争性部门完全从其自然垄断性的核心部门中分离出来，被保留的垄断性核心部门不再经营任何竞争性业务；剥离同时还要在资产所有权和资产管理权的层面完成，完成剥离后的垄断企业不得拥有被剥离的竞争性部门资产，不应当成为任何竞争性企业的股东，甚至这两部分企业也不应该再由同一个国有控股公司或者其他“上级管理机构”共同拥有。只有这样，被剥离的竞争性部门才能和其他竞争性企业在真正的市场环境下公平竞争，也只有这样，垄断企业规模才能得到有效控制，政府对企业的规制效率才会有所提高。

强化规制是指政府对垄断企业的规制必须进一步强化，自然垄断行业的价格必须得到严格控制，而实现这一规制目标的基础则是对企业成本管理的有效规制。我们主张，对完成彻底剥离以后的“小”垄断企业实行准行政化管理。首先，从企业的法律地位上将它与一般的公司制企业分开，通过特殊立法将垄断企业设立为特殊法人，从而避开公司治理与政府规制相互冲突的尴尬。其次，从组织上将这些特殊法人回归政府行政管理的系列，使之直接成为某一个政府经济管理部门的派出机构，进而在人事和工资制度上完全按公务员制度套改。垄断企业员工的考核与奖惩不应与企业“绩效挂钩”，这一点从经济学理论上应该没有争议。垄断企业的成本控制应当受到管理部门的高度关注，总体上说，它应当更多地被当作一个成本中心而不是利润中心来管理。一些学者认为“自然垄断企业治理结构的改革应该是在满足公共利益的前提下，来追求利润的最大化，为此，必须实现政府规制和公司治理的较大程度的融合”①。在我看来，这种双重目标下的双重规则，除了自相矛盾、自我抵消之外，不会有任何好的结果。这些年垄断企业分配制度的失控，已经充分证明了这一点。

---

① 高明华、王延明：《自然垄断企业改革：政府规制和公司治理的融合》，《中国社会科学院研究生院学报》2007 年第 4 期。

垄断是一个很复杂的现象，垄断可以分为自然垄断和行政垄断，我们的上述主张对两类垄断企业同样适用。行政性垄断行业的改革也存在“瘦身”的任务，并且在管理中始终存在严格控制其经营范围的问题，在此前提下，行政性垄断企业也应当回归准行政化管理。但是有一些国有控股企业虽然规模巨大，在国内市场占有绝对份额，却高度介入国际竞争，此类企业的“垄断性”就值得推敲，对这一类企业的管理应当适用另外的原则。既然有国际市场的参照系，价格规制和成本规制就不适用了，这里除了要考虑国家的国际竞争战略之外，国际市场的竞争原则应当得到更多的尊重。

3. 推进国有企业的劳动民主，使国有资本的主导作用在改善企业劳动关系中得到充分体现

国有经济在建设和谐劳动关系中的领先和示范作用始终没有充分发挥。这种情况应当受到决策者的高度重视。推进国有企业的劳动民主，仍然是国有企业改革的重要任务，其重要性比以往任何时候都更加突出。

劳动民主必须在企业的多个管理层面上展开，其中最重要、最具有基础意义的是车间层面的劳动民主。日本式的全面质量管理是一种有效的基层民主方式，它让员工在生产过程中思考和讨论改善管理的方法，并且有机会亲手实现之，因此成为一种培养团队精神、鼓舞员工士气的有效办法。这一模式的核心是员工对企业的忠诚度，因此又与终身雇用、年功序列的用工制度相配套。当前，我国大型国有企业的用工制度事实上仍然比较稳定，并且具有明显的年功序列的特征，学习和推广这种先进的管理模式具备制度基础，关键是管理者对此是否足够重视。

推进企业劳动民主另一重要的内容是充分发挥职工（代表）大会的作用。职工代表大会要制度化，厂务公开制度应当首先面向职工代表大会。工会应当作为职工代表大会的常设机构，真正按照民主原则管理。工会工作者必须民主选举，工会的活动经费（包括工会工作者的报酬）需要通过法律程序得到保障。我国企业中工会角色的错位是企业劳动民主发展受阻

的重要表现，应当从国有企业入手，切实加以解决。党组织在工会中的领导作用必须保证，但工会组织应当与企业行政脱钩，独立行使权力。

4. 大力发展多种形式的劳动者合作经济，实现国有经济与合作经济的相互支撑、协调发展

多种形式的劳动者合作经济必须在更明确的社会主义政策引导下花更大力气推进，应当作为最重要的改革方针之一提上决策者日程。要有更加完备的合作社立法，在现有的专业农户合作社法的基础上，将立法的适用范围扩展到各种类型的合作社组织；要有更加积极的支持和引导合作社发展的政策措施，为此，对合作社法律地位的认定应当更加明确，更加具有可操作性；政府还应当采取有效的措施推进各个层次的合作社教育，在年轻一代劳动者中广泛传播合作社精神和合作社的管理知识，为合作社的发展准备充分的人力资源。关于我国市场经济中合作社组织发展滞后的原因，需要有更多深入的调查研究，提出更多有针对性的对策。

（原载于《当代经济研究》，2009 年第 4 期）

“国退民进”与公有制为主体

一、“国退民进”：实证的分析

“国退民进”，顾名思义，无非是讲不同经济成分的变动趋势，国有经济在退缩，而民营经济在挺进（发展）。但是从改革以来三十余年的实际情况看，这一概括似乎并不符合实际。以工业经济为例（这是三十年来所有制结构变动最剧烈也最典型的领域），三十余年的时间里，不仅民营经济在高速增长，而且国有经济也在高速发展，并没有显现出退缩的迹象。如下图所示，在1979到2008年的三十年间，我国国有工业企业的总产值从3673亿元增长到143950亿元，增长了近四十倍。将此发展态势说成“国退”令人费解。要说退，倒是集体经济的工业产值从1997年最高时的43347亿元，逐年下降到2008年的8956亿元，但这是“集退”，并不是“国退”。显然，人们讨论的“进”与“退”，是就相对量而言，而不是就绝对量而言的。

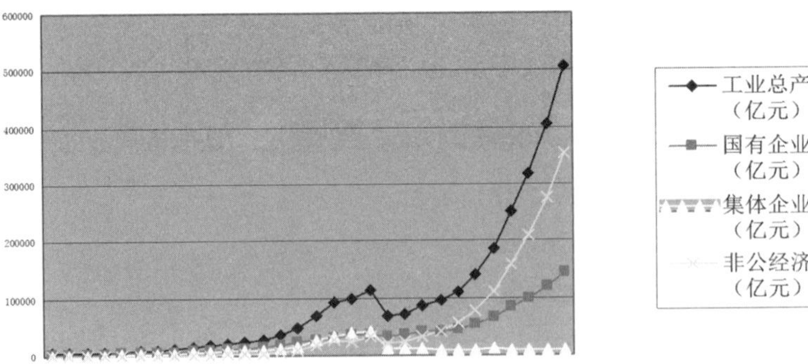

1979～2008年不同经济成分工业产值变化（现值）

［资料来源：《中国统计年鉴》（历年）］

从工业经济（它是整体国民经济的最重要部分）中不同经济成分的比重看，三十年来，公、私经济之间的相对份额的确发生了重大变化。如图所示，从1979年到2008年的三十年里，国有经济的比重一直在持续地下降。这表明，尽管国有工业企业自身发展的速度很快，取得了长足的进步，但与非公经济的总体发展相较仍然有很大差距。三十年演化的总趋势是，国有经济在国民经济中的比重已经从1979年的大约80%，下降到了2008年的28%。也就是说，在这三十年时间里，工业经济中非国有经济的比重已经从大约20%左右，上升到72%。也许，这就是“国退民进”理论概括的事实依据。但是，这一理论概括忽略了一个重要的基本事实，那就是与国有经济相对而言的“民有经济”由多种不同成分组成，它包括个体、私营经济，港台经济以及外资经济，还包括多种多样的劳动者自主治理的集体经济，如果说这些“民有经济”的前面几个组成部分都在三十年改革开放的大潮流下顺风扬帆，高速挺进，那么其中的最后一个组成部分——集体经济的境遇就不那么顺利。在国民经济持续高速增长的三十年中，我国集体工业企业的总产值先涨后跌，其相对份额从1979年的将近20%，一路下降到2008年的微不足道的1.5%。要说“退”，集体经济比国有经济退得更快。如果大家承认，劳动者集体经济是老百姓自己的经济，那么，以“国退民进”概括国民经济中所有制结构的变动趋势，就显得片面狭隘。更加准确的理论表述也许应该是“公退私进”，即下图所示的两条粗线的剪刀状交叉。

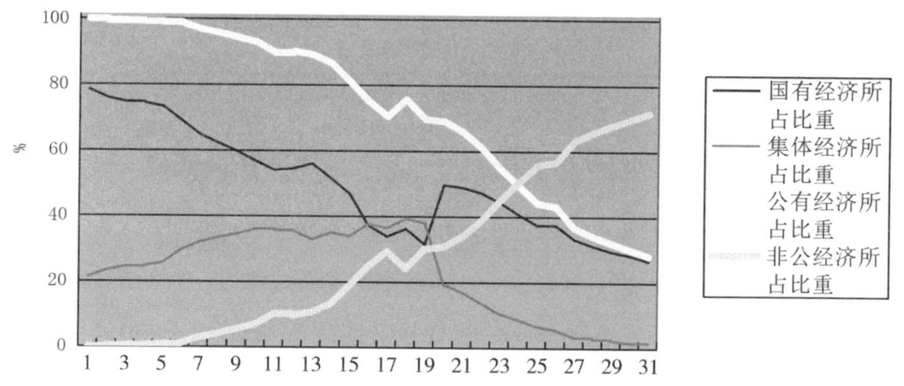

1979～2009年工业产值中公有与非公经济所占比重

［数据来源：《中国统计年鉴》（历年）和《新中国60年统计资料汇编》］

作为三十年改革进程的基本事实，反映不同经济成分相对比重变化的“国退民进”或者“公退私进”应该没有疑问。但是2008年国际金融危机，特别是我国应对危机采取积极的经济政策以后，一些人却高调议论“国进民退”，认为改革进程有中断的危险。余菁认为，2009年1～9月国有企业固定资产投资增速要远高于同时期的民营企业，这一时期国有企业伴有强烈的投资扩张冲动，“国进”的速度超过了“民进”。① 申子超则以竞争性的快消品行业中，中投、中粮、光明食品集团等国企成为“2009年度十大并购”主角为事实依据，对“国进民退”的合理性提出质疑。② 那么，2008年以来，我国所有制结构的变动方向是否出现了从“国退民进”到“国进民退”的根本性转变呢？统计数据的回答是否定的。请看下表。

2007～2011年国有工业企业比重变动

年份	国有及国有控股企业工业产值占规模以上工业企业的比重（%）	国有及国有控股企业总资产占规模以上工业企业的比重（%）	国有及国有控股企业年均从业人数占规模以上工业企业的比重（%）
2007	29.5	44.8	22.1
2008	28.4	43.8	20.3
2009	26.7	43.7	20.4
2010	26.6	41.8	19.2
2011	26.2	41.7	19.8

（资料来源：相关年份《中国统计年鉴》）

表中的数据表明，2008～2011年，国有工业企业的总产值、总资产和年均从业人数在规模以上工业企业的比重，总体趋势仍然是下降的，多数年份、大多数数据都是逐年下降的，只有个别年份个别数据出现小幅度的变化：主要是国有及国有控股企业的年均从业人数在2009年与2011年两次

① 余菁：《“国进民退”：实质、利弊与演化》，《学习与实践》2010年第1期。

② 申子超：《酒业也玩“国进民退”?》，《酒世界》2010年第3期。

出现比上年小幅上升[①]，这可能是由于非公经济在危机中大量减员，而国有企业缺少这个“灵活性”所致。但是从2007年到2011年的总趋势看，国有企业的从业人员比重，还是从22.1%下降到了19.8%。因此，如果要对2008年以来我国所有制结构变动的总体趋势做一概括，那它还是“国退民进”，或者“公退私进”，也许变动的速度稍有放缓，但所谓“国进民退”肯定不是事实。当然，在局部范围，个别数据出现“国进民退”是有的，讨论这些个别事实也是可以的，但千万不能以偏概全，更不应该对局部现象过度渲染，甚至误导舆论。比如竞争性快消品领域2009年有四家国有企业进入“十大并购”主角，这与“国进民退”的趋势有什么关系？“十大并购”主角中不是还有六家非国有企业吗？难道四大于六？在所有制结构变动的大格局中，各种经济成分有进有退应该是常态，没有什么可以大惊小怪的，经济学的讨论首先要讲大势，要靠统计数据说话。[②] 有学者认为，不能笼统地说我国存在“国进民退”还是“国退民进”，因为“统计数据不支持‘国进民退’观点”，同样，统计数字也不支持“国退民进”观点。[③] 难道总量数据和房地产市场的数据可以放在同一量级上比较吗？一个局部市场的事实就可以否定国有经济在工业经济的总体状况吗？局部地说，我们可以找到许多“国进民退”或者“国退民进”的例子，这难道就会影响到经济学家对总体情况的判断能力？

---

① 汪海波发现，2008年，在全国城镇固定资产投资总额中，国有控股和私人控股经济所占比重分别为43.02%和40.46%，前者与后者比重之比为1:0.94；到2009年，前者与后者比重分别为44.64%和41.36%，前者与后者比重之比为1:0.92。(《对“国进民退”问题之我见》，《经济学动态》2011年第1期）这应该也是少数例外的数据。

② 张宇认为，不少资料和统计都证明，改革开放以来，虽然国有经济的总量不断扩大，但国有经济的比重一直趋于下降；近两年国有企业在某些领域的扩张尤其特殊背景，而从所有制结构变化总的情况来看，所谓的“国进民退”并不存在，相反存在“民进国退”趋势。(中国网，2010年8月10日）国务院发展研究中心企业研究所战略研究室主任马骏指出，“国退民进”的总体趋势与“国进民退”案例并存，二者并不矛盾，因为：部分国有企业不断扩张，但民营企业发展更快；国有企业“有进有退”，一些国有企业退出了没有竞争优势的领域，这些特殊案例不能改变“国退民进”的总体趋势。(《国退民进是大趋势专家点评：国进民退五大案例》，中国经济周刊网2010年03月30日）

③ 何伟：《国进民退、国退民进之争》，财经信息网，2010年8月11日。

二、“国退民进”：规范的分析

其实，“国退民进”之辩并非单纯是实证研究之辩，争论更多地涉及规范层面：“国退民进”是好事还是坏事[①]。我们的判断是，它既有可能是好事，又有可能是坏事，要具体情况具体分析。基本的理论依据是：不同的经济成分在国民经济中有不同的功能与作用，它们在提高经济效率上是互补的，在促进社会公平方面也是相互依存的。因此，所有制结构有一个效率最佳的“均衡区间”及社会公平的合理范围。在此区间范围内，社会经济可以实现某种合意的公平与效率统一状态。我们既反对单一公有制的计划经济，也不同意私有化的改革目标。如此，所有制结构的调整就应该在公、私经济及国有、民营之间找到某个目标区间，任何一种两极化的调整目标，都既无助于公平，也不利于效率。当私有经济的比重低于这个“目标区间”时，公退私进或者是好事；而在私有经济的比重已经超出这一“目标区间”以后，“公退私进”或者“国退民进”就变成坏事了。

按照这样的理论判断，改革开放以来持续20余年的“国退民进”或者“公退私进”过程，就有其充分的合理性。改革起步阶段的所有制结构基本上是单一公有制，其中国营企业在工业经济中的比重高达90%，这种不合理的所有制结构必须调整，而调整的方向只能是“公退私进”“国退民进”。非公经济在国民经济整体范围的高速增长，伴随着单一公有制结构向多元产权的所有制结构的转变，以及整个国民经济市场化程度的快速提升。从20世纪70年代末到21世纪初，我国经济整体的全要素生产率变动幅度保持上升势头，国民经济的整体效率一直是提高的。因此说，民营企业的高速增长，非公经济的高速增长，以及二者比重的不断提高，肯定是好事，是为我国经济30年高速增长的奇迹做出了巨大贡献的。

---

① 宗寒：《评“国进民退不是个好情况”》，《中华魂》2010年第1期。

但是，有人从这一经验事实总结出改革的“规律”，说“国退民进”是市场化改革的基本标志和不变趋势，也就是说，“国退民进”在任何情况下都是好事①，这就不对了。只要承认，公平与效率统一的现代市场经济是产权多元的混合经济，所有制结构的调整就一定有一个“度”。认为“国退民进”是不可动摇的改革方向的观点，不过是主张“私有化”的另一种理论表达。有迹象表明，我国所有制结构在经历了30年的高速并几乎直线的“公退私进”大调整之后，近年来已经开始调整减速，有可能进入所有制结构的“微调期”。有两组数据表明所有制结构的调整可能已经接近“目标区间”。一组数据是我国工业经济的全要素生产率、贡献率，从1998年起高点的59%逐步回落到2009年的不到40%，与这10年不断延续的“公退私进”形成反差，表明这一结构调整方向与国民经济的总体效率不再一致②；另一组数据是，规模以上工业企业中非公经济的相对技术效率，在对公有经济保持近二十年优势的基础上，于2005年前后被国有及国有控股企业反超，其中非公经济在竞争性领域相对于国有经济的效率优势，到2009年也已经十分微弱③。这从一个侧面解释了近年来国有工业企业相对比重下降有所减缓的原因。由此我们预计，所有制结构有可能在未来若干年进入“微调期”。如能辅之以稳定所有制结构的适当政策，公、私经济都将在所有制结构基本稳定的前提下，更多地靠制度与技术创新提升内部素质，非公经济将更加繁荣，公有制经济也将在平等的市场竞争中不断地增强实力。公、私经济之间不再是相互替代关系，不再表现为此消彼长关系，而更多地表现为相互补充、你追我赶、共同发展。这其中自然也会出现局部的、短期

① 吴敬琏：“现在发生一种情况叫作‘国进民退’。我建议我们的领导要充分地注意，这不是一个好的情况。”（《第一财经日报》2009年10月25日）茅于轼：“如果出现‘国进民退’我们的经济发展就又倒退到改革前的局面。”（引自“搜狐文化”网2010年3月3日）

② 李亚平、雷勇：《建国以来我国所有制结构的演变及效率研究》，《经济纵横》2012年第3期。

③ 魏峰、荣兆梓：《国有企业与非国有企业技术效率的比较》，《经济纵横》2012年第2期；魏峰、荣兆梓：《竞争性领域国有企业与非国有企业技术效率的比较和分析》，《经济评论》2012年第3期。

的“国进民退”或者“国退民进”，为什么说这样的变化就一定是坏事呢？

三、 在非公经济的繁荣与发展中保持公有经济的主体地位

当前情况下，我们主张所有制结构的相对稳定，既不要采取进一步压缩公有制经济的调整政策，也不主张使用强力促使国有经济比重大幅回升，而是在稳定中提高公、私经济的内在质量；毫不动摇地巩固和发展公有制经济，毫不动摇地鼓励、支持和引导非公有制经济的发展。但是，如何理解在非公经济高速发展之后公有制的主体地位？有人认为，目前非公经济在工业总产出中的比重接近75%，在工业总资产中的比重接近60%，我国所有制结构已经偏离了公有制为主的方向。这种理解是片面的。全面地看，以包括一、二、三产业的国民经济整体为考察对象，就包括自然资源在内的全部生产资料而言，从包括国有经济和集体经济的公有制经济总体控制力与影响力角度去观察，我国经济中生产资料公有制的主体地位仍然是清晰可辨的。①

首先需要强调，讨论生产资料所有制结构，在工业经济中应该首先看作为生产资料基本形式的工业资本的比重，也就是说，投入比相对于产出比更接近问题的实质。在利润率平均化的市场规律下，是资本的数量而不是产出的数量，决定生产总过程的控制权和剩余价值分配权。我国当前工业经济中国有经济主要在资本密集型产业，导致国有经济的产出比明显地小于投入比。这个现象容易使人产生错觉，认为所有制结构中国有经济的比重已经下降到四分之一，笔者认为，占资产比重的41.7%，也许更接近事实。

①“目前我国的公有资产在社会总资产中仍占绝对优势。同时这一绝对优势又可以把它解析为三个层面：公有资产在经营性资产中占相对优势；在公益性资产中占绝对优势；在资源性资产中处独占优势。”（肖香龙、谭劲松：《我国公有制主体地位现状与发展趋势研究》，《浙江理工大学学报》2010年第6期）

其次，我们赞成公有制的主体地位要从控制力与影响力的角度理解，而不能简单地看相对数量。目前工业经济中涉及重要公益性质、具有自然垄断性质的产业或行业，国有经济仍然有绝对优势；在很大一部分竞争性制造业领域中，国有经济相对比重不高，却对许多大型的行业龙头企业拥有股份，甚至控制权。这在采矿业和建筑业也有明显表现。因此从总体看，国有经济在工业经济中的控制力仍然较强。特别是随着企业改革的进一步深化，国有经济在效率和公平两方面的社会影响力还会继续提升。

再次，第三产业在国民经济中的比重逐步提高，我们在观察所有制结构时，不应该忽略这一重要领域。相对来说，公有经济在第三产业中的比重要高于第二产业，特别在金融业和批发零售业这样的在第三产业中分量较重的行业中，情况更是如此。《2010 年中国经济年鉴》，给出了 2008 年和 2009 年除货币当局外其他存款性公司资产总额中国有银行所占比重，分别为 57.4% 和 56.8%，不考虑非银行信贷机构的国有资产，这个比重也明显地高于工业经济中国有资产的比重。国有经济在金融业仍然处于绝对控制地位。

2008 年和 2009 年其他存款性公司总资产中国有银行所占比重

	总资产		实收资本	
	2008 年	2009 年	2008 年	2009 年
其他存款性公司资产负债表（年底余额）	641501.7	809230.4	21751.1	23070.6
国有商业银行资产负债表（年底余额）	310296.0	388523.6	10815.4	10815.5
其他国有银行资产负债表（年底余额）	57730.0	70845.4	3156.0	3154.7
国有银行合计	368026.0	459369.0	13971.4	13970.2
合计占其他存款性公司比重	57.4%	56.8%	64.2%	60.6%

（资料来源：《2010 年中国统计年鉴》）

最后，农业生产的主要方式是承包农户的家庭经营，当前多种形式的农民合作经济组织发育还很不充分，这是否意味着农业生产中公有制已经无可挽回地衰落？情况当然不是这样。农业的基本生产资料是土地，农村土地的集体所有制三十年来从未改变，并且始终是家庭联产承包责任制的制度基础，是农村基本经营制度最重要的组成部分。尽管集体土地所有制的实现形式还不完善，存在法律制度过于原则化、具体组织形式与市场经济的大环境不相衔接等问题，但是近年来，有越来越多的制度创新实践表明，通过某种形式的农村社区土地合作社或者其他农民合作经济组织，在宪法规定的范围内，由农民自主行使集体土地的所有权，是能够与市场经济的环境相衔接的。劳动农民的合作经济组织正在农村市场经济的发育中走向复兴。农业生产资料的公有制在农业经济中的地位与作用将会进一步加强。

最后，除农村土地资源之外，城市土地资源以及矿产资源和其他自然资源的国家所有制也是我国生产资料公有制的重要组成部分。自然资源完全的公有制（集体所有制加国家所有制）对生产资料公有制的主体地位始终具有基础性和稳定性作用，对于这一点，任何观察者都没有理由视而不见。自然资源在全部生产资料中的作用与地位，其实与资源的市场价格并没有直接关系，但是可以肯定，随着国民财富的增长，不可增长的自然资源在生产过程中的重要性也会不断增强，包括土地所有权在内的自然资源所有权会要求越来越多的经济权益，即要求在全部剩余价值中分得越来越大的份额。由此可见，自然资源的公有制对于社会公平、收入分配有重要意义。

（原载于《财贸研究》，2014 年第 1 期）

发展混合所有制经济视角的国有经济改革新问题

中共十八届三中全会通过的《中共中央关于全面深化改革若干重大问题的决定》对完善社会主义基本经济制度部署，包括完善产权保护制度、积极发展混合所有制经济、推动国有企业完善现代企业制度和支持非公有制经济健康发展四个方面，其核心在积极发展混合所有制经济。统观《决定》关于“坚持和完善基本经济制度”的全部论述，积极发展混合所有制经济这条主线明白无误。总体上说，我国生产资料所有制结构的调整，经过三十余年的改革发展已经基本到位，这给积极发展混合所有制经济奠定了坚实的基础，下一步要扩展这一改革成果，充分发挥多种所有制经济混合发展的优势，全面深化国有经济改革是当务之急。

一、为什么说加快发展混合所有制经济，重点在企业层面多种所有制经济的交叉持股，相互融合？

1. 宏观层面的所有制结构调整已经基本到位，我国已经在国民经济整体意义上成为混合所有制经济。做此判断的理由有以下几点。其一，所有制结构调整对宏观经济效率的促进作用已经基本释放完毕。市场经济需要产权多元化，计划经济遗留下来的“一大二公”必须在市场化改革中彻底改变。但是，私有化并不是改革目标。所有制结构调整应当有合理的度。宏观经济效率应当是把握这个尺度的基本依据。我们做过粗略的测算，到世纪之交的2000年前后，我国经济的全要素生产率就不再随着公有制经济比重的下降，私有制经济比重的上升而继续提高①。这是否是一个重要信号，表明所有制结构的持续调整已经达到某个关键点？其二，国有经济在市场竞争中效率低下、被动挨打的局面已经基本改观，具备了与其他所有制经济平等竞争的实力。我们曾根据36个工业产业从2000年到2009年的数据，计算了国有及国有控股企业与非国有企业相对技术效率的变动，发现到2003年，国有企业的效率就超过非国有企业，并且在此之后二者的差距一直在扩大②。只是在完全竞争领域，非国有企业的相对技术效率才略高于国有企业，但二者的差距也正在逐步缩小③。这就是说，国有经济从整体上已经具备了在平等的市场竞争中自我生存、自我发展的能力，政企分开的改革目标具备了实现条件，要求国有经济继续退出的基本理由已经不复存在。其三，促进社会公平正义需要公有制经济发挥基础性作用，在保证市场经济效率的前提下，公有制经济的比重应当高一点好，而不是越低越好。促进社会公平正义，经济上有三项根本措施：一是保持公有制主体地位，在直接生产与初次分配中限制资本权益，形成劳资力量相对平衡的基础；二是完善现代市场体系，建立公平竞争市场秩序，形成包括劳动平等在内的要素平等、市场机会平等；三是充分运用促进社会公平的再分配政策，通过缩小收入差距的税收制度和全民均等化的福利制度，缓解财产和收入的两极分化，提高全社会平等程度。在此三项举措中，公有制的主体地位是基础性的，是最具制度特色的，是发挥制度优势不可或缺的。为此，公有制的比重一定不能过低，公有资本占有（即归全体人民所有）的剩余价值份额一定不能过低。从当前缩小收入分配差距的严峻形势看，国有经

---

① 荣兆梓等：《劳动平等论：完善社会主义基本经济制度研究》，社会科学文献出版社，2013年版，第143～145页。

② 魏峰、荣兆梓：《国有企业与非国有企业技术效率的比较》，《经济纵横》2012年第2期。

③ 魏峰、荣兆梓：《竞争性领域国有企业与非国有企业技术效率的比较和分析》，《经济评论》2012年第3期。

济也不应该再大规模退出了。

2. 从微观层次看，我们至今仍然较少看到真正意义上的兼有公私两类经济优势的混合所有制企业。国有企业已经使用很大比例的社会资本，仍然保持绝对控股地位，它的管理还是有很强的行政色彩，更像一个国有企业，而不是混合所有制经济；民营经济控股的企业也很少利用公有资本，更少能够与公有资本长期合作、优势互补，大多数民营企业仍然是封闭式家族企业，而不是混合所有制经济。因此，公私经济虽然在市场中共存，却还油水分离，不能充分能发挥公私融合、优势互补的潜在效能。打个比方说，我国混合经济的发展就像一个面与水的比例大体合适却未能充分搅和、揉熟的面团，这种状态是没法蒸出优质的馒头来的。

3. 公私经济不能在企业层面充分融合，限制了混合所有制经济优势的发挥，不利于完善多种所有制经济平等竞争的现代市场体系。首先，当前公私分离的企业制度存在两种类型的管理缺陷：国有企业的公司治理始终不能摆脱政府多重目标的干扰，缺乏应有的市场活力；民营企业因为家族化、封闭式管理而很难向现代企业制度过渡。公有资本与私有资本在企业层面的充分融合，有助于克服当前公私两类企业的管理缺陷：一方面，民营资本更深度地参股国有控股企业，将有效约束政府对国有控股企业的干预，完善公司治理，提高公司效率；另一方面，国有资本对民营企业的参股也将影响民营企业竞争行为，使之信息更加透明，行为更加规范，更快走向现代企业制度。其次，不同经济形式企业的经纬分明，给歧视性市场监管留有太多空间，也是当前市场不公平竞争存在的重要诱因。多种所有制经济在企业层面的深度融合，有利于完善现代市场体系：目前尚存的歧视性市场进入壁垒，将随着公私两类企业的进一步深度融合而趋于淡化；目前公私两类企业在用工制度上的行为差异将逐步缩小，劳动力市场的分割局面将得以改观；企业纳税行为的差异也将因为不同所有制资本的高度融合而趋于缩小，有利于企业税负的真正均等。如果我们能随着混合所有制经济的发展，适时颁布一部体现公有制本质特征的《国有资本法》（不是国有企业法），将国有资本承担的社会责任以及国有股份资本代表机构的职责以法律形式予以规范，国有资本在混合所有制经济中的主导作用和表率作用将更加全面显现，我们的市场秩序应该变得更好。

二、《决定》从加快发展混合所有制经济的需要出发，提出“管资本为主”的国有资产管理体制，组建国有资本运营公司，其中的联系与关系如何理解?

1. 当前的“大国资委”体制事实上仍然是管企业为主的体制，实践证明它不能胜任加快混合所有制经济的发展。国资委的成立是政府国有资产管理职能从众多公共职能中独立出来的结果，本质上仍然是一次行政性分权过程。从表面看，国资委拥有国有资产管理权能，可以根据资产所有权而不是行政权力管理国有企业，但事实上国资委的管理依据仍然是政府赋予的行政权。国资委代表国家“出资人”，却并不拥有自己的产权边界，更不具有承担财产责任的能力。它不能直接调度（或者买卖）企业资产，国有企业的利润要上缴到财政部，而对国有企业的再投资，则由发改委主导。国资委所谓“管钱”，实际上更多是对企业财务的监督。国资委对企业主要人事安排的管理，当然更不可能依据资本所有权，国有企业的人事管理仍然是政府大科层等级体系的组成部分，它遵循行政管理的原则而不是市场原则。国企管理者是有行政级别的官员，这种制度要与市场衔接还有很远的距离。国资委体制仍然是建立在行政分权基础上的管理企业为主的体制。在这样的体制下，国资委推进国有企业产权多元化的努力有很大的局限性。产权的过于分散将使现有名义上的产权管理（实质上的行政管理）难以为继，这无异于自己否定自己、放弃权力，而国资委放弃权力（放弃管理）的后果并不是改革目标的达成。在国资委成立之前国有企业产权改革曾经出现过的问题不应该忘记，在政府没有专门机构管理国有资产的情况下，国有企业的产权改革主要是企业经营层主导的改革，它很容易偏向私有化和国有资产的流失。要发展真正意义上的混合所有制企业，现有的国有资产管理体制需要改革，这倒逼国有资产管理从管企业为主真正转变为“管资本为主”①。

2. 管资本为主的国有资本管理体制是企业层面上加快发展混合所有制经济的基础性制度安排。本轮混合所有制经济的发展由市场起决定作用，国有企业的产权多元化一定以开放性市场化重组为途径实现，而不能靠行政途径解决问题。管资本为主的国有资产监管体制是一个以市场权利为主的资产管理体制，它依据资本市场的通行规则组建：一是国有股权代表机构应当拥有独立产权，有明确的产权边界，能够以自身财产权利承担民事责任；二是其所拥有的股份公司的国有股权通过资本市场的买卖在企业间流动，可以从一个企业流出，也可在更多企业扩散；三是国有股权代表机构对所参股或者控股公司在机构与人事方面没有任何行政隶属关系，只能与其他所有制股东一起平等行使股东权利，通过市场选聘公司高管，通过公司治理结构、公司决策，共同改善公司治理；四是当上述手段不足以保障国有资本利益时，股东代表可以像任何公司股东一样“用脚表决”，将国有资本从该公司撤出，投向资本利益更加有保障的公司。这样，一个符合市场运营规则的股权机构，是在开放性市场化重组中加快实现国有企业产权多元化，使其从国有企业最终转变为国有参股的混合所有制企业的基础性制度安排。

3. 管资本为主的国有资本管理体制必须以国有资本投资（运营）公司为主体，它应当是国有股权机构与资本市场运营主体的统一。显然，这样一个按市场规则推进国有企业产权多元化，并且对混合所有制经济中国有资本进行有效管理的机构，不再是一般意义的“出资人”机构，而应当成

① 邵宁：《国企需彻底资本化》，《资本市场》2014 年第 2 期。

为纯粹的“国有股权代表机构”。这个机构甚至不应当还是一个政府（特设）机构，而应当成为真正的市场主体，一个融国有股权代表与资本运营主体于一身的新机构①。我们理解，《决定》要求组建的国有资本投资公司和国有资本运营公司，就应当是这样的新机构，它应当成为“管资本为主”的国有资本监管体制的主体。由于这个国有股权机构的设计具有“顶层设计”的性质，以下两点应当得到充分考虑：其一，考虑到顶层机构的监管效率，国有资本投资（运营）公司的设置一定不能碎片化。它可以在中央和地方多个层级设置，但每个层级都不应该设置过多的国有股权机构，即使是中央一级管理着几万亿的国有权益资本，最终形成十几个国有资本投资（运营）公司应当是足够了。汇金公司对国有金融资本的管理规模，已经给了我们很好的启示。其二，由于国有资本投资（运营）公司管理着规模巨大的国有资本，必须集中精力于国有股权管理，绝不能再兼营其他业务，尤其不能经营任何实体经济。此类业务对于提高国有股份资本的效率没有丝毫帮助，而很可能成为投资公司的“一亩三分地”，成为利用巨额国有资本的“余威”谋取少数人利益的暗器。这就是我们为什么主张新的国有股权机构只能是国有独资的纯粹型控股（参股）公司的理由。

三、为什么将推动国有企业完善现代企业制度的关注点放到“界定不同国有企业功能”和“建立职业经理人制度”？

1. 国有经济的社会功能是多元的，从经济到社会到政治涉及面宽，不适于由一种类型的企业全面承担，也不适合用同样的体制和机制“一刀切”地管理。作为企业，国有资本投资的企业和其他企业一样，具有满足社会需求、繁荣社会经济、配置社会资源、促进社会就业的一般功能。在相同

① 胡改蓉：《构建本土化的国有资产经营公司》，《法学》2008年第6期。

经营目标的基础上，混合所有制企业的各方股东就有最大程度的共同语言、实现协调共赢的互补优势。但是改革进程同时也赋予国有企业在社会主义市场经济中发挥以下几方面的特殊社会功能：一是弥补市场缺陷，提供市场不能充分提供的公共产品；二是充当政府“熨平经济周期”的工具；三是充当国民经济发展的“引擎”和“加速器”；四是坚守民族产业的制高点，保障国家经济安全；最后，也许是最重要的一点——提高劳动平等程度的社会功能。难以避免的两极分化是最根本的市场失效。中国特色的社会主义之所以坚持公有制为主体的基本经济制度，根本目的就是要克服资本主义市场经济的这一基础性缺陷，防止两极分化，建设共同富裕的微观基础。公有资本是一种没有资本家的资本关系，企业的劳动关系会更加和谐（尽管国有企业目前做得不够好），资本的剩余价值不属于任何私人资本，它直接归属于全体人民（目前的国有企业利润上缴制度需要改革）。这就从初次分配中抑制了私人资本的权利，为国家实行更加公平的收入再分配打好了基础①。这些功能与非公经济之间或多或少存有差异，因此在混合所有制的公司治理中，矛盾难以避免。一方面，国有经济如此宽泛的功能让所有国企同时承担，显然存在许多问题。目前国有企业普遍存在的在经济与社会功能间顾此失彼的尴尬，应当与此有直接关系。另一方面，承担多元政府目标的国有股东在公司内部与其他股东协作时会有更多尴尬，势必影响混合所有制公司的治理效率。界定不同国有企业功能，进行分类管理，是推动国有企业完善现代企业制度的需要，也是加快混合所有制经济发展的必然选择。

2. 由于没有界定不同企业功能分类管理，国有企业完善现代企业制度的改革目标难以完全落实，尤其是政企分开的改革目标难以落实，而政企不分仍然是混合所有制经济在企业中融合互补的最大障碍。国有企业上述多元的社会功能，有很大一部分是政府功能的延伸，而不是一般意义上的

---

① 荣兆梓：《劳动平等及其在社会主义市场经济下的实现》，《教学与研究》2013年第2期。

企业功能。这就决定了国有经济的政企分开总体上不可能完全实现。像弥补市场缺陷、熨平经济波动、加速经济发展、保障国家安全和提高社会公平程度这样一些功能，或多或少是由政府通过法律的、行政的或者产权的手段，自上而下地赋予其所拥有的企业（或者其所拥有的资本）的。企业的经营目标终归要由企业资本的所有者确定，这符合市场经济的规则。问题是，国有企业能否在实现“自主经营、自负盈亏”改革目标的同时，全面满足其资产所有制赋予的所有社会功能。实践证明，这很难做到。许多学者的研究已经证明，这种企业目标的多元化，正是国有企业在市场竞争中处于劣势的重要原因①。事实上，如此规模庞大、数量众多的国有企业完全没有必要同时承担同样多元的功能，国有企业乃至国有资本完全可以明确分工，让一部分企业（或者资本）承担一种类型的社会功能，而让另一部分企业（或者资本）承担另一种类型的社会功能。明确分工，分类管理，职能互补，才能更好地实现整个国有经济多元的社会功能。随着不同类型企业的功能界定，它们与政府之间的关系也将出现相应的差异。那些更多承担一般企业功能的国有企业将彻底实现政企分开（包括政资分开）的改革目标，按现代企业制度的要求完善公司治理。而承担较多公共职能和社会功能的企业，则可以通过行业性的国有资本投资（控股）公司，以及某些政府部门拥有或多或少的股份，在企业与政府间形成一个渐行渐远的连续谱系，来灵活协调二者的关系。这样，通过企业功能界定，我们就能够在市场经济的框架内，最大限度地实现国有经济政企分开的改革目标。与此同时，被赋予不同功能的国有资本也就能够在不同的目标上与其他所有制经济实现不同形式的融合与互补。

3. 界定不同企业功能，必须从划分国有资本功能、从顶层上设计和建立不同功能的国有资本管理机构开始。基于以上认识，结合“管资本为主”的改革思路，我们主张在国有经济顶层制度上，按三种类型界定国有资本

① 刘元春：《国有企业的“效率悖论”及其深层次的解释》，《中国工业经济》2001 年第 7 期。

（而不是国有企业）功能①。一是通过市场运作提供基础性产品和服务的公益事业，应当回归政府行政序列。此类组织，如国家电网、国家邮政、国家（铁道）路网、烟草总公司和粮食储备总公司等，都应当依据专门立法，设立为提供特定公益服务的“公法人”，其法人资产需要与其他政府资产分开，因此可以称之为“政府资本”。在回归政府序列之前，这类企业应当完全剥离可竞争性业务。公法人的管理体制与政府机构衔接，其员工劳动关系也可比照公务员系列实行。二是国家产业政策重点关注的寡头垄断领域，可以设立若干行业性的国有资本投资（控股）公司，作为国有资本的出资人，控股产业内寡头企业，参股产业内重要企业，以资本产权为纽带，协调企业发展战略，联合多种所有制经济，实施国家产业政策。此类资本可以称作“国家产业资本”，相关公司包括国家金融投资（控股）公司、国家能源投资（控股）公司、国家交通投资（控股）公司、国家电信投资（控股）公司、国家高新产业投资公司等。这些国家投资控股公司应当依据特殊立法设定为双重营运目标，在营利性与公益性之间寻求平衡；公司董事会成员应当包括相关政府机构的主要负责人，在制度上保证其营利目标与政府产业目标的兼容性。三是在完全竞争领域设立若干综合性国有资本运营公司，充当国有股权代表，按照资本市场的营利原则进行资本运营，实现资本增值。此类公司投资于营利性企业的股权（必要时也不排除其他金融性资产），不谋求对所投资企业控股，不参与企业经营管理，像成熟市场经济的机构持股人那样，充当资本市场稳定的投资者、有效率的竞争者，完全融入多种经济成分平等竞争的海洋中。为加强国有资本监管，公司资本可以采取“国有信托投资基金”的形式，公司以信托基金为管理对象，按基金公司模式经营②，信息公开，规范运作，逐步实现国有资本管理“去政府化”③。

---

① 荣兆梓：《国有资产管理体制进一步改革的总体思路》，《中国工业经济》2012 年第 1 期。

② 张春霖：《国有企业改革的新阶段：调整改革思路和政策的若干建议》，《比较》第 8 辑，中信出版社，2003 年版；厉以宁：《中国经济双重转型之路》，中国人民大学出版社，2013 年版。

③ 荣兆梓：《国有资本管理“去政府化”》，《经济理论与经济管理》2006 年第 10 期。

4. 统一的职业经理人市场是加快混合所有制经济发展的题中应有之义，逐步将现有的国有企业高管人事管理制度转变为职业经理人制度，已经成为国有企业完善现代企业制度的当务之急。随着企业层面上多种所有制经济的日益融合，目前这种适应于公、私企业经纬分明，国有及国有控股企业高管的行政性人事管理制度必须彻底改变。这种人事制度大体上是从国有国营企业的旧模式中延续过来的，二三十年来虽然几经改革，其行政任命、行政授权的基本框架始终没有改变。这种制度在国资委仍然直接管理国有及国有控股企业，其“出资人”权利与政府机构的行政权相互叠加的情况下，尚可“正常”运营，但肯定不适应混合所有制经济在企业层面充分发展的新形势。在公司产权进一步多元化的过程中，一股独大、绝对控股的情况越来越少，在竞争性领域，股权高度分散的“经理型”公司将成为普遍现象。这些混合所有制经济的公司治理将真正按照多方股东相互制衡的市场原则，公司高管将通过职业经理人市场聘任，国有股东不可能将自己的意志强加给公司董事会或者公司股东大会。在这样的场合，国有股东即使拥有相对控股权，也只能向董事会进而股东大会推荐公司高管的候选人，至于推荐能否被接受，则完全要看会议表决结果。因此，行政性的人事制度将不可避免地终结。更重要的是，现有的国有企业高管人事管理制度，对发展混合所有制经济有很强的负面影响。大企业高管的身份地位及权利利益，不可避免地影响这个利益群体的思维方式和行为方式，进而对企业产权的进一步多元化形成自己的利益诉求和目标追求。首先，他们往往不愿意丧失目前的既是官员又是企业家的双重身份及与此相关联的利益；另一方面，如果公司的国有股权必须减持，则希望在国有股减持中换取个人利益，进而与国有资本保值增值利益发生矛盾。总而言之，有序推进国有企业的职业经理人制度，不仅是完善现代企业制度、加快混合所有制经济发展的必要环节，而且是保证这一改革过程顺利推进的关键性环节之一，在实际操作中稍有不慎，就可能将改革导向错误的方向。

四、《决定》在“支持非公有制经济健康发展”部分提出三个“鼓励”，意义何在？

《决定》在“支持非公有制经济健康发展”部分提出“鼓励非公有制企业参与国有企业改革，鼓励发展非公有资本控股的混合所有制企业，鼓励有条件的私营企业建立现代企业制度”，实在是环环相扣的精彩论述。在加快推进混合经济的战略部署中，国有经济顶层制度的改革自然是关键举措，但非公经济的配合跟进同样是改革不可或缺的组成部分。国有经济的改革需要非公经济的参与，这在前面的论述中已经有充分说明。民营经济是否有此意愿，根本的一条是改革是否与其利益相符。如果国有资本处处高高在上，要求控股，甚至必须绝对控股，人家的参与积极性就不可能很高；相反，如果国有资本能够放下架子，与民营经济平等相处，国家又鼓励发展非公有资本控股的混合所有制企业，非公经济自然有更高的积极性参与到改革的进程中来。当然，改革既不是国有资本“吃掉”非公有资本的过程，也不是非公有资本“吃掉”国有资本的过程，公私资本应当在混合所有制经济发展中各得其所，互利共赢。为此，更多有条件的私营企业应当加快建立现代企业制度，利用混合所有制经济发展的机会，改变封闭的家族式经营模式，向公众公司的经营模式转型。亚洲式公司的“剥夺型”治理必须得到有效规制，控股股东对非控股股东的利益剥夺行为应当予以遏制，无论这个控股股东是国有资本还是私有资本，这种不平等竞争行为都应当遏制。一个多种所有制资本公平竞争、和谐相处的现代市场秩序，应当是积极发展混合所有制经济最重要的保障条件。

（原载于《经济纵横》，2014 年第 9 期）

管资本为主的体制如何建立
——当前国有经济改革的几个问题

党的十八届三中全会的《决定》指出，国企改革要“从管企业为主转到管资本为主”，国有资本管理体制改革应该是新一轮国企改革的重头戏。本文讨论当前国有资本管理体制改革的模式选择，以及通往这个模式存在的若干实际问题，进而对国企改革总体方案的制定提供有针对性的意见和建议。

一、 公司制改革只走了半程

当前国有经济体制的主要问题是什么？用一句话来概括就是公司制改革只走了半程。

我们国企改革的目标模式定位为股份公司制度已经有 20 多年了。20 世纪 90 年代初开始已经明确这个目标了，90 年代中期这个改革起步，也改了 20 多年了，但是到目前为止，公司制改革只走了半程。我认为当前国企改革存在的问题根源就在这个地方。因为改革只走了半程，很多应该有的效果没有充分体现出来。

我们先从公司法人产权制度的安排说起。这是一个产权安排。公司制改革首先完成了一个两权分离——企业所有权与经营权相分离，叫政企分开。但我们真的政企分开了吗？我们知道国企公司制的核心是公司法人财产权和国有股份资本所有权分开，这个基本的产权制度安排为我们实行企业政企分开的改革目标奠定了产权基础。可实际上我们对这个制度构架的复杂性没有充分理解，很多人认为公司法人产权就代表经营权，国有股份资本所有权就代表政府的所有权，那么公司一改制就政企分开了。

事实并非如此简单。我们先从一个所有权变成两个所有权这样一个基本的产权变更说起。传统的企业制度是一个资本所有权，业主制下面只有一个资本所有权，资本所有者拥有这个企业，同时也经营这个企业。尽管到后期出现了所谓的委托代理，资本家请一些代理人来管理，但是他只是授权经营，没有增加另外一个产权或者所有权。但是，公司制情况不一样，在公司制下面我们看到原来的一个资本所有权裂变为两个资本所有权，也正是因为它裂变为两个资本所有权，出现了一个所谓公司法人财产所有权，因此公司才可能有真正意义上的独立产权，自主经营，自负盈亏。可是从法学上看，这是一个很奇怪的现象，本来只有一个所有权，它怎么会通过一个公司的设立就变成两个所有权了？这多出来的一个所有权是从哪来的？20 世纪 90 年代公司制才开始的时候，我在《江汉论坛》上发布过一篇文章《企业法人财产权的性质》（1994. 7），我是这么解释这个现象的：实际上公司的产权安排在原有的一个所有制——一个主体、一个客体这个前提下，通过法律的形式拟制了一个虚拟的人格——公司法人人格。这个法人是一个虚拟人格，从民法的意义上讲是这样的，他不是现实的自然人，他是法人，是法律拟制的人格。一般讲公司制度的时候，只知道有这样一个法律拟制的人格，多了一个法人出来了，可是我们没有想一想多出一个虚拟法人的同时还多了一个东西，这东西叫虚拟资本。原有的资本所有权现在投到公司里面去了，成为企业实际的法人财产、现实资产，但是与此同时，股东拿到了一个股权证书，拥有股票的所有权，这个股票所有权不仅仅是在企业里面举举手、投投票，还可以得到一个现金流，企业资产增值的现金流。在市场经济条件下，这个东西是可以资本化的。一个现金流可以资本化为一个虚拟资本。这其实是最初意义上的虚拟资本，就是公司的股份资本的所有权。股份资本本来是一个子虚乌有的东西，它本来没有，就是一张股权证书，是一个关于股东的权利证书，它不是资本，不是现实财产。这个东西现在资本化了，可以在资本市场上买卖，它是有价证券，成为一种资本。这就是我们现在一般所说的虚拟资本。公司法人制度设立其实是法律拟制了一个法人人格，同时资本市场又产生了一个虚拟资本，多出了一个主体和一个客体。有趣的是在公司制度里，那个现实的公司财产现在是由虚拟的公司法人人格拥有着，它的所有者是公司法人，而那些现实的资本所有者——股东们，现在拥有的财产却是一个虚拟的财产。一个所有权成了两个所有权，就是这么来的。我们现在讲到的整个现代市场经济下庞大的虚拟资本的存在，它的基础就是股份公司制度下面的这样一个虚拟所有权，一个所有权裂变为两个所有权，这是它最基本的制度安排。

在这个制度安排里，到底是谁拥有公司财产？是不是公司的那些高层经理人员？不是。法律明确地说，这是由公司法人拥有的。关于公司法人制度有一种误解，说公司董事长就是法人。错！那是法人代表。法人是谁？法人是一个法律拟制的人格，他不是一个具体的人，在这个地方他作为公司现实资产的所有者，是法律承认的，公司法人可以去承担民事责任。但是在现实生活当中，法人财产权总是要有人来操作的，总是要有人来享有的。那么是谁享有呢？他是通过一个公司治理结构去享有，这个治理结构里面有股东大会、董事会、监事会，还有公司的高层经理人员，他们通过一系列的制度安排形成了一个法人治理结构。这个治理结构是干什么的？就是用来行使公司法人财产权的。在这个机构里面真实的情况是，权利主体主要由两部分人组成，一部分是股东与股东代表，他们活跃在股东大会和董事会里面；另一部分就是公司的高层经理人员，他们主要通过董事会，通过经理办公会议这样的机构来分享权力①。这是一个制度安排，除了经理办公会是上下级的关系，总经理或者公司总裁有决定权，其他几个机构都

① 荣兆梓：《企业制度：平等与效率》，社会科学文献出版社，2014年版，第75页。

是投票表决的，都是少数服从多数的机制，是一种机构治理。公司治理另外一个特点就是相互制衡，机构与机构相互制衡，个人与个人相互制衡。为什么要设计这样一个复杂机构？因为要把两部分人合在一起分享公司法人财产权，不是哪一部分人，更不是一个人拥有公司法人财产。认为董事长拥有公司经营权的观点其实是不对的，法人财产权是由两部分人共同分享的。

为什么要强调这个观点？在公司治理结构里，股东始终要发挥重要作用，离开了股东，法人财产权的行使是不完整的，是不可能规范的，公司法人的行为也不可能是真正合理的。如果把整个法人财产全部都交给经营人员，那和传统的业主制企业里的代理人有什么区别？那些业主制企业的老板对代理人都放心，都能把所有权交给代理人吗？不可能。因为它没有这样一个制衡机制。整个公司制度就是为了能够一方面保证公司拥有独立的财产权利，另一方面又保证公司的专业经理人不会越权，不会漫无边际地损害资本所有者的权利。所以说，公司制度是人类的“伟大的发明”，解决了资本所有者和专业经营人之间的这样一种关系。我们强调这点，是为了说明在公司制度里面股东的存在，他的行为对于公司制改革至关重要。

现在来看看国有资本的出资人能做些什么，不能做些什么。90 年代开始的改革在最初的 10 年里，直到 2000 年以后的几年，一直没有国资委。也就是说，国有企业在公司法人财产权的行使过程中，股东代表是不到位的，没有出资人代表。这就导致了前 20 年改革一方面是国有资本的大量退出，规模在逐步缩小；另一方面，这种规模的牺牲没有换来效率的提高，十年期间企业的效率提高非常缓慢，以至于给那些质疑国有制经济的合理性必要性的人提供了口实。

低效率的同时还有国有资产的流失，因为没有股东代表。企业的经理人“当家做主”了，代理人变成“老板”了。很多企业改革由他们制定改革方案，因此出现了所谓的 MBO，即“管理层收购”。全世界的 MBO 都是高于市场价收购的，只有中国的 MBO 是低于市场价收购的。什么原因呢？中国特色？这里面只有一个特色，那就是我们没有股东代表。

2003 年以后国资委成立了。尽管国资委有各种各样的缺陷，但是国资委成立后的十余年，有一点是有目共睹的：在国资委的管理下，国有企业普遍提高了效率。实际上，国有企业在垄断领域的效率始终是跟民营经济是不相上下的，下图中这两条曲线看得很清楚。即使是在竞争性领域，国有企业的效率虽然低于民营经济的效率，但是这个十年，这两条曲线在逐步靠拢，差距是收敛的而不是扩散的。这就是说，国资委工作有成效。有出资人代表和没有出资人代表大不一样，肯定是这样的。你自己的钱自己不去管，人家当然就要偷偷地拿走了。有人管总是要好一些。

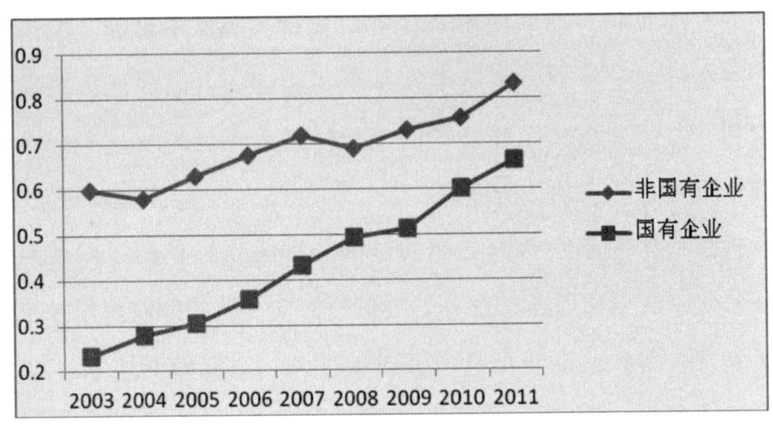

制造业 20 个竞争性行业国有与非国有企业技术效率比较（2003～2011）

当然，国资委制度也有许多不合适的地方，关键是，国资委体制仍然不符合市场经济要求。国资委充当出资人的尴尬在于：政府机构的目标是多重的，政府目标和作为企业股东代表的目标是有冲突的。股东的目标是什么？投资就是挣钱，保值增值是股东的目标。但是政府目标不限于保值增值，它有很多目标：社会安定、充分就业、经济增长。把所有这些目标都放到一起，结果作为政府机构，国资委在行使股东职能的时候，它的多重目标就发生冲突。与此同时，国资委虽然说是“管人、管事、管钱”，全管了，事实上作为政府机构里的一个特设机构，它不可能独享权利。国有企业的管理仍然是多头的，包括人事部门、组织部门、发改委、经信委，还有其他机构，仍然没有避免多头管理。在这种情况下，国资委加强企业管理，包括对企业经理人员的激励都是动力不足的。另一方面，政府的行为能力与市场对它的要求是错配的。要说政府的行为能力，它的成员也好，机构也好，更善于行政性的操作，而不善于在不同的产业领域经营资本。政府行为在某些方面还受到限制，比如说，作为股东在企业里表决是用两种手段的，不仅仅是用手表决，还用脚表决，不行的话，我就卖了股票走人了。但是这个用脚表决的能力，国资委是受限制的。它不能像普通的股东那样，不满意了就卖股票。国资委一开始不承认自己是政府机构，但是到后来不得不承认自己是国务院的特设机构。因为它内部的机构，运行的原则都是和其他的部委一样的，甚至国资委副部级干部的职数比任何一个部委都多，它更官气十足。所以国资委这个身份本身注定了它和市场的要求、市场对股东代表的要求不一致。尤其在政资分开方面，它做不到。所以公司制的优势就不能充分发挥，这影响到所有的国有股份制企业，公司治理结构不健全，国资委选派的人员在公司治理结构中行为是不合理的，地位是尴尬的。当前我国国有控股企业中大量存在的经营者败德行为，很大程度上就是由行政化的国有股东代表在公司治理结构中不能有效发挥作用造成的。

进一步说，国资委的尴尬还体现在当前阶段，我们的国有企业改革要放到发展混合所有制经济的背景下。我们看到国资委的角色在这个地方显得更加受限制。国资委作为一个政府机构，它对国有企业的管理实际上还是以管企业为主，而不可能是管资本为主。国资委的管理是一个行政性的管理办法，至少要在控股企业里面，它的行政意图才能自上而下地贯彻下去。它习惯于这样的一种管理方式，这和基于资本所有权的管理方式不一样。依靠资本所有权来管理，你可以在这个企业里面拥有很多股票，也可以拥有较少的股票、很少的股票。只要参股，作为资本所有者就可以管理自己的股本。行政管理与资本管理、产权管理最基本的区别在于行政权力只能是独占的，不允许分享，而资本所有权不是这样，不管你是控股也好，参股也好，都可以管。因此，要在国资委作为出资人的大背景下来推进混合所有制经济的继续发展，只能靠自上而下的行政性方法来推进。国资委一年要搞成多少混合所有制企业，有多少国企现在要改制，下达目标任务，不是市场主导的发展。我们希望这一轮的改革推进混合所有制经济由市场主导，但是靠国资委的行政领导恐怕很难做到这一点，因为它的机制本身不适合。

二、 改革模式选择

如何解决问题？十八届三中全会决定已经对此有了非常清晰的提示：从管企业为主到管资本为主，核心就是国有资本监管体制的改革。怎么改？选择什么样的目标模式？在这个问题上我和史正富教授的观点非常相似。史正富与刘昶前两年合作写了一本书①提出“所有者替身化”与“信托资本主义”的观点。他们认为这是世界潮流，全世界股份公司的股权管理越来越趋向于所有者替身化，用一种信托基金的方式来管理。二战后，机构投资者已经成为资本市场的主导者。机构投资者不是直接拥有资本，他是替人理财，所以被称为替身所有者。在机构投资者主导的投资体制下，现代企业产权制度已经从两权分离走向了三权分离，就是企业经营权、资本经营权和资本所有权的三权分离。从 1952 年到 2005 年这个阶段，美国资本市场上机构投资者的持股比例，由大约 10% 逐步增长到 60% 。可以说，现在美国的资本市场上机构投资者已经成为主导力量，不是股东自己在管理他的股权，而是由各种各样的资本管理机构在管理，包括个人信托基金、私

① 史正富、刘昶：《看不见的所有者：现代企业的产权革命》，格致出版社、上海人民出版社，2012 年版。

人公司养老基金、投资公司、人寿保险，还有一些公共机构的退休基金等，都是机构在管理，不是资本所有者直接管理。

企业产权结构经历了三个阶段：从传统市场经济当中的业主制资本主义三位一体、资本家同时又是经营者这样一个模式，过渡到50年代前后在美国出现的所谓的经理资本主义，两权分离，资本家自己做股东了，只有经理层在企业里面进行管理，然后再发展到三权分离，现在股东不是终极所有者了，那些资本经营机构、那些专业的投资机构成了替身所有者。这样资本市场就出现了三个层次、三个主体。当然基本的法律框架还是公司制，但是现在投资者不是直接作为股东代表，而是把股东代表的责任给了资本经营机构。史正富把他叫作替身所有者。我在2000年前后也写过一些文章，强调国有经济公司制改革仅仅实现公司法人财产权制度的独立是不够的，还要解决政府作为股东，这个股东代表由谁来承担的问题。我提出按照现代市场经济的惯例，股东代表正在越来越多地由这些机构在承担，股权越来越多地表现为一种信托资本，由社会交给一些专业机构，通过信托的方式来管理，我把它叫作社会信托投资基金①。这就形成一个很明确的改革方向，就是学习淡马锡。

但是，到现在为止，淡马锡模式是否适合中国还是有争议。我们的想法其实很简单，就是——学习有益，但是不能完全照搬。淡马锡模式肯定是有借鉴意义的，当然我们不主张全盘照搬。淡马锡模式哪些东西是适合我们的？首先，淡马锡是一个主权投资基金，国家拥有最终所有权，但它是一个独立的信托基金；其次，淡马锡的运作是高度市场化的。淡马锡核心的经验是，尽管淡马锡的董事会里面有政府官员，但是他们基本上不干预企业的经营，也就是把把方向而已，具体怎么操作，完全按市场原则。这的确是值得我们学习的。

淡马锡模式有哪些东西是我们学不到的或者不能学的？我觉得起码有

① 荣兆梓、杨积勇：《公司制改革面临的深层次问题与解决方案》，《改革》2001年第2期。

一点我们是与它不一样的：中国国有企业的规模跟新加坡的不能比。两个国家的国有资本显然不在一个数量级上。中国是很特殊的市场经济国家，正如托马斯·皮凯蒂在《21 世纪资本论》这本书里正确指出的那样，中国在全部的市场经济国家中是一个特例。一般市场经济国家的公共资本（包括土资产、金融资产在内的广义资本）只占全部国民资本的五分之一甚至十分之一，当下中国的公共资本几乎占了国民资本的一半，这在全世界是极罕见的。这样庞大的规模注定了中国国有资本管理有自己的特点。即使是学淡马锡，我们也要坚持多元化、多样化。不能是一个淡马锡，而是许多个淡马锡；这些淡马锡还不能是同一个模式，要根据国有资本的功能等，区分不同类型。因此，改革要防止"一刀切"，前二十年的改革最大的痛处在于"一刀切"。国资委就管了那么多的国有资产，用一个基本相同的规则来管理这些形形色色的国有企业，竞争性的国有企业给管死了，可是垄断领域的国有企业却没有实实在在的政府规制。"一刀切"的标准没法把这两个目标同时实现，分类管理是必然选择。我们在体制改革的目标模式上必须有这样的思考。

总之，公司制我们只走了半程。我们解决了一个企业的独立产权问题，只实现了公司法人产权的独立，初步地建立了一个法人治理结构，但是我们始终没有解决国有股权机构的建设问题。我们建立了一个出资人代表机构，但这个机构是政府机构，是国务院特设机构，它与市场经济的要求不符合。全世界发展的潮流是，股份资本的管理越来越替身化，越来越通过机构投资者的形式来主导资本市场；构投资者拥有的资本都采取信托基金的形式，无论它是共同基金还是其他的公益基金，它都是信托制。我们在选择改革目标的时候必须充分考虑这个大潮流。

实际上，十八届三中全会的决定里面，这个问题也说得很清楚，就是国有资本要通过国有资本投资公司或者国有资本运营公司的形式来管，不能靠政府去管，不能靠政府机构去管，要靠市场主体，一个有自己独立财产权利的机构去管。同时《决定》里面也说了，要分类管理，不能“一刀切”，要适应我们国有经济的规模大、功能多，各种不同类型的国有资本、国有企业需要有不同的管理模式这样一个基本特点。但是，十八届三中全会以后，关于国有企业进一步改革的具体方案一直存在争论，

三、 三个重要问题的讨论

以下讨论与争论相关的三个重要问题。

第一个问题，国有投资公司与国有资本运营公司跟国资委是什么关系？是不是国资委与现在的这些国有企业之间我们再安一个投资公司的层次，来解决国有股权的代表问题？现在不是政府代表了，政府到哪去了？政府到它们背后去了。这是一种选择。还有一种意见认为，国有股权代表机构应该是一个市场化的机构，那国资委就不应该成为这些机构上面的另外一个“婆婆”，它只能是规模更小的一个监察机构。这是第一个争论。

第二个问题，争论在什么地方？大家都承认要分类管理，这已经成定论了，但是究竟怎么分类，是分两类呢还是三类，甚至于更多类型，也没有定论。有媒体透露，说主流意见是分两类。90 年代我写文章谈国有企业分类管理，我也主张分两类，一类是竞争性领域，一类是垄断性领域①。现在的主流观点，据说是分为公益性国有企业和营利性国有企业。但是也有不同意见，认为分两类不行。考虑到现实的可操作性，我现在也认为分两类不行。因为在两个极端之间有很多过渡性的东西，分两类不能涵盖，分两类很难操作，这是第二个问题。

第三个问题是怎么管。国有资本投资（运营）公司作为国有股的代表来管理国有股权没有问题，但是到底怎么管法？国有投资公司也好，国有

---

① 荣广宏、荣兆梓：《关于国有资产管理体制改革的一个建议——“国有官营”与“国有民营”两大管理系统分开》，《经济社会体制比较》1994 年第 6 期。

资本运营公司也好，它的产权模式应该是怎样的，它的管理模式应该是怎样的，还有很多问题没有说清楚。

第一是投资公司的作用和规模问题。我们现在提国有资本投资公司、国有资本运营公司，是把它作为一个国有股权管理的顶层机构来设计，而不是作为一个由国资委作为顶层的金字塔结构里面的中间层次来考虑的。也就是说，我们要设立的这些国有资本的投资公司和运营公司是最高级别的，没有上级；希望能设计出这样一个模式，这些公司上面没有国资委做它的股东，但拥有独立产权。这个独立产权当然不适用股份公司制的框架来构建。有什么办法？办法是有的，得靠信托制度，用信托基金的法律框架来构建这些国有资本的产权机构。

信托制度其实在英美法系里面最早是遗产管理中发展起来的。信托制度有三个法律主体，一个叫信托人，一个叫受托人，还有一个叫受益人。一般的法律理论都认为信托制度里面真正的所有者就是这个受益人。但是，在资本市场常见的共同基金或私募基金中，这三个法律主体的关系不明显，因为在这里，委托人与受益人是同一个人。这类信托叫作自益信托，我把资产信托给你，你给我管理，最后赚的钱是我的，你得到“手续费”。但是还有很多信托是他益的，比如说诺贝尔基金，它就是一个信托财产。在欧洲不叫信托，叫财团法人，其实它的法律关系是相似的。

在国有资产的管理当中，所谓国有信托基金的法律主体是一种什么关系？其实是国资委作为信托人，国有资本投资公司是受托人，而受益人是全国老百姓。国有资本可以不再回到政府那里，你把钱管好了，最后应该是全体老百姓受益；把经济发展了，把国有资产保值增值了，受益人是全体老百姓。这样政府机构就可以逐步淡出资本管理体系。所以我说，在国有资本管理体制改革中，需要运用信托制度、信托市场经济。史正富教授用了“信托资本主义”概念，他分析的是资本主义市场。社会主义市场经济也要充分利用信托制度。在国有资本管理中，信托应该是一个很好的方式，可以解决政资不分问题。在政府职能分工思路下，国有资本肯定得由政府机构管理，而在信托制度里面就未必。这样一来，我们就可以设立一个既没有上级也没有股东的国有资本管理基金。国资委将成为对此类基金管理公司的运营进行监察的政府机构，逐步地精减成为小国资委，不再是作为出资人代表的国资委，而是作为国有资本监察机构的国资委。

与此同时，改革必须防止国有股权代表机构的“碎片化”。既然是顶层设计，数量上就一定要有控制。不能搞几百家几千家的国有资本投资公司或国有资本运营公司，那还叫顶层设计吗？中央一级的几万亿的权益资本可以设立十几家最多几十家国有资本投资公司或者国有资本运营公司，每一家规模都要大，才能体现这样一个顶层设计的要求，才能实现政府的监督、公众舆论的监督，真正实现对这些国有资本投资（运营）公司的有效管理。为此目的，必须防止碎片化。但是改革过程当中容易出现碎片化，因为一旦要设立投资公司或者信托公司，所有的这些国有企业每个都争着上，都想做龙头老大，结果口子一放，所有的国有企业都变成国有资本投资公司了。这等于啥也没做，换个名词而已，没有实质性意义。

从顶层设计的要求看，这些国有资本投资公司应当成为国有股权专业管理机构。它不能是混合的管理机构，既管国有股权，自己又做项目、搞实体，那样国有股权是管不好的。这么大规模的基金，集中精力管都不一定能管好，如果还要零零散散地去搞自己的“一亩三分地”，那肯定出问题。所以，要防止这类机构混同于普通的实体公司，这类公司的设立不能用普通的公司法，要依特殊法设立。

最后，国资委还不能撤，不能再次造成90年代那样的国有资本权力真空，国资委必须在推进改革的过程中逐步转型，把自己改造成为一个国有资本运营的监察者，分步有序地将国有股份资本管理的顶层机构让位于市场化的基金管理公司。

第二个问题是分类问题。将国有企业分成两类管理的主张，存在两个问题。首先，是在企业层面分类还是在资本层面分类？既然要从管企业为主转到管资本为主，那么在顶层设计上应当是按资本功能分类而不是按企业职能分类。企业当然有分类，公益性的企业、营利性的企业，还介于二者间的混合型企业。但是国有经济管理的顶层上不能按企业划定管理范围，说这些企业归你管，那些企业归他管。我们正把管理的重心从企业层面移向资本层面。国有资本是能够流动的，也必须流动的。按企业标准划定管理范围在实践中越来越难以操作，必然带来一系列弊端。管公益性资本的顶层机构和管营利性资本的顶层机构应当是两类机构，在管理体系、管理机制上都要有严格区分。

争论更多的是第二个问题，到底分成两类还是三类？我的观点是现实当中有很大数量的国有企业不在两个极端，它既不在自然垄断领域，不是完全的公益性机构，也不在完全竞争性领域，不是纯粹营利机构。它在哪呢？在寡头垄断领域，它有一部分公益性，又有一部分营利性。一方面，这些领域都有一个很强的战略安全意义，比如说能源、交通、金融等。国家的产业政策，甚至国家的发展战略要在这些领域里面得到贯彻。这有很多政策性的因素在里面，让这些领域的资本完全用一种跟竞争性领域的资本同样的方法去管理不合适。另一方面，说它是公益性资本也不对，它是有竞争的，它是要赚钱的，只不过它的竞争是有限竞争，是寡头间的竞争。把这一部分东西放到两极都不合适。我几年前发过一篇文章（《国有资产管理体制进一步改革的总体思路》，《中国工业经济》，2012 年第 1 期），讲国有资本改革的总体思路，提出了三分法的主张。我将国有资本分为三类：公益性国有资本、产业类国有资本和竞争性国有资本，分别组织三种类型的国有资本管理机构进行管理。第一类按隶属于政府部门的国营企业来管理；第二类是建立行业性的国家产业投资公司，它要实施某一个特定产业领域的产业政策，要为这个产业领域的发展以及这个产业领域大中小企业的协调等负责；第三类就是综合性的资本运营公司，它不限在哪个产业，只有保值增值一个目标，在竞争性领域里灵活运营。这样分三类管理既有可行性，管理效果也会更好。

举例来说，第一类有国家电网。现在的国家电网还不适合完全地形成这样一个公益性的隶属于政府机构的资本管理机构，因为现在的国家电网公司还有配电功能，不仅仅是一个输电网，它把最后这个末端配电功能也放在网里面。我们知道，配电这一块的确是竞争性的，不是完全垄断性的。完全自然垄断性质的是输电网，将来改革应该进一步拆分，然后把国家电网真正建设成为公益性的公法人。还有国家邮政。邮政不能完全放开，要是完全开放，完全让市场来调节，那偏远地方就没人送信了——经济效率太低了，谁去送？另外还有铁路，跟电网是一样的。现在我们的铁路总公司把运输业务也放在里面，将来路网和运输业务也一定是要分开的。因为骨干铁路网比如说高铁网这样的东西，应该是公益性的机构；而所有的铁路运输公司，不管是客运公司还是货运公司，都是可以参与竞争的，应该是一个竞争性机构，二者要拆分开来。其他还有一些因为特殊原因，政府要拿在自己手里。比如烟草，因为它的税太高了，当然现在已经逐步少点了，但是仍然很高；还有粮食储备公司，因为粮食安全是国家的命脉所在。这些数量有限的公益性机构应当怎么设立？要专门立法，专门设立国家电网公司法或者是国家邮政法。因为它不适用于普通公司法，它是政府直接管理，严格地说它就是国有企业。说改革以后国有企业全部取消，我认为这个话绝对化了，在这一小块领域里恐怕还要国有企业，这样它才能更好地提高公益性服务；它的主要目的就是公益，不是赚钱。

第二类就是所谓国家产业资本。在国家产业政策重点关注的产业领域里，要设立若干家国家产业投资公司来控股产业内的寡头企业，参股产业里若干重要企业，通过这样的股权控制、参与来贯彻国家的产业政策。这些领域需要有这样一类的资本管理公司。首先是设立国家产业基金，如国家能源发展基金、国家交通发展基金等，然后把基金交给投资公司去管理，用它来贯彻国家的产业政策，来协调整个产业领域的发展。比如国家金融投资公司，汇金公司大体就是这个角色，但是汇金公司没有完全按照这一模式去设计。本来汇金公司的资本就可以是国有银行的国有股，这就是它的资本来源，但是汇金公司却反过来用国家的外汇储备做投资，没必要搞得复杂化；汇金公司甚至也不是四大国有银行的主要大股东，可能在金融领域有其特殊性，不能在其他产业领域完全照搬。但是，汇金公司毕竟是中国现有的产业基金当中的第一家，它是在特定的产业领域里的一个国有控股公司，它的经验和教训对于我们下一步的国企改革是有用的。不能完全否定汇金公司模式，这与淡马锡模式的经验相似。在讨论国企改革模式的时候，有人说汇金公司模式可以照搬，而更多人认为汇金模式一无是处。我们认为汇金公司经验有值得推广的地方，但是肯定不能完全照搬。其他还有国家能源投资公司，当然能源范围太大，“两个石油”已经占了一个很大的比重，或者可以搞两个能源投资公司。不管怎样，这是一个很重要的领域，要用国家产业资本来控制。还有国家交通投资公司、国家电信投资公司等。这些重要领域，应该有这一类国有股权管理机构，国家的产业目标、政策目标和盈利目标在这里交融，两个目标在这里找到平衡点。这是这一领域国有资本管理的难点，但也是必须解决的重点。

第三类是信托基金，其管理的性质比较简单，就是在竞争领域设立若干个综合性的国有资本运营公司来参与市场竞争，来实现国有资本的保值增值。“信托资本主义”是世界潮流。延伸到中国改革，“信托市场经济”适应世界潮流。在竞争性领域通过社会信托投资基金来管理国有资本，唯一以国有资本的保值增值为目的完全可以做得到；管理这些基金的是专业的资本经营者，他们组成一个受托人合伙，受托管理一定数量的国有资本，把它在竞争性领域分散布局，哪里有资本增值机会，就往哪里投资本。这当然是国有经济，因为它的国有资本增值的受益人不是任何亿万富翁、私人老板，而是全体老百姓。基金赚了钱怎么用？可以留在基金里面继续投资，推动国民经济发展，也可以通过特定的法律程序部分上缴国库，来补充财政收入的不足。它的管理模式基本上可以仿效淡马锡模式，不管有没有政府官员进入董事会，政府不干预企业经营，让市场机制充分发挥作用。

第三个问题就是投资（运营）公司究竟用什么模式管理。大家都主张搞国有资本投资公司、国有资本运营公司，现在已经写到文件里面去了。但是，国有资本投资公司到底怎么管？我们从一开始就强调，应该是信托基金制度。

首先是因为信托基金制度的法律框架适合政资分开的目标。我们知道，在股份公司制度下尽管可以两权分开，有股份资本所有权，有公司法人财产权，可是无论如何，政府不能从终极所有者的身份退出，甚至也不能从公司法人财产权的“共同行使”中退出。所以在讨论公司制度怎么才能实现政企分开目标的时候，很多专家就给了一个模糊的解释，说只要不断增加母子公司层次，不断淡化政府作用，政企分开终究能实现。这话逻辑上是有问题的：层次再多最上面一层还是它。现在大型国有企业的母子公司链条已经足够长了，并没解决问题啊！关键是，最终的国有股东代表机构到底能不能靠公司法人制度来解决。它解决不了！弄来弄去，它还是一个金字塔式的母子公司体制。只有信托基金制度可以解决这个问题。在信托制度中，信托人可以与受益人的身份分开，形成一个他益信托，这样他就不再是最终的所有者。信托制度可以恢复国有经济的本来面目，信托受益人即最终所有者是全国老百姓。政府不需要夹在中间做代表机构，而可以代表公共利益做个监督者，就像我们现在的审计署对各个政府机构进行审计一样，将来政府的小国资委对基金管理公司就起这样的作用。这个法律的框架不需要股东，信托基金不需要有股东，他益信托是没有股东的，诺贝尔基金的股东是谁？肯定不是诺贝尔。这样，政府、管理公司、公众关系就可以理得更顺些。

其次，原本意义上的信托制度是基于信任的委托，绝对得是最要好的朋友、最信任的人才能把遗产交给他去管理。我们今天的国有信托基金，它也是建立在信任基础上的，我们也需要这个信任，没有信任就没有信托制度。但是，现代信托制度的信任，是建立在有关基金管理对象和管理模式的一系列有效制度安排基础上的。这是一个巨大的资本财产，规模之大可以说是天文数字，动辄就是几千亿，甚至上万亿。这么大的资本规模，再加上无孔不入的资本利益，怎么能够信任少数人？关键是今天我们讲的信托基金有两个特点：一个特点是它的产权边界非常清晰，就是一个基金，它是有边界的；二是它的管理模式比较透明，钱不放在基金公司，而是放在第三方金融机构，比如说银行，然后基金公司根据自己对市场的判断发指令，你给我买什么、卖什么，基金管理公司和基金本身之间有隔离层。这是世界通行的办法，对基金管理者的监督在技术上是可行的。如果我们再增加一个限制条件，这些管理巨大规模国有资本的基金公司，它的经营被限定在虚拟资本的范围，禁止投资实体经济，也就是它只能买卖股票或者其他金融资产，但不能自己去办工厂，自己办实业，用这样的办法使公司成为纯粹的资本管理公司，而不是混合型资本管理公司，这样就进一步减少了资本管理的漏洞。依靠这些制度安排，政府监察机构的监察以及公众的舆论的监督，就是可行、可信的，国有资本的信托制度就可以建立在信任基础上。这里国资委的作用是很明确的，它应当逐步演变成为监察机构，而不用直接去管理这些机构投资者。

最后还有一个问题，就是公司运行机制。管理者的动力从何而来，如何使得替身所有者能够有效地成功地去管理这些资本？必须要有一个激励机制，按规则分享资本增值。到底怎么分享，具体的制度需要进一步研究。与此同时，替身所有者必须在资本市场上竞争，这不是由政府当保姆的国有企业，它必须是在市场竞争中摸爬滚打去赢得自己发展空间的真正公司。关于这个公司的成本和收益，基本的原则就两条：整个公司的运营主要是靠收取管理费，不管多大规模的企业、多大规模的资本，都要按几个点来收，这是公司日常管理最稳定可靠的收入来源，这是一条；另一条就是公司经营者要有长期激励，比如五年一清算，到底这个基金增值了多少，给经营者相应的可观的利润分享，用这样的方法来调动国有资本经营者的内在动力。他不是天使，他是经济人，你给他适当的激励，再加上一个制度的约束，他就可以有合理的行为。这事并不难，市场经济已经把信托基金的运行规则、具体形式都逐一地实验过了，并没有太大的难度。

四、 改革目标与利益集团

无论争论再多，放到桌面上的讨论毕竟都还是隔靴搔痒的。推进当前国有经济改革向纵深化发展的真正障碍在哪里？众所周知，30 多年改革已经形成了一些非常大的利益集团。如果说 80 年代的改革起步的时候比现在困难更大、阻力更大，但是有一点是可以肯定的，那时候还没有什么利益集团，只不过是大家思想僵化没有跟上形势，利益集团的力量并不强大。打点小算盘是有的，但是没有像现在这样，一改革就牵扯到拥有上百亿、上千亿利益的集团。利益集团现在有了，这个是改革推进的大困难，尤其是在国有企业改革方面，这对国有企业改革的影响是非常大的。我们要按照顶层设计的规范来推进改革，防止利益集团从自身利益出发对改革目标的扭曲。这是一个非常重要的问题。改革决策的每一步都必须有他们参与，因为他们是当事人，但利益集团可能以各种各样的形式来扭曲改革目标。我们之前已经讨论设计了一个顶层改革目标，改革实践能不能走向这个目标？我们知道，改革不可能是完全建构式的，不可能全部推倒重来，肯定是在现有的基础上往前推进。这个过程受利益集团的影响很大。

我们要防止利益集团扭曲改革目标的任性行为。当然，关键是我们的改革目标明确。只要目标明确，我们是可以制止利益集团的扭曲行为的。怕就怕我们自己的目标模模糊糊，给别人这样一说、那样一说，就糊涂了。

比如说，以“职工持股”为名将大量的国有资本转换为高层经理人员股份，这是一种扭曲。我认为在这个问题上最高决策层表态明确：就是不同意，你别想靠国有企业的改革来发财。问题就解决了，利益集团就影响不了改革方向。再如，大型集团公司争相做国有股权代表机构。如果大家都争，管理部门一律照准，反正是改革嘛，大家都可以试一试，恐怕会出现国有股权管理碎片化的情况。碎片化最终会使顶层设计落空，几千个、上万个国有股权代表机构就等于没有了。碎片化也是一种扭曲。

诸如此类的扭曲还会有很多，不可能在这里一一列举。在今后的改革进程中，大家还会看到更多。

（原载于《政治经济学报》第5卷，2016.2）

国有经济需要新一轮产权制度改革

党的十八届三中全会以来，习近平总书记多次强调，要坚持和完善社会主义基本经济制度，毫不动摇巩固和发展公有制经济，毫不动摇鼓励、支持、引导非公有制经济发展，推动各种所有制取长补短、相互促进、共同发展。公有制主体地位不能动摇，国有经济主导作用不能动摇。如何实现这一目标？当然，坚持市场经济的改革方向，进一步探索公有制经济与市场经济相结合的企业组织与产权形式是根本出路。国有经济改革已经三十多年了，成绩很大，但没有解决的问题仍然很多。下一步国企改革的方向肯定不是没有底线地国退民进，但是片面强调国有经济数量增加也不对，我们还要改善国有经济的效率，要使它更好地与市场经济接轨。

国有经济怎么进一步向这个改革目标靠拢？十八届三中全会已经有了很明确的认识，下一步的改革要使得国有经济从管企业为主转到管资本为主。那么，管资本为主的体制怎么建？在这个问题上仍然存在分歧。国有经济公司制改革仅仅实现了公司法人财产权的独立，这显然不够，还必须解决一个问题，就是公司法人财产权与国有股份资本所有权分开后，国有股份资本的权益到底谁来行使？国有股的股东代表由谁来承担？这个问题现在没有解决好。以下观点，我在很多年前就说过①，但是开始时赞成的人不多，这两年赞成的人越来越多。既然要以管资本为主，很多事情只能朝

① 荣兆梓等：《公有制实现形式多样化通论》，经济科学出版社，2001 年版。

着这个方向走。

一、 国有经济改革依次递进的四个阶段

下表中，我把中国的国有经济改革分成四个阶段。这里有两个维度：第一个维度是从两权分离到三权分离的维度。改革从前期两权分离的改革，也就是所有权和经营权分离的改革，逐步过渡到三权分离的改革，不光是企业经营权和国有资本所有权之间分离，而且国有资本的经营权和所有权也应当分离，这样就变成三权分离。另一个维度是从行政分权向产权改革推进，改革一开始是行政分权，就是在政府机构内部放权让利，当然改革发展到一定深度以后发现光靠行政分权不行，要有产权改革，比如说公司法人产权制度的改革。三十多年来国有经济改革可以依据这两个维度，划分为四个阶段。

产权改革	1993 ~ 2003（国务院国资委成立）	2013 ~（十八届三中全会以后）
行政分权	1978 ~ 1993（现代企业制度改革）	2003 ~ 2013（党的十八届三中全会）
	两权分离→三权分离	

国有经济改革发展的四个阶段

1. 行政性放权框架内的“两权分离”

“两权分离”的理论可以追溯到20世纪70年代末蒋一苇先生的《企业本位论》[①] 这篇突破性的文献，文章强调国有企业应当成为“自主经营、自负盈亏的市场主体”，进而把企业经营权与企业所有权相分离的问题提上改

① 蒋一苇：《企业本位论》，《中国社会科学》1980年第1期。

革日程，“政企分开”成为企业改革明确的目标取向。此后，“两权分离”论引领学术发展，指导改革实践，一直到本世纪初国有资产监督与管理委员会的成立。期间，理论的发展与实践相呼应，又可区分为两个相互衔接又有根本区别的子阶段：行政性放权框架内的“两权分离”、产权改革基础上的“两权分离”。

行政性放权框架内的“两权分离”是改革最初阶段的理论。国企改革的最初十余年是在政府行政指挥链上展开的“放权让利”，从企业扩权试点，到利改税，再到普遍推行的企业经营承包责任制，虽然改革形式经历了多次转换，其实质始终没有脱离在政府行政体制内部权责利调整的范围。政企之间行政等级关系没有改变，企业经营者作为政府官员的身份没有改变，企业的自主经营权始终十分有限。十余年的改革实践充分证明了这一理论思路的局限。

2. 产权改革基础上的“两权分离”

以公司制为特征的企业产权制度改革标志着“两权分离”理论发展的第二个子阶段。这一理论的发展，源头上有马克思关于股份公司是资本主义“消极扬弃”和向新社会过渡的理论①，也有诸如“企业产权明晰”“企业合约性质”（科斯）② 和剩余权分享理论（格鲁斯曼，哈特）③ 的因子。20 世纪最后十年现代制度经济学在国内的广泛传播，为这一理论发展阶段添加了助力。最迟到 90 年代中期，国有企业已经确定了公司制的改革方向。通过“抓大放小”和“现代企业制度”等一系列举措，国有企业逐步实施公司制改制，成为产权独立的市场主体。与实践的发展同步，理论的演进是明显的。新的“两权分离”理论认为，企业经营权的独立必须建立在企

① 马克思：《资本论》第 3 卷，人民出版社，1975 年版。

② 罗纳德·哈里·科斯：《论生产的制度结构》，盛洪、陈郁译，上海三联书店，1994 年版。

③ 桑福德·格罗斯曼、奥利弗·哈特：《所有权的成本和收益：纵向一体化和横向一体化的理论》，《载企业制度与市场组织：交易费用经济学文选》，上海三联书店、上海人民出版社，1996 年版。

业产权独立的基础上。公司法人制度可以是通过公司法人财产权和国家股东财产权的分离，落实经营权和所有权分离的目标。

公司制改革在近十年的时间里继续按惯性将扩大企业经营权当作主要目标，而国家股份资本所有权如何落实的问题却迟迟没有妥善解决。原有的企业主管部门撤销了，新国有资产管理机构没有及时组建。在很长一段时间里，企业产权制度改革的具体方案往往是由企业经营者推动，而不是由作为产权所有者的国家及其代表机构（各级政府）来推动。这意味着改革在所有者弱势甚至缺位的环境中进行，一系列本该由所有者统筹的事情事先没有周密步骤，或者因各种既得利益者的阻挠而推进艰难。比如，国有股全流通改革（或称解决股权分置问题）过程中表现出来的被动与盲目；又如，国有资本转化为社保基金的困难。尤其在改革需要通过产权交易推进的场合，所有者弱势甚至缺位的情况更加常见。比如，引起许多争议的管理者收购，往往蜕变成为企业管理者自编自演的改革闹剧，国有资产流失也就在所难免。

3. 基于政府行政分权的“三权分离”

改革进程中的这些缺陷，都与国有资产管理体制改革的滞后相关。于是，“三权分离”的理论应运而生。不仅企业经营权与资本所有权必须分离，而且资本所有权与资本经营权也应当分离。“三权分离”理论的发展也可以区分为相互衔接又有根本区别的两个子阶段：基于政府行政分权的“三权分离”和基于产权制度创新的“三权分离”。

直到2003年，一个国家层面上的专司出资人职能的国有资产监督管理委员会才得以成立。其设计理念是：将国家所有权从政府诸多公共权能中独立出来，建立“管资产与管人、管事相结合”的出资人代表机构，以解决国有企业公司制改造后国有资产实质上的“无人负责状态”（陈清泰）[①]。

---

① 陈清泰：《深化国有资产管理体制改革的几个问题》，《管理世界中国煤炭工业》2003年第8期。

我们把国资委实践的改革理论称作“按政府职能分工形成的‘三权分离’”，其特点是“政府公共管理职能和国有资产出资人职能分开”，靠建立专职的政府国有资产管理部门，实现资本所有权与资本管理权的分离。这一理论在当时有很强的现实针对性，但缺少理论的彻底性。国资委成立之初，有权威人士明确表示，国资委不是政府机构，国资委的设立已经解决了国有企业“政资不分”的问题（即政府直接管理国有资本的问题）。但此后的事实表明，国资委仍然是“国务院特设机构”，它的组织机构形式和运行管理方式与其他政府部委没有实质性区别。尽管国资委成立十多年来在规范国有企业管理、提高国有经济效率方面做出了成绩，表明国有资本有专门的管理机构，与没有专门机构管理国有资本相比，结果大不相同。但是，国资委体制只是政府职能划分的产物，与之前体制的区别是：以一个部门对国有资产的管理，取代了之前多个部门对国有资产的分头管理。它成立之后十余年运作实绩表明，这个体制不可能避免“政资不分”造成的一系列违背市场规律的后果。股份资本这种虚拟资本甚至比现实营运中的公司法人资本更不适于政府管理，它具有更为明确的盈利目的，高度的竞争性流动性甚至投机性，特别是随着资本市场的发育完善，它越来越要求管理分工的专业化。

4. 基于产权制度创新的“三权分离”

早在国有企业公司制改革之初，已经有研究者提出运用信托基金制度改造国有资产管理体制的设想①。“政资分开”作为改革目标，语义上明确指向政府机构与资本管理分开，单纯地依靠政府职能部门的分工不可能实现目标。利用产权制度创新实现“政资分开”是改革逻辑的必然取向。我们把这一改革思路称作“基于产权制度创新的‘三权分离’”。最近二十年来，尽管实践环节少有建树，这一“非主流”的改革理论仍然在默默成长，

① 周小明：《信托：国有资产经营机制的另一种选择》，《金融研究》1997年第8期。

顽强发声。代表性的观点包括：①建立国有资本投资公司以作为国资委与国有企业之间的“隔离带”或中间层，主张在国资委继续充当出资人机构的同时，通过层层控股淡化政府干预[①]；②信托基金制度是资本管理的世界潮流，中国的国有经济改革也要走“所有者替身化”和信托基金制度的改革之路，实现资本管理的“去政府化”[②]；③主张设立国有投资基金，以基金公司形式组织国有股权代表机构[③]；④将国有资本投资公司视为国有股权代表与资本市场主体融合的新机构，主张国资委改变职能，成为纯粹的监察机构[④]；⑤有人进一步主张，应当在国有资产管理体制的顶层采取分类原则，构建多层次、多类型的出资人机构[⑤]。十八届三中全会以后，多数人已经认识到：从管企业为主向管资本为主转变，是当前国有经济改革的关键；制度顶层上通过国有资本投资（运营）公司的市场运作，改善公司治理、提高企业效率是合理选择。

二、 当前的国有资产管理体制仍然是管企业为主的体制

当前的国有资本管理体制的问题在什么地方？当前的体制是管企业的体制，否则，十八届三中全会就不需要提出“从管企业为主转到管资本为主”的任务。怎样理解当前的体制是一个管企业为主的体制？

从90年代中期推行公司制改革一直到2003年，这段时间里国家没有明

① 金碚：《论国有资产管理体制改革》，《中国工业经济》2000年第3期；郑海航、戚聿东、吴冬梅：《国有资产管理体制与国有控股公司研究》，经济管理出版社，2010年版。

② 荣兆梓、杨积勇：《公司制改革面临的深层次问题与解决方案》，《改革》2001年第2期；史正富、刘昶：《看不见的所有者：现代企业产权革命》，格致出版社、上海人民出版社，2012年版

③ 张春霖：《国有企业改革的新阶段：调整改革思路和政策的若干建议》，《比较》第8辑，中信出版社，2003年版；厉以宁：《中国经济双重转型之路》，中国人民大学出版社，2013年版。

④ 刘纪鹏：《论国有资产管理体系的建立与完善》，《中国工业经济》2003年第4期；邵宁：《国有企业将实施分类改革》，《中国证券报》2014年3月3日。

⑤ 陈小洪：《建立国有资本管理新体制》，《管理世界》1998年第1期；宁向东：《国有资产管理与公司治理》，企业管理出版社，2003年版。

确由哪个机构来担任国有资本的股东代表。当然有一些地方性的试点，比如上海模式、深圳模式。但这种探索一直没有达成共识，在国家层面没有落地。因此，在将近十年的时间里，公司制改革由于没有解决好国有股权代表机构的问题而出现了国有股权的缺位。当前体制是2003年建立的。那一年，国家层面建立了国务院国资委。国资委的模式实际上就是上海模式和深圳模式的推广，国资委被明确地规定为国有股权的代表机构。我把它叫作“基于政府行政分权的‘三权分离’”改革。

为什么说是“基于政府行政分权”？核心是国资委依然是一个行政机构，它的设立仍然是政府行政性分权的结果，它的管理职能从政府的众多公共职能中单独地分离出来，于是建立了一个政府特设机构——国有资产监督和管理委员会。它是独立出来了，但是，它仍然是一个政府特设机构，它内部的组织构架与其他部委完全是一样的。国务院靠什么去管理国有资产？国资委的管理权来源和依据是国务院授权，它并没有自己的产权边界。国资委拥有多少国有资产？它自己也不知道。国资委更不具有像公司法人那样承担财产责任的能力，它不是民事法人，不能承担财产权利和责任，而且也不能够调度企业的资产，企业的利润要上缴到财政部，而国有企业的再投资还要由发改委来主张。国资委名义上是一个管钱、管事、管人的机构，实际上从财产角度来说它的权利是有限的，只是行政授权。所以我们给出的基本结论是：国有企业的管理还是行政管理。还有人事管理权，国资委主要干部的任命和其他政府机构是一样的，它的干部仍然有行政级别。这就导致管这些国有企业的时候，它用的也是行政性的管理方式。国有企业的管理者是有行政级别的官员，这种制度离市场还有很大距离。十八届三中全会决定还保留了推进授权经营改革的提法，改革思路在这点上还是不够明确的。因为没有别的办法使企业的权力来源更加明确、更加明晰，在国资委体制下面只能推进授权经营的改革。所以我们说国资委体制，也就是当下国有资产的管理体制，是行政分权下的三权分离，它要实现三权分离的目标，它想要把国有资本的管理者和经营者确定下来，但是实际上在行政分权的框架内达不到这个目标。根据以往的经验，我们有理由设想，在行政分权框架下解决不了的问题可以尝试在产权改革的框架内进一步解决。

还需要强调一点，现在推行混合所有制改革，国有资产管理体制的问题更突出了。行政隶属关系和资本隶属关系之间是有根本性区别的，隶属关系中，一个上级可以有许多下级，但是一个下级不允许有许多上级，这是一个金字塔式的等级制，是管理学的基本常识。所以行政权力是只能独享不能分享的。现在推进混合所有制，一个企业有很多老板，这种混合所有制的产权构架和现在国有企业的管理方式——行政性分权的方式直接冲突。现在的国资委可以管国有控股企业和全资的国有企业，完全可以把它当作一个行政下属去管，但是如果它不是控股的，特别是连相对控股都保不住的时候，它能不能和其他投资者、私人大老板在股东大会和董事会上平起平坐地讨论问题？有没有这样一个机制，通过投票解决问题呢？实际上股权多元的公司治理是和行政分权框架冲突的。在这个前提下，要推进混合所有制改革，国资委只能用行政手段，甚至把它当作一个政治目标来推进，而很难真正利用市场机制去发展。这是我们在明确通过混合所有制改革推进国企改革时，进一步看到的当前国有经济体制的缺陷。所以，新一轮产权改革是必然的选择，而且是当务之急。

三、 公司制之后还需要怎样的产权制度改革

紧接着的问题是，什么样的产权改革能解决问题？能不能靠公司制解决问题？在三权分离的改革中要利用产权改革的手段，并不是重复使用公司制。很多年之前，在公司制改革刚刚提出的时候，就有人主张“层层公司制”的改革模式，让政府和企业之间由许许多多的控股公司或者投资公司来隔断它的行政指挥链，淡化行政指挥原则，这样就可以达成国有企业

的改革，达成国有企业的市场化。但是国外市场经济的一般情况不是这样的，股权管理的世界潮流不是靠多层公司制解决问题的。股权管理的世界潮流是投资机构作为股权代表参与资本市场的经营成为常态，这样才实现了企业经营权、资本经营权和资本所有权的三权分离。这些机构投资者都是信托机构。最近史正富教授写了一本书叫作《看不见的所有者》①，他在书里提出了“所有者替身化”的概念。从资本市场的情况来看，现在大多数投资者并不直接去经营自己的股份资本，而是把股份资本交给一些替身所有者，这些替身所有者其实就是各种各样的机构投资者。下图是美国的数据，从1953年开始，当时机构投资者在资本市场上占有的股份、持股的比重只有10%，到2004、2005年的时候，机构投资者的比重已经达到60%以上了。大部分的股份资本是由这些机构投资者作为替身所有者来经营，这是世界潮流，全世界都一样。由于这些投资机构都采用信托制的产权模式，我们又把这种资本主义叫作信托资本主义。类似地，中国的社会主义市场经济也可以引进信托市场经济。

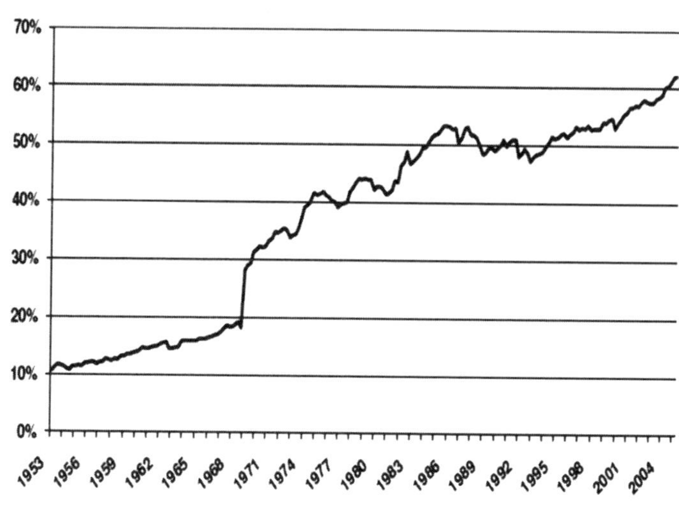

机构投资者在美国公司持股比例（1953～2005）②

① 史正富、刘昶：《看不见的所有者：现代企业产权革命》，格致出版社、上海人民出版社，2012年版。

② 引自《看不见的所有者：现代企业产权革命》，格致出版社、上海人民出版社，2012年版。

这里为什么不用公司制的产权模式，而要用信托制的产权模式？信托制是一种什么样的产权制度呢？我们比较熟悉的信托制是各种各样的基金公司，各种股票基金都是信托财产，但是，实际上信托制的概念、所包含的内容要比中国当前市场实际所能看得到的各种信托制度、信托机构要更加宽泛，也更加多样化。

公司制和信托制有什么区别？公司制是为了出资人利益而构建的独立公司法人财产机制，一方面是由于产权独立，对公司的经营就比较灵活，可以自主经营；另一方面，由于它建立了一个复杂的公司治理结构，能够让股东代表在这个机构里与公司的经营层共享财产权利，参与公司各项事务的重大决策和监督，它可以最大限度保障投资者的权益。公司制解决了这样一个基本矛盾：一方面企业要灵活经营，另一方面投资者权益要得到保障。为了达到这样的双重目标，公司的治理结构是比较复杂的，其交易成本也比较高。之所以要付出这么高的交易成本，目的是为了保障投资者权益，既要将公司经营交给有能力的经营者，又要管住他，不让他的私心膨胀。这就是公司制的特点。

信托制是全球市场经济的普遍现象，它的重要性日益突出。现实中，它表现出法律形式与金融模式的高度多样性。我们知道，信托制度起源于英美法系。大陆法系各国的法律关系里原本没有信托制，它用的是财团法人概念，比如说诺贝尔基金是财团法人，它实质上就是一个信托，或者说非常类似于英美法系里面的信托。英美法系的信托一开始较多运用于遗产信托。现在资本市场出现了许许多多形式各异的信托，有自益信托、他益信托，所以说它的形式高度多样化。信托制和公司制的共同点在什么地方呢？与公司制一样，它是从财产所有者权利出发构建独立化运作的财产形式，并且这个独立财产交由专业的经营人员来管理；信托基金是一个独立财产，也有明确的产权边界，也可以交由专门人士管理，这一点和公司制是一样的。因此，它有利于灵活经营，有利于经营者发挥自主权；但是另一方面，这个财产管理又不像公司制那样依赖于复杂的治理结构。信托受托人的经营灵活性更大，而委托人和受益人对受托人的干预更小，这降低了信托制度的交易成本，有利于提高信托受益人的总体利益。这应该是信托制和公司制一个非常重要的区别。

为什么股份资本可以采取这样一种不同于公司制的产权制度来进行管理呢？这要从实体资本和金融资本循环运动的差异来分析。实体资本在循环的过程中，资本形态在不断地发生变化。产业资本从货币资本到商品资本，再通过生产资本形成新的商品，然后这个商品再卖掉回到货币资本，它不断地变换形态来完成资本循环，实现价值增值：G—W—P—W—G′，这是实体经济的特点。但是，金融资本非常不一样，金融资本运动中资本的形态变化比较少，借贷资本的基本循环模式就是G—G′，它的循环过程相对简单。现代金融业创造了许多金融产品，因此其循环过程可以描述为G—F—G′。形式上似乎与商业资本循环类似，其实二者区别很大，金融产品在循环中没有自然性状和物理空间的变化，而商业资本循环无法避免这些变化，商业经营必须花大力气来处理这些变动，付出大量的包装费用、保管费用和运输费用。这些差别决定了实体资本循环过程的监督比较艰难，因为它资本形态的每一次转变、商品自然形态的每一次变化都有可能出现漏洞，而金融资本发生此类监管漏洞的概率要小得多。这是我们对不同资本形式采取不同管理模式的依据。金融资本的管理更便于监督，至少从技术手段的可能性看是这样。因此我们说，信托制度对于虚拟资本，如股权资本这样的东西更加适宜，而公司制则更加适用于实体资本。

现代信托制分为两个大类，一类叫自益信托，一类叫他益信托。政府可以利用自益信托的形式来进行国有资本的管理，设立国家信托基金，由国有资本的投资公司来管理，它的委托人和受益人都是政府自己，你为我管理这部分财产，盈利最终要上缴国库。此类信托就是一个自益信托，委托人是我，最终受益人还是我，这就是自益信托。但是实际上信托在管理国有资本的时候也可以采取他益信托的方式。比如说，政府把竞争性领域的国有资本设立为一个社会投资信托基金，这个基金的所有者是全国人民，是为全体人民的利益设立的信托基金，把它经营好了，保值增值了，就业增加了，利于全体人民。政府不再把自己设定为最终受益人，基金的资本增值部分一般情况下也不用再回收到国库，而在资本市场中运转。当然，可以在基金设立时规定：经济过热时，人民代表大会可以通过特殊立法把投资信托基金的一部分抽出来上缴国库。这个抽取类似于中央银行的公开市场操作，可以减缓资本过剩，达到宏观调控的目的。但这是特殊情况。信托形式多样，用在资本管理上它是有很多办法的。所以我们主张用信托制来管理国有股份资本，作为“管资本为主”的国有资本管理体制的基础性制度安排。

四、 国有资产管理顶层的组织结构与激励机制

如果在国有经济新一轮产权改革中，逐步利用信托制度作为基本形式，那么国有资产的管理体制顶层设计应该是什么样的？首先要分类管理，因为我们国有资本的规模太大了，涉及的面太宽了，从纯粹公益性的企业一直管到纯粹商业性的企业，管理的范围非常宽。显然，这些企业具有不同的功能、不同的目标，用同样的机制、同样的管理模式去管理是会出问题的。国资委管的一部分国企是公益性的，实际上可能对它们管得太松了，因为用与竞争领域同样的办法去管理，它的公益性目标难以达成；另一方面，用兼顾公益性企业的办法去管理竞争性领域的企业，又会管得太严，以至于它们不能很好达成国有资本保值增值的目标。分类改革应该是有针对性、有可操作性的。

然而，既然我们的管理要从管企业为主转变到管资本为主，那为什么我们的分类管理却要以企业为主来进行分类呢？我们在顶层设计上应该按资本功能来分类，而不是按企业功能来分类，改革在逻辑上才更自洽。当然企业是要分类的，我们可以说这个企业是公益性的，那个企业是商业性

的，同时有些企业是介于公益性和商业性之间的所谓混合型企业。但是很显然，国有经济的顶层不能按照企业来划分管理范围：这个企业归你管，那个企业是归我管。这不符合管资本为主的改革目标。国有经济在资本层面上是高度流动的，我们把管理的重心从管企业层面移到管资本层面，就应该在顶层设计上将管理分类的标准从企业层面转移到资本层面。企业层面的分类操作起来有很多弊端，它很难摆脱行政等级制管理的窠臼。管公益性资本的顶层机构和管商业性资本的顶层机构首先应该分开，组织方式、管理目标上都应该严格区分。这一点首先必须明确。现在的《指导意见》还是按企业类分类的，这一点需要进一步研究。

其次是分两类还是三类的问题，这个问题看起来好像没结论，其实已经有结论了。《指导意见》将国有企业分作两类，一类叫公益类企业，一类叫商业类企业，同时又将商业类企业划分为两小类：主业处于充分竞争行业和领域的商业类国有企业，与主业处于国家安全、国民经济命脉的重要行业和关键领域、主要承担重大专项任务的商业类国有企业。我们理解，商业类国企中的第二类实际上是介于完全竞争和公益领域之间的企业，包括能源、交通、通讯、金融等。这类企业，说它是商业性的，的确是在市场上竞争，不是独家经营，不是自然垄断，是商业性而不是纯粹的公益性企业，说它是公益性企业也不合适；但这类企业又承担着国家的产业目标和其他国家目标，涉及国家的经济安全，它在宏观调控当中是重要手段，把它当作纯粹的商业类企业去管理显然不合适。所以我们主张在商业类和公益类之间还要插入这第三类，它是关乎国家安全的关键性产业领域的企业。这一领域内的大企业往往是寡头垄断企业，你不能说它完全是竞争性的，这类企业跟一般商业领域的企业不能用一个标准去衡量。

因此在资本层面上要分三类进行管理。第一类就是公益性国有资本，公益类资本管理模式不应该追求过度的市场化，而应该把这类公益资本的管理更多地归属于政府的相关部门，比如国家电网。当然，现在国家电网里面包括了很大一部分输变电的功能，是可以竞争的，将来应当把它划分出来。其他的还有骨干铁路网等这类东西，应该是属于公益性资本管理的范围。这类企业的控股者、主要的股东代表应该是一个管理公益性资本的管理机构。

第二类，我把它叫作产业类国有资本，需要建立国家产业资本、国家产业基金，由行业性的国家产业投资公司来管理。除了一般的投资目标之外，它还要满足在一定的产业领域里面的产业政策，要为这个产业领域的发展和大、中、小企业的协调等负责。到目前为止，最接近这个模式的是汇金公司。当然汇金公司没有按照这样一个构想去建，但是一开始的时候它确实是专注于某一个产业领域里面的国家投资公司、一个主权基金。改革要朝这个方向发展，要使每一个重要的关键的产业领域里面有一个国家产业基金，有一个管这个产业基金的国家产业投资公司，拥有该领域主要企业的股权甚至控股权，完成盈利目标、实现国有资产的保值增值，同时承担国家产业政策的职能，包括国家经济安全的职能。

第三类就是竞争性领域的国有资本，我一贯主张在这一领域设立社会信托投资基金。这类基金设立以后，它不再作为政府资本，政府不再是基金受益人，可以让它直接成为原本意义的全民所有制基金，在竞争性领域里运营，不划定产业领域，哪里赚钱就投到哪里，只要能实现保值增值的目标就行。国有资本在竞争性领域可以更加灵活地运作。

这样，将国有资本分为三类。这是我们关于信托基金管理体制顶层设计的基本想法。

第一个问题：此类基金的运作模式、激励机制到底是什么样的？大家可能会有各种各样的疑虑：这个东西靠谱吗？能实现吗？是不是一个乌托邦？我们认为，这个模式是可以实现的，因为从全世界情况来看，替身所有者是世界潮流。我们有什么不同之处？不同之处是：我们管理的是公有资本、国家资本，信托资本在这里还要满足政资分开的目标。在他益信托的下面，政资分开的目标完全是可以实现的。政府从最终所有者的身份退出，它只是一个委托人，在信托设立之初它发挥重要作用，信托设立之后，它就成为信托的监管人、监察机构。比如，政府可以设立一个小的国资委，专门承担对国有信托投资基金及基金管理公司的监察职能。这种他益信托就形成政府作为委托人，国有资本的运营公司、基金管理公司作为受托人，而全体人民作为受益人，这样一个信托基金的三主体构架，它可以满足政资分开的需要，使政府机构逐步从国有资本的管理体制当中淡出。即使是在自益信托的情况下，这种产业构架也一定会比层层公司制更加接近政资分开的目标。

第二是有关信任的问题。信托制发生在遗产管理中，一个老人要把自己的遗产信托给某一位律师、某一位受托人，那是有高度信任在里面的。之后的发展才逐步形成了更完备的社会监督机制。我们现在面对的是如此巨大的国有资本，现在的管理状况也不是十分令人理想，你还提出来搞一个信托基金，信任从哪来？如此巨大的资本规模，加上无孔不入的资本利益，会不会使得这种东西完全变成乌托邦？我们选择信托制度来管理国有资本是有根据的，这里要满足两个重要的条件。第一个条件是，信托基金在设立的时候必须明确地限定经营范围，它只能是在虚拟资本的层面上运作，在资本市场上运作，而不允许直接办实体经济。信托之所以能够在资本市场上活跃，是因为这种金融资本的运动过程很少在资本形式上频繁变化。所以它易于监督，如果你允许它向实体经济渗透，去办工厂，去办商业，信托基金的管理就会出现巨大漏洞，甚至比现在的国有资本管理问题更多。为了减少漏洞，就必须从法律的源头上限制信托基金的经营范围，使管理这些信托基金的国有资本运营公司、投资公司受到这方面的严格限制，不允许投资实业另搞“一亩三分田”，而只能专心致志地经营虚拟资本，实现信托基金的效率。从经营范围上来讲，我们主张国有资本投资（运营）公司一定是纯粹的投资公司，而不是混业公司。

第二个条件是，按照一般基金管理的方式，就是基金管理公司不直接接触货币，把基金存放在另一金融机构，如银行系统，然后由基金管理公司来发布指令。用这种方式，基金的边界清晰、信息透明就可以得到保障。如果我们再规定一个类似于上市公司的信息披露制度，甚至比上市公司的信息披露制度更加严格的信息披露制度，将这些基金的运作情况，向政府监察机构、公众、舆论机构公开，那么，可以相信，自上而下与自下而上多层次的监督，就可能是有效的。因为监督是可行可信的，信任二字就有了根据。我们就是按照这样的理解去设计未来国资委功能的。

最后，还有激励和运营问题。如何使替身所有者成为有效的资本经营者呢？起码还要解决两个问题：一个是动力问题，一个是压力问题。关键是要设立一种激励机制，按照某一种事先约定的规则，让信托管理公司的合伙人能够分享资本增值的利益。当然，这里的基金公司就像其他的基金管理公司一样，日常收入来源是基金管理费。但对于公司上层的管理者、信托合伙人来说，这种激励是不够的，这些高层经理人员必须和资本增值利益挂钩。至于激励制度怎么设计，这是一个很具体的问题，却不是一个很困难的问题。因为全世界的基金公司太多了，已经有一整套的现成经验可供我们借鉴。压力对于这些在资本市场上运作的替身所有者来说是天生就存在的。这个不用多说。

我们关于如何展开国有经济新一轮产权改革、建立管资本为主的国有经济管理体制的基本构想，大致就是这些内容。当然，这是一家之言，尽管在目前阶段有越来越多的人感觉到这个改革方向可能是符合市场经济要求的。下一步是否还需要像以往重大改革步骤出台那样，先通过试验、试点，然后再逐步推进？这完全有可能。希望与大家更多地讨论、沟通。

（原载于《学术界》，2016 年第 4 期）

国有资产管理体制进一步改革的总体思路

一、 国有经济面临两对基本矛盾

国有经济的进一步改革面临两对基本矛盾：其一是国资委管理规模过大，与公有制经济的相对规模收缩过度之间的矛盾。一方面，国有经营性资产的管理体系过于集中，由国务院国资委统一掌控所有权的“国家辛迪加”规模过于庞大，因此需要压缩管理规模，分解产权管理系统。另一方面，目前主要由国有经济构成的公有制，在经历了近三十年的结构调整后，相对规模急速下降到整个国民经济的30%以下，如果继续下降有可能伤及以公有制为主体的宪政制度。我国所有制结构的调整已经达到某个临界点，公有制经济的比重不能再急剧下降了。这里有两个数字可以说明问题。数字之一，以20世纪最后两三年为界限，我国经济增长的全要素生产率贡献率，在与所有制结构大幅调整同步，经历了20年的稳定提升之后出现转变。最近10年，全要素生产率不再随国有经济比重的下降而上升，而是随国有经济比重的下降而略有下降。数字之二，2003年以后，整个国有工业经济的技术效率逐步提高，整体上已经超越非国有经济。甚至在最具竞争性的20个工业行业中，国有经济与非国有经济的技术效率差距，也已在2009年前后消失。也就是说，之前论证“国退民进”有利于提高国民经济整体效率的事实依据，近年来已经发生变化。国有经济以规模换效率的改革策略需要调整。这是国企改革必须解决的第一对矛盾。

迄今为止，多数人还没有注意到现实经济中出现的变化①。持“国有经济自然淘汰论”的人更是有意或者“无意”地无视这些变化。因此，他们主张的改革方案比我们要“简单”：国有经济加快从竞争性领域退出，从全部营利性企业完全退出，而只需要在公共事务领域保留少量非营利性公法企业②。因此，大国资委体制的改革十分简单，随着国有经济的加快退出，国资委的管辖范围会自然而然缩小，它本身也会自然而然地从营利性企业的管理者转化为公法企业的监管人。当然，公有制经济的主体地位会因此而丧失，逻辑一贯的研究者毫不隐瞒修改宪法的政治主张。③

改革的另一对基本矛盾是：竞争领域政企分开不到位与垄断领域政府规制不到位的两难困境。大国资委体制在顶层架构上没有区分竞争与垄断，将不同领域不同类型的国有企业置于同一个管理系统，适用相同的公司法架构，采用同一的以资产保值增值为目标的管理原则，进而将自己置于两难境地。一方面，作为政府的特设机构运作庞大的国有股份资本，国资委不可能将自己改造成为专事资本经营的巨型营利性企业，因此在资产管理层面上不可能实现政企分开的目标。这就使得所出资公司在法人治理结构上总是存在先天不足，国资委的政府行为总是会以各种方式干预和影响企业行为，最终削弱其在平等市场竞争中生存与发展的能力。另一方面，作为公司国有股权代表机构，国资委的管理目标不能不以资产保值增值为中心，从而将自己与政府其他众多公共目标区分开来。这必然强化所出资企业的营利驱动，也包括强化了垄断领域国有企业的营利驱动，使得这些垄断企业不可避免地利用自身的垄断优势与民争利。国资委因其在政府序列

① 吴敬琏最近在《经济参考报》（2011 年 9 月 26 日）撰文谈“不改革国有经济就无法实现‘共同富裕’”，这个观点我们十分赞同。但文中认为：“国有企业的效率是否高于民营企业”，“已经有中外研究机构所作的实证分析，对它做出了有翔实数据支持的否定性结论”。他显然还没有注意到我国近年来实践的变化。

② 天则经济研究所课题组：《国有企业的性质、表现与改革》，第十章第三节“国有企业的终极改革目标”。（2011 年 4 月 12 日）

③ 天则经济研究所课题组就明确主张，“修改《宪法》，删除‘坚持公有制为主体’的内容”（《国有企业的性质、表现与改革》，第十章第三节“国有企业的终极改革目标”）。

中的职能分工，没有权力与愿望去限制这些巨型垄断企业，我国当前对垄断企业的规制制度事实上失去了内部规制的维度。这个矛盾是当前大国资委体制顶层设计的固有矛盾，只有重塑国有资产管理体制，才能从根本上改变这一国有企业改革的两难困境。

二、改革思路的要点与步骤

我们提出的国有资产管理体制改革新思路包括如下要点。

1. 国家层面上建立若干只千亿级的“社会信托投资基金”，分流国资委管辖的竞争领域国有资产，使国务院（政府机构）从全民所有制所有者代表的身份淡出。我们所设想的“社会信托投资基金”有如下特点：

——不同于目前证券市场上常见的自益信托基金，社会信托投资基金是一种他益信托，即信托人为他人利益依法设立的信托资产。这里的信托人是作为国有资产所有者的政府（国务院），受益人是全体国民，通过信托基金的设立，他们将替代政府成为资产的实际所有人。在信托人与受益人之间，则是资产受托人——一个投资基金的管理者，按信托人的意愿，为受益人利益管理基金资产，实现其保值增值的专业管理人（专家组合及其组建的专业管理机构）。

——这个投资基金以资产的长期增值为目标，因此也区别于通常意义的非营利性公益基金，成为一种营利性公益基金。这是一种非常特殊的公益信托，其公益性质表现在：第一，信托财产的营利和增值与任何个人或集团的特殊利益无关，因而其本身的存在具有增进社会公平的性质；第二，基金的投资与运作促进经济发展与社会繁荣，这是追求经济赶超目标的发展中国家最重要的公益事业之一。

——社会信托投资基金的运作完全按照市场原则，与一般基金公司一样，它投资于各类营利性企业的股权（必要时也不排除其他金融性资产），不谋求对所投资企业控股，不参与企业经营管理。但它也不是追逐短期资本收益的市场投机者，而以追求基金价值的长期增殖为目的，根据持股比例对所投资公司法人治理结构予以不同程度的关注与协调，像成熟市场经济的机构持股人那样，充当资本市场稳定的投资者。由于完全按照市场规律行事，社会信托投资基金将成为资本增值的永动机，成为我国资本市场上最有效率的竞争者。

为此，需要两方面周密的契约安排。一方面，为保证基金的社会公益性质，不仅在信托合约中要明确规定其性质、目的、运作方式等相关内容，还要在基金管理人的遴选、任命，基金运作的信息披露和监督规制，基金资产的进入与退出等领域建立有效的制度。首先，因为社会信托基金不再是政府资产，但仍然属于全民所有，基金管理人应当由人民代表大会这样的立法机构遴选和任命；其次，作为公共所有的资产，它的运作理应受到公众监督，应当建立规范的信息披露制度，改革后的国资委应当成为基金运作的外部监督者和规制者；最后，社会信托投资基金份额当然不能像一般公募基金份额那样在证券市场买卖，我们也不主张全民分红的基金利润分配制度，但是认为应当建立由人民代表大会依法执行的基金资产进入与退出制度，在基金资产与财政预算之间建立通道，使得基金能够在宏观经济波动中发挥调节作用。

另一方面，为保证基金的市场运作效率，信托合约还应当规定基金管理人激励制度的基本原则。为防止基金资产被不合规使用，提高基金运行的安全性，可以效仿证券投资基金的管理方式，将基金保管人与基金管理人分开，管理人不直接接触基金资产，但通过向保管人（一般为大金融机构）发布操作指令履行管理职责。二者都通过收取一定比例的保管费或管理费补偿相关费用。基金管理人在支付日常开支（包括员工工资奖金）之后不会有太多剩余，对管理人的长期激励应当是一种与基金增值的长期绩效挂钩的报酬体系，在管理人任期届满后兑现。此类长期激励机制的内容、形式与计算细节，应当在信托合约中得到明确规定。

通过建立社会信托投资基金的改革，竞争性领域的国有经济将完全实现政企分开，不仅在所有权与经营权分开的意义上，而且特别在资本管理体制的层面。国务院及其下属机构，包括特设的国有资产监督和管理委员会，都不再是属于全民所有的社会信托资产的所有者（或者所有者代表）。这部分公有资本的运营将更加接近市场法则，因此而进一步提高效率。

2. 在国计民生的关键领域、一些通过市场运作提供基础性产品和服务的公益事业，具有完全自然垄断性质，应当回归政府行政管理序列，成为公法人。即使产品与服务的生产不具有经济垄断性质，但从公共利益出发必须由国家直接控制的极少数特殊领域，也可以通过行政壁垒维持国有经济的完全垄断。此类企业（事业）如国家电网、国家邮政、国家（铁道）路网、烟草总公司和粮食储备总公司等，都应当依据专门立法，设立为提供特定公益服务的“公法人”。在回归政府序列之前，企业应当完全剥离可竞争性业务，如国家电网的配电业务、国家路网的铁路客货运输业务，甚至整个卷烟生产企业，也都可以通过核发生产许可证的方式管理，与总公司脱离产权关系与行政关系。公法人的设立宗旨、资产来源、业务范围、经营方式，甚至人事与财务制度、产品与服务定价程序等，都应由立法规定。其国有资产的出资人直接由政府相关管理部门充当，其管理体制与政府机构衔接，其员工劳动关系也可比照公务员系列实行。此类公益事业与政府机构的主要区别是它以完整的市场运作完成特定公益服务，因此有自己明确的产权边界、独立的会计核算及更完整的法人权利义务。上级部门重点考核这些特殊法人的公共服务指标，淡化其追逐利润动机，将其塑造成为政府在垄断领域强化规制的重要工具。政府相关部门仍然要对企业的产品与服务价格严格规制，进而对企业的成本管理严格规制。

3. 其他由经济和市场原因形成寡头垄断的产业领域，国家产业政策重点关注的产业领域，应当在国有资产管理体系的顶层，通过特别立法设立若干国有控股（投资）公司，作为国有资本的出资人，控股产业内寡头企业、参股产业内重要企业，以资本产权为纽带，协调企业发展战略，实施国家产业政策。此类国家控股公司一般应当为国有独资公司，在特定产业领域内采取“纯粹型”控股方式经营国有资本，主要依靠市场手段实现国家政策目标。拟设立的国家控股（投资）公司应当有：国家金融控股公司、国家能源控股公司、国家交通控股公司、国家电信控股公司、国家高新产业投资公司等。此类控股（投资）公司可以同时适用公司法和相关特别立法，由法律规定其设立宗旨和经营范围、活动方式。其公司董事会成员应当包括相关政府机构的主要负责人，如财政部、国务院金融办、发展和改革委员会（能源局）、交通运输部（含政企分开后的铁道部）、工业与信息化部及科技部等。此类国家控股公司不应以资本盈利为首要目标甚至唯一目标。相反，从制度上保证其运作目标与政府规制的兼容性更加重要。但是，寡头垄断市场一定程度的竞争性决定了在此领域运作的国有资本不可能完全无视资本盈利目标，为了自身的保值与增值，这些国家控股公司应当依法设定为双重营运目标，在公益性与营利性之间寻求平衡。

4. 在完成上述国有资产管理体制的“战略性重组”的过程中，利用资本市场逐步实现绝大多数大型企业的产权多元化。一方面，逐步对国内民营经济和国外投资者开放现存中央企业的资本市场（地方政府管理的国有企业在完成类似的改革后也可以照此办理），引导它们合法进入各大产业领域；另一方面，允许和鼓励社会信托投资基金和国有控股（投资）公司参与资本市场的经营，通过出售部分国有股权以及各基金之间、各控股公司之间、基金与控股公司之间置换所持股公司股权的形式（其中还包括相当一部分国有企业股权直接划拨到社保基金账户），实现现存国企的股权多元化。真正按照一般公司法规范所有这些各行各业的大企业，完善公司治理结构，实现公、私股东的同股同权、同股同利。

社会信托投资基金与国家控股（投资）公司在资本市场运作中必须有

退有进，在国有资产总量不流失、不减持的前提下，实现资产的合理配置。信托基金要根据自己的资产增值目标，选择有前景的投资对象，将自己的业务扩展到更多企业，提高基金的安全性和成长性。国家控股（投资）公司也要根据政府规定的政策目标，在既定的产业范围内选择投资对象，合理布局国有资本，最大限度地实现政策目标。在适宜的国有资产管理架构内，通过资本市场的有效运作，我们就能够在大规模生产和大规模经营领域，建立起公有资本主导、以公司制为主要形式的更高效率的混合经济。

5. 在推动实现上述改革措施之后，国资委从国有资产的出资人身份退出，将自己改造成为国家经营性资产合规合法有效经营的监管机构，直接面对若干只社会信托投资基金、若干个运用国有资产从事公共服务的特殊法人，以及若干个执行国家政策目标的控股（投资）公司，建立和执行国有资产营运机构的信息披露制度、完善法人治理结构制度和国有资产经营预算审计监督制度等。（参见下图）

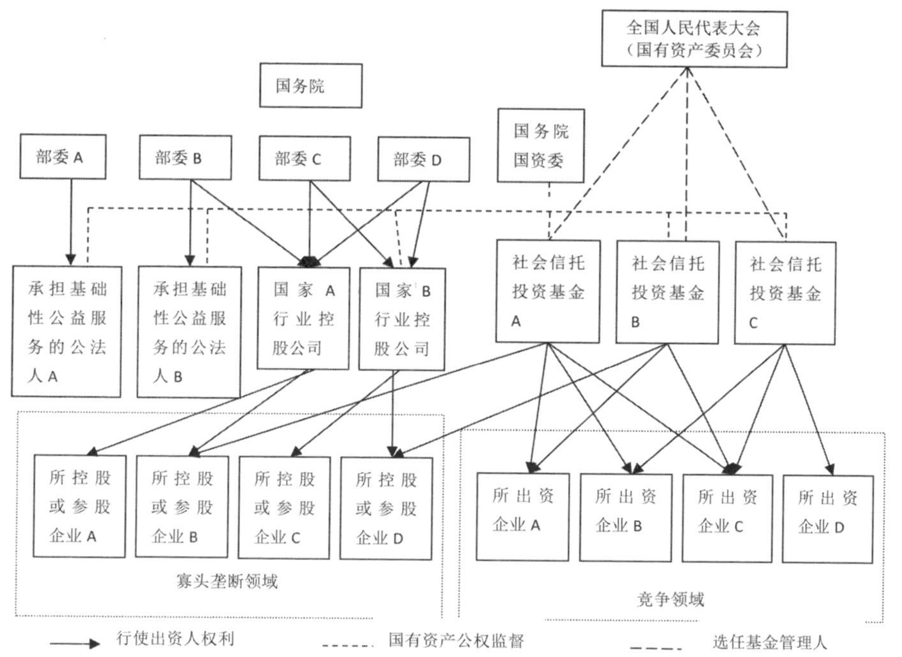

国有资产管理体制改革思路示意图

国资委目前进行中的一系列重大改革举措，其实与这一改革新思路没有冲突，甚至可以说就是在为实现这一改革目标准备条件。如中央企业整体上市的改革步骤、组建国有控股公司的改革方案等，这些改革措施都是国有企业公司制改革的延续和完善，也是上述改革新方案得以实施的必要前提。但是，尽早明确改革的目标和方向还是很重要的。按照这一方向，央企整体上市的操作中对哪些应当在整体中融合，哪些应当从整体中分开，以便最终成为公法人，归入政府行政序列，或者成为实施政策目标的特殊法人，一开始就应当有清晰的思路；按照这一方向，组建控股公司时就可以区分垄断领域承担政策目标的控股公司和竞争性领域以资本增值为目标的控股公司（最终将转型为社会信托投资基金），搭建不同的公司架构，探索不同的管理模式[①]。如果目标清晰，路径合理，方法得当，也许再有八年时间，上述改革方案就能在国资委引导下逐步实现，公有制为主体的基本经济制度与现代市场经济相衔接的基础性制度安排就大体成型。两个八年，两个台阶，国务院国有资产监督与管理委员会在中国经济体制改革中的功绩将为历史铭记。

三、 社会信托投资基金的性质与功能

改革后的国有经济将由国资委独家持股的单一形式的国有制，分解为政府相关部门持股和社会信托投资基金持股两大类型（还有相当一部分国有资本会陆续被划拨到社保基金）。从最终所有者的性质看，这两种类型的“国有资本”同样属于全国人民。但是考虑到产权代理人身份是刻画公有制

① 论文初稿刚完成，就看到国资委邵宁副主任12月10日在“2011中国企业领袖年会”上讲话的报道，称：未来的调整会将国企划分为两大类：“具有公益性质的国有企业”和“竞争性领域的国有企业”，并且讨论了两类国有企业管理体制的差别。很高兴看到这一信息。毫无疑问，这是管理部门认识上的一大进步。但报道没有涉及国有资产管理体制的顶层设计问题，没有讨论现在的大国资委在这个体制中的未来地位。希望讨论能够进一步深入。

实现形式的重要维度（荣兆梓，2001），二者的区别又十分明显。严格地说，由政府机构充当产权代理人的全民所有制才是国有制，而直接将全体国民设定为基金受益人，在产权代理中实现“去政府化”的社会信托基金，已经不是原来意义上的国有制，而可以适当地称其为“社会所有制”。[①] 相应地，我国垄断领域国有企业的管理模式将更加接近发达市场经济国家，而在竞争性领域，由于社会信托基金的投资分散、流动和不追求控股，原本意义上的国有及国有控股企业将逐步淡出。产权多元化的混合经济中有大量公有资本运作，但在企业层面上，不同所有制形式的企业将越来越难以区分，它们同样是现代意义的股权高度分散的股份公司。

从法理上理解社会信托投资基金的性质并不困难，无非是信托人、受托人与受益人之间的权利与义务关系。但是这个信托合约为什么只是规定基金保值增值的目标，而不包含其他社会公益目的，却需要充分予以说明。显然，这种“社会所有制”与多数市场经济国家的国有经济很不相同。综观成熟市场经济国家的国有经济，无不由政府直接拥有（控股），无不承担一定量的公益目标；由于国有企业绝大多数在垄断领域，它的盈利冲动受到很大程度的制度制约，而这正是国有经济的政府规制成本低于私营企业的原因。我们的国企改革有什么特别理由要构造这样一种与众不同的社会信托投资基金，并且使之成为竞争性领域公有资本的主要形式？

首先，公有制经济不能从竞争性领域完全退出，这由基本经济制度决定。中国特色的社会主义是以公有制为主体的市场经济，这是与全世界大多数市场经济国家不同的基本经济制度。我们的公有制经济比重要比资本主义国家更高，我们的公有制经济的控制力也要比资本主义国家更强。因此，在大规模生产与大规模销售领域，公有制不能只限于垄断企业，不能只满足于占全部社会资本的极小份额，如许多发达市场经济国家那样。公有制经济必须在竞争领域有一席之地，并且表现出足够的竞争力和强劲的

---

① 社保基金的性质与之相类似，所不同的是，其受益人的范围较小些。

生命力。只有适当规模公有制经济的存在，才能保证中国特色社会主义在未来的发展中更有效的宏观调控和更高水平的社会公平。社会主义不满足于市场经济在竞争中形成的“要素平等”，认为建立在个人能力与努力基础上的劳动平等，在所有生产要素的权利与利益平等中，更加接近社会主义的核心。而市场竞争的自发趋势却亲近资本的权力，不可避免地产生出财富向资本的过度集中，妨碍劳动平等的实现。这是市场机制最致命的“失灵”，是其产生社会冲突的根源。我们坚持公有制为主体的基础经济制度，就是希望在基底上修正市场的缺陷，从源头上节制资本的权力。公有资本当然也是一种资本，当它通过市场投入生产经营领域，自然也要产生剩余价值。但是，公有资本是没有资本家的资本，它的剩余价值不归任何个人，因此在维持“要素平等”的市场秩序的同时，也限制了资本家阶级财富的积累，相对提高了劳动平等的程度。这就是我们坚持公有资本不能从竞争性领域完全退出的根本理由。这是我国基本经济制度的优势所在，不仅相对于美国这样的自由竞争的资本主义而言，而且也相对于北欧各国私有制为主体的“民主社会主义”而言。市场经济越成熟，这一优势就会体现得越充分。

其次，竞争性领域的公有资本必须以盈利为目标，这由市场竞争的规律决定。竞争是无情的，只有一心一意并且目光长远、富有创造力的逐利者，才能在这场竞赛中胜出。公有资本同样面临这样的竞争环境。市场经济改革三十年来，国有企业提高效率的艰难经历足以证明这一点。任何形式的特殊目标，任何形式的额外负担，都会严重影响国有企业的相对效率，使它在竞争中落败。从一定意义上说，改革就是为了让国有企业卸下各种社会负担，摆脱所有行政束缚，义无反顾地投身到追逐利润的竞赛中。只有这样，国有企业才有可能在不依赖政府特殊关照的情况下，从市场求生存，向竞争谋发展。这一改革路径的重要成果就是，国务院特设国资委实现国有资产的保值增值，而并不要求它承担其他公益性目标。可惜，国资委自身的政府机构性质致使它不能最终实现这一目的。

最后，营利性公有资本的营运应当以公司股权长期投资为主，这是制度可持续性的要求。一方面，社会信托投资基金不谋求对所出资企业的直接控制，不可能像国资委那样拥有众多公有企业的全部或大部分股权，组织成为一个像控股企业集团那样的巨型辛迪加。基金对所出资企业的股权应当逐步降低到百分之二十以下，甚至降至更小的份额。当然，我们也不排除多只社会信托投资基金同时拥有一个公司的股权。一只基金即使成为所出资公司的大股东，也绝不谋求对公司营运的直接操控。基金可以派出股权代表出任公司董事，但这些派出董事只是在董事会参与共同决策，代表基金行使“公益社员权”，而不承担公司经营管理职责。基金及其派出董事的责任局限在所谓“消极股东”的范围，关注公司经营状况，关心公司治理结构，但在正常情况下对公司经理层采取支持态度，除非公司经营异常，一般不以“积极股东”的姿态行事。另一方面，基金又必须充当有远见的公司股权投资者，将自己的营运方式与当前股市各种开放或封闭基金的短期投机行为区分开来。社会信托投资基金不同于目前股市上任何一只共同基金，它的巨大规模决定了它不能跟随股市价格波动赚取短期价差，更不能“坐庄”操纵股价牟取暴利。基金以其自身长远利益出发，只能以稳健的战略投资者角色参与资本运作，对所出资公司的监督管理以公司法人治理结构的完善为限。它有用脚表决的权利，但会十分审慎地行使这个权利，因而成为股票市场最重要的稳定因素，成为我国资本市场名副其实的中流砥柱。

但是，一个以营利为目的的公有制经济如何体现公有性质，毕竟是一个全新课题。尽管之前我们已经明确指出，此类公有资本的“公益性质”，着重表现在增进社会公平与促进经济发展两个方面，但这种完全市场化运作的公有资本的功能与性质，仍然引起诸多疑虑。

首先，社会信托投资基金的盈利应不应该分配给全体老百姓？既然是社会所有制，它的利润就应该直接分配到每个老百姓的口袋，清华大学的崔之元教授就持这样的观点。崔教授与我在竞争性领域的国有经济实现信托基金管理这一点上意见一致。但他坚持认为，不“全民分红”便不能体现公有制的性质。这一观点有很大的片面性。分红是利益的实现，但资本继续留在生产与流通中增值可以产生更多利润；分还是留，需要在当前利益与长远利益的权衡中决定，全部利润用于分红并不一定能实现利益最大化。发展中国家为摆脱国际竞争的被动局面，一段时间内“勒紧裤带搞建设”未见得就不是全民利益所在，此其一。其二，即使根据长远利益与当前利益的权衡，有需要将一部分资本利润转化为消费基金，它也并不等同于全民分红。分散消费还是集中消费，仍然需要反复权衡。有些关涉民生的消费是必须集中起来进行的，公共安全、公共交通与通信设施都属于这一类消费，还有整个社保体系的建设及社会福利体系的建设，都需要把钱集中起来使用。为什么只有把利润分光才能体现基金的公有制性质？

我国财政预算的实际情况是，一方面，按照社会保障制度改革和公共卫生、基础教育等公共支出的需要，预算收入不仅绝对量不足，而且相对比例从国际比较看也明显偏低；总体上看是财力集中不够，而不是集中过度。另一方面，从公共财政的支出结构看，我国的预算支出过多地被用于各种形式的政府投资，包括大量竞争性领域的生产经营性投资。这进一步加大了财政收支的缺口，制约了公共财政体制改革的步伐，拖延了我国社会转型的进程。在此背景下考虑社会信托投资基金的合约安排，尤其是它的盈利分配模式，唯一合适的选择是：基金保留全部税后利润用于再投资，同时大幅度削减直至取消财政预算在生产经营领域的投入，让财政腾出更多资金用于公共消费。

其次，基金盈利为什么不能上缴国库，直接用于公共消费？我们的观点是：正常情况下基金盈利不需要上缴国库，也不应当上缴国库。社会信托投资基金当然应当依法纳税，就像任何一种形式的资本投资一样。其一，基金所出资公司的盈利需要上缴所得税，然后基金才能够在税后利润中分享应有份额；其二，基金出售股权的溢价所得也应当根据信托基金税收征管的有关规定依法纳税。除此之外，基金不应当向国库承担额外的上缴责任。从法理上说，基金已经不是原来意义上的国有资产，它不属于政府所有，税后利润没有理由上缴国库。更重要的是，从公有资本在市场竞争中生存和发展的改革目标看，利润上缴国库并不是适当的制度安排。公有资本在市场竞争中不仅需要与其他形式资本同等的生产效率、营销能力、财务能力和创新能力等，而且还需要同等的甚至更强大的积累投资能力。简单地说，假如两种经济形式的经营效益相近，盈利水平相近，那么它们在国民经济中的相对份额的变动，取决于二者利润转化为资本的比例（说到底，借贷最终还是要用企业利润归还的）。谁的投资比例持续较低，谁的相对份额就会不断萎缩，这也是市场竞争残酷性的表现。如果社会信托投资基金额外上缴利润，即使它具有社会平均的经营效率，要想在国民经济中保持适当稳定的份额，也只能依靠财政持续不断的再投资。这种制度安排显然与改革初衷相背离。

强调一下，我并不认为社会信托投资基金的利润只能集中使用，也不认为其税后利润与财政预算之间不能有任何通道，而只是说这部分属于全民的财产应当在长远利益与当前利润、整体利益与个体利益的权衡中合理配置。由于经济社会环境的千变万化，权衡的结果不可能一成不变。因此，重要的是为基金建立一个利润分配的合理程序，而不是指定一个不可变更的唯一去向。一般地说，社会信托投资基金的税后利润应当用于基金自身再投资，这是基金在市场竞争中增值发展的来源，是基金的合法权利所在。这一制度安排有利于社会经济的繁荣和社会公平的提升，应当受法律保护。但是，我们也不排除在特殊情况下（如为抵御全球性金融、经济危机），立法机构以全民利益的名义，通过特殊立法程序，对社会信托基金的规模进行调控，或将基金作为财政性投资的实现通道之一。也就是说，社会信托投资基金在特殊情况下是国家可以利用的宏观调控手段之一，而且是我国经济中特有的宏观调控手段。

最后还需要回答的一个疑问是：社会信托投资基金的管理人能否有足够的激励，对基金的保值增值尽心尽力？这是委托代理问题，我赞成让·雅克·拉丰的观点，在合适的合约安排下，公有制与私有制同样有效率。

我们现在讨论的是竞争性领域大公司的合约安排，基本特点是出资人与专业经理人员相分离，二者之间必须建立有效的委托代理合约，这就是所谓经营权代理问题。在这个层次上，公有资本与私有资本可以利用的制度成果和必须面对的制度缺陷几乎是完全相同的。一个以出资人与经理人利益制衡为主旨的公司法人治理结构是可以利用的主要制度成果，但无论是代理型公司治理，还是剥夺型公司治理，其制度安排的缺陷和漏洞都不可能完全消除。在代理型公司中，制度漏洞主要表现为代理人管理腐败，而在剥夺型公司中制度漏洞则更多表现为控股股东对中小股东的利益剥夺。这些治理问题在不同股权结构的公司中同样存在，并不因为公、私资本的比重差异而有明显的不同。

影响公、私资本效率的不同制度安排主要体现在所有权（股权）代理层次上。私有资本是“自己口袋里的钱”，国有资本则是国家代表人民管理的资本，这里存在一个自下而上的长长的委托代理链。因此，对于公司治理而言，两种股东行为是有差异的。但这些行为差异对资本效率的影响并非一目了然。私人投资者对自己投资的盈亏当然更加敏感，但多数人没有时间和精力打理自己的资产，不得不把资产交给专业的理财机构打理。由于对投资效益的过度敏感，大多数中小股民的投资行为短期化，为他们服务的理财机构——各种基金公司，也只能以短期收益为目标，其经营行为不可避免地具有投机性。政府作为公有资本代理人，其投资行为较少短期性，这是它相对于大量分散的私人投资的优势所在。政府作为股权代理人的主要缺点是公共目标的多元化，干扰资本保值增值目标的实现，对所投资公司的经营效率产生负面影响。因此，我们主张公有资本的代理机构“去政府化”，社会信托投资基金就是一种“去政府化”的顶层设计。它依法设立，以法律的构架限制政府的资产权力，明确基金实现保值增值的目标与手段；通过基金管理人利益与基金长期增值挂钩的激励机制，引导代理人行为合理化；运用基金运营信息公开、透明的制度安排，吸引舆论监督和公众监督。借鉴现代资本市场一系列行之有效的管理手段，这种全社会共同拥有的资本形式，在竞争性领域完全有可能形成比现有的国有资本更高的运营效率。

四、 垄断领域国企改革的依据和原则

毫无疑问，国有资本不能从垄断领域完全退出。但是，它在垄断领域应当保留多少份额，以及国有经济在垄断领域应当采取怎样的管理模式，大家的认识还很不一致。事实上，垄断领域的国企改革是一个比竞争性领域更为复杂的问题。

首先，现实经济中划分垄断与竞争就是一个难题。垄断与竞争并没有清晰的界限，绝对垄断与绝对竞争一样，只是一种理论的抽象，现实中的大企业大多数处于垄断与竞争之间的某个中间领域。因此，两者的划分无论按哪个标准，都只能是在数量的渐变中选择一个大致的范围。电力是垄断行业，但我们知道其中真正具有自然垄断性质的产业领域只是在输电，不仅发电是竞争领域，而且配电也是可以展开竞争的。但是如果据此而认为，现在央企集团的五大发电企业就完全没有市场垄断力，对价格决定没有影响力，那肯定不符合事实。铁道部是少数至今没有实现政企分开的公共事业部门。它的庞大规模使人不能不把它与垄断联系在一起。但是有许多专家试图论证这个产业部门的非垄断性，进而证明铁道部一统天下的合理性。对不对呢？当然，从替代性运输产品的大量存在看，这样说是有一

定道理的。但是相反结论的理由也不难寻找。就像食品市场一样，运输市场是可细分的，这看我们对产品或服务市场用什么样的尺度来分类。大米和猪肉有没有替代性？原则上说应当也有。但是铁路在远距离、大运量运输中的不可替代性也是很明显的。即使从整个运输业的范围看，铁道部虽然不能完全垄断，但其寡头垄断的地位无可否认。作为铁路最大替代品的公路运输，是一个由大量中小企业组成的完全竞争领域，铁道部难道就以这种航空母舰与小舢板的竞争来说明现在体制的合理性？相反的结论应该更加合理——拆分铁道部门以降低其市场控制力！

其次，垄断范围的变动性也是规制改革必须面对的问题。最近几十年科技进步使得许多行业自然垄断的技术基础发生变化，从总体上来说，垄断的技术基础有所缩小，进而对第二次世界大战以后形成的市场经济各国反垄断与政府规制的传统格局形成冲击。例如电信技术的高速发展导致网络媒介的多样化和网络连接的复杂性，从而导致许多国家的电信规制改革。这种情况在其他产业领域也在发生。这就使得我国当前的规制改革面临更为复杂的环境。发达市场经济国家的“成熟模式”本身就在变动中，我们这个“后来者”究竟向谁学习，学到什么程度，众多的选项使人难以抉择。

再次，现有世界经济贸易格局下国家安全的考量使问题变得更加复杂。现代产业组织理论强调市场的“可竞争性”，一个可竞争的市场哪怕只由一个大企业独占，也不会形成垄断价格和垄断利润，因为超过市场平均水平的利润率会导致潜在竞争者进入，打破市场独占局面。这样，可竞争市场不会造成社会资源的低效率配置。这一理论的合理性与适用性是有争议的，但即使从这一新理论出发，我国当前产业组织政策的基本选项也绝不是“拆除壁垒，放开竞争”那样简单。对于几乎所有的公用事业市场而言，目前大型国有垄断企业要面对的潜在进入者不仅仅是国内民营企业，而且包括（甚至主要是）许多跨国经营的国际资本巨头。按照市场经济规律，这些跨国公司在相关产业领域具有明显的竞争优势，在民族产业没有做好必要准备的情况下匆忙敞开国门，结果是不言自明的。因此，中国政府不能不在参与国际竞争与保护民族产业之间寻求平衡。事实上，这也是当今世界许多与我们有类似境况的发展中国家政府采取的立场。

最后，中国市场经济发育的特殊路径增加了理解和处理垄断问题的难度。我们是从高度集权的计划经济体制转型的，也就是说，我们从一个完全垄断的“国家辛迪加”开始改革，这使得我们的市场经济发育路径与绝大多数市场经济国家不同。我们是先有垄断，然后逐步走向竞争。由市场竞争的自发趋势导致垄断的国际经验和相关的经济学理论，对于我们并不十分适用。我们只能在既有的体制基础上，以发达市场经济国家为参照，渐进式地探索我们的现代产业组织结构。这一过程的两大特点是：第一，几乎所有的垄断都是从“行政垄断”开始的，因此，判定垄断组织的合理性与必要性，不能从垄断形成的源头出发，而要从“行政垄断”所形成的结果是否符合经济规律，是否符合国民经济的需要出发；第二，在此从垄断走向竞争的过程中，政府的组织和引导作用会更大，更具关键意义。

综上，当前垄断领域国有经济的改革必须遵循以下原则：

第一，垄断领域的范围应当继续缩小。一方面，这符合规制改革的世界潮流，传统的垄断经济范围已经不适合现代科学技术发展的新情况，规制改革是大势所趋；另一方面，国有企业改革政企分开的目标没有最终实现，这一改革要求与国有垄断企业的“瘦身”要求，其实具有不可分割的内在联系。我们的垄断在很大程度上是依靠行政手段维系的，当这种垄断违背了市场经济的规律，应当得到遏制的时候，也往往是政企不分的体制保护了它。因此，这两方面的改革需要同步推进。除少数具有自然垄断性质的公共服务基础网络，以及从国家安全或财税制度的需要出发必须由国家完全控制的产业领域之外，大多数产业领域，包括经济上具有寡头垄断性质的产业领域，都应当逐步撤销行政壁垒，允许国内民营资本和国外境外资本参与其间。放开行政壁垒是利用市场机制实现垄断“瘦身”的充分必需条件。如果这方面没有实质性的进展，一个“36 条”，两个“36 条”，甚至三个“36 条”，也不可能解决民营经济在许多行政性垄断领域真正进入的问题。

第二，国有资本在大多数寡头垄断领域，应当主要靠市场手段维持控制力，实现国家产业目标。垄断“瘦身”并不意味着国有经济从垄断领域退出，但国有资本在垄断领域的产权份额以及国有控股企业在垄断领域的市场份额，不能或者主要不能依靠行政手段维持。这就要求国有垄断企业以及这些垄断企业的出资人提高市场运作能力，通过公司治理结构的完善，通过企业技术创新与管理创新提高效率，达成目标。与此相应地，垄断领域的国有企业原则上并不需要国家独资，其国有资本的份额也应当有所削减。在这样的市场结构中，国有资本主导的多种经济成分参与的混合经济，也许是更加适当的企业形式。

第三，垄断企业产权结构与组织构架应当更具弹性，能够适应各种产业组织垄断程度的差异以及垄断范围的调整。在大多数兼有垄断与竞争双重性质的市场结构中，企业的合理行为应当是兼顾政府规制目标和资本盈利目标，二者的主次关系还应当视市场结构中垄断程度的差异而有所不同。在垄断程度较高的产业领域，严格的政府规制更加重要；而在垄断程度相对较低的产业领域，政府规制的难度较低，企业则可以更多考虑资本盈利目标。在这两种情况下，垄断企业的国有资本管理模式应当有所区别，可以利用政府直接持股与社会信托基金持股并存，构建两种国有资本在同一公司股权结构中的结合与互补。

第四，在此可灵活调整的市场结构中，依法实施的反垄断与政府规制必须加强。如果说，当前国有企业的垄断问题，主要还是靠政府内部的行政方式解决，那么越往后，针对越来越市场化运作的国有垄断企业以及越来越多非公资本的进入，对垄断领域的社会管理就必须更多依靠来自企业外部的法制规范和政府规制。反垄断是始终悬在具有强大市场力企业头上的一把剑，迫使它们在牟利中克制自身行为，避免反垄断措施的严惩；政府规制则是对垄断企业行为的直接限制，限定它在一个合理区间内寻求私利与公益的平衡。我们在这方面的制度建设才刚刚开始，离市场经济的规范要求还有很大差距。一方面，历史遗留的行政垄断问题远未真正解决，在此之前，反垄断法不可能有一个恰当的起点；另一方面，国有垄断企业在政企不分的背景下逐利冲动过度释放，极大限制了政府规制的效率。政府对国有垄断企业的规制明显不到位，公众对此很不满意。一些人则借此将矛头指向国有经济，认为国有经济完全退出才是唯一出路。通过认真的分析不难发现，在制度建设的当前阶段，对任何经济成分的反垄断措施和政府规制都不可能完全到位。不仅国有企业的垄断会造成社会效率的巨大损失，而且，私有企业的垄断以及外国资本的垄断同样会造成效率损失，而且极有可能是更大损失。

最后，垄断领域的国有资产管理体制必须进一步改革。这一改革应当与垄断“瘦身”，与市场结构的灵活调整以及与提高规制效率的要求相一致。我们的改革思路是：按照不同的体制目标和管理原则，将竞争领域与垄断领域的国有资产管理系统分开，竞争领域的国有资本管理“去政府化”，而在垄断领域，政府仍然应当承担国有资本出资人责任；与此同时，在国有企业普遍公司制改革基础上，建立两个管理系统无缝连接的国有资本控股与参股机制，构造营利目标与公益目标重心渐变的企业行为连续谱系，形成市场经济下国有资本可持续发展的顶层设计。

在关乎国家经济命脉、必须实行完全垄断的产业领域，必须建立由相关政府机构直接控制的“公法人”，目的是保证这些公用事业单位能真正以提供公共服务为首要任务，最大限度地减少政府规制与企业营利的冲突。不是所有的国有企业都要像目前国资委所要求的那样以资产保值增值为第一要务，也不是所有的国有资产都应当实现完全的“资本化”改革。垄断领域的国有企业应当是在完成特定社会公益职能的前提下，努力提高资产利用效率。政企分开不是完全垄断领域国企改革的方向，相反，以政府序列下专业机构来完成基础性公共服务，更加顺理成章。此类公法人与一般政府机构的不同点在于，它们必须以市场运作完成公益目标，需要有自己独立的法人财产，并且在市场运作中保持这些法人财产的完整与可持续性。公法人在营运中略有盈余也许是正常状态，但这只能是实现公益目标的手段，而不能上升为目标本身。如此构建的“垄断企业”将与政府的价格规制等更加“友善”配合，因此而提高规制效率。当然，如此构建的“公法人”企业在经营激励上存在较大问题，需要特别的契约安排予以解决。这就是当前各国规制改革中采用的激励性规制。从总体上说，在这样的制度安排中，形成一种既能调动企业经营积极性又能有效实现规制目标的制度安排，相比于企业目标与规制目标相冲突的情况，还是要容易得多。

在多种多样的寡头垄断市场结构中，依据公司法和专门立法，设立作为特殊法人的国家控股（投资）公司，是垄断领域国有资产管理体制改革的主要步骤。这一改革措施甚至在少数必须由国家投资促进发展的竞争性产业领域也可以采用。事实上，多数市场经济国家的国有经济管理，就主要采取了国有控股公司的形式。我们的不同点在于：垄断领域的国有资本按行业划归多个国家控股公司管理，而竞争性领域的国有资本则采取了社会信托投资基金的形式，已经不在同一管理系统之内。显然，这两个特点都与国有经济的更大规模相关。与竞争性领域国有资本的运营特点不同，垄断领域的国有资本并不单纯以营利为目标，它要以控股者的身份规范垄断寡头的市场行为，进而协调产业内众多企业的经营行为，实施国家的产业政策和产业发展规划。这必然涉及所投资企业的战略管理、成本管理与品质管理等内部事务，没有必要的专业知识和专业管理经验，管理效果会大打折扣。

国有资本分行业管理适合垄断领域的特点，但是，如何防止国家控股公司成为本行业垄断寡头串谋的支持者或者默许者，也是需要认真对待并通过综合的制度安排加以解决的问题。可选的制度安排有：①在设立国家控股公司的专门立法中明确规定公司的公益目标，包括协同政府专门规制部门，全面落实对本行业寡占企业的价格规制、质量规制、成本规制的法定目标；②一个由多部委主要负责人组成的有实权的公司董事会对公司实施有效治理，端正控股公司公益目标与营利目标兼顾的经营行为；③建立完备的公司利润上缴制度，原则上国家控股公司的税后利润大部分应进入国家财政国有资产经营预算的大盘子，其必要的追加投资应当通过预算安排，从而抑制公司过盛的营利冲动；④设计有效的控股公司经营者激励机制，使公司经营层的利益与公司双重目标挂钩，可以设计公益目标一票否决的制度，以强化政府出资人的权威，如此等等。

国家控股公司对产业内企业的控股行为受公司法调整，无论是绝对控股，还是相对控股，都只能通过所控股企业股东会和向所控股企业董事会派出代表董事，行使股东权力，与其他非控股股东共同影响企业决策。由于撤除了行政壁垒，在产业内调整国有资本布局，也只能通过控股公司的资本运作。这极大地增加了国家控股公司的操作难度，但是，这种开放竞争的产业格局以及公平竞争的市场环境，不仅能提高效率，加速产业发展，而且对少数垄断寡头也是有效制约，对提高政府规制效率有百利而无一害。竞争中国有资本的控股局面有可能会受到冲突，围绕个别垄断企业的控股权争夺在所难免，但这对于国家控股公司提高资本效率、实现产业目标，不会有根本的伤害。重要的是，国有资本在积极参与竞争中发挥了作用，与其他所有制形式的资本共同促进了产业的繁荣。

对上述改革方案的最大质疑是：三十年来，政企不分、政资不分一直是改革对象，现在重新回到这个起点，岂不是改革的倒退？

这种观点的要害是不理解中国市场经济演进的特点。为什么我们的改革一开始就以政企不分为对象，不是像一些欧洲国家把国家垄断视为克服市场失灵的手段？因为中国的改革是从“国家辛迪加”起步的，我们要克服的是科层失灵、政府失灵。就像克服市场失灵不是取消市场一样，克服政府失灵也不是取消政府。改革的目标是寻求现代经济中市场与政府有效结合的均衡点，它大体上是一个试错过程，试错中“过”与“不及”都有可能发生，改革策略因此而有所调整不值得大惊小怪。事实上，我们对于垄断领域国有资产管理体制的改革主张，与多数市场经济国家当前国有经济的管理模式相类似，总体上是借鉴基础上的创新。显然，各国国有经济主要都在垄断领域，它们在长期实践中形成的共同经验，我们没有理由不充分重视。

（原载于《中国工业经济》，2012 年第 1 期）